El ecologismo español

Ciencia y técnica

Joaquín Fernández

El ecologismo español

El libro de bolsillo
Ecología
Alianza Editorial

Diseño de cubierta: Alianza Editorial
Ilustración: «Parque eólico del Perdón». Archivo TRYON

© Joaquín Fernández, 1999
© Alianza Editorial, S. A., Madrid, 1999
    Calle Juan Ignacio Luca de Tena, 15;
    28027 Madrid; teléfono 91 393 88 88
    ISBN: 84-206-3972-9
    Depósito legal: M. 10.044-1999
    Compuesto e impreso en Fernández Ciudad, S. L.
    Catalina Suárez, 19. 28007 Madrid
    Printed in Spain

Introducción

La historia del ecologismo es sobre todo una sucesión de denuncias, protestas y movilizaciones que, en ocasiones, han alcanzado especial resonancia al ser asumidas por amplios sectores sociales puntualmente afectados. La contaminación del barrio por los humos de una fábrica, la construcción del pantano que desplaza a todo un pueblo, el vertedero de residuos que nadie quiere cerca, el río cloaca que despide malos olores, las zonas verdes que alivian urbanismos de colmena, en fin, multitud de cuestiones que han sacado a la calle a miles de personas compitiendo en capacidad movilizadora con las luchas obreras o la causa por la democracia, a la que también contribuyó el ecologismo.

En los últimos años, al igual que en la política y otros ámbitos, el éxito de las campañas ecologistas ha dependido más de impactos mediáticos que de la fuerza en la calle. La rutina democrática, los desencantos, el paro y la inestabilidad laboral, algunas mejoras ambientales favorecidas por el desmantelamiento industrial, los avances tecnológicos (los coches contaminan menos), los efectos de tímidas políticas correctoras también nos han inmovilizado. El propio movimiento ecologista sufre un estancamiento, más de adhesiones que de ideas, sin cumplirse del todo las expectativas suscitadas años atrás. Hoy casi nadie grita bajo las pancartas aun siendo más conscientes de lo que está en juego.

No hay apuestas políticas convincentes y el movimiento ecologista ha ido marginando a quienes pretendieron rentabilidades inmediatas. Tampoco han sabido los ecologistas combinar la protesta con la negociación. Digamos en su descargo que no han tenido demasiadas oportunidades. La supuestamente generalizada conciencia ecológica ha modificado comportamientos personales, políticos o empresariales, pero no aglutina voluntades de revuelta. Tras la catástrofe de las minas de Aznalcóllar (abril, 1998), los ecologistas convocaron manifestaciones en Sanlúcar de Barrameda, Sevilla y Madrid. Entre las tres, no superaron en número a la que tuvo lugar en Aznalcóllar en defensa de los puestos de trabajo de los mineros. «Medio ambiente sí, trabajo también», gritaban. Como si los ecologistas defendieran lo contrario. Pero siempre ha ocurrido así. La ecología es punto de partida y a menudo acaba de comparsa.

El ecologismo de antes y de ahora va más allá de los ecologistas, de esos cientos de grupos repartidos por toda España, tan minoritarios y frágiles de estructuras organizativas, que dan la voz de alarma en la confianza de implicar al mayor número posible de ciudadanos. Su historia es también, en consecuencia, la de esas gentes que defienden sus derechos, su puesto de trabajo, las propiedades atropelladas por el hormigón especulativo o, simplemente, que exigen un entorno mejor para vivir.

Los conflictos ecológicos nunca se presentan en estado puro, pues el más aparentemente banal (¡cuántas veces se ha ridiculizado la defensa de un ave a punto de extinguirse!) esconde detrás consecuencias socioeconómicas y culturales impredecibles. La ecología de la cotidianidad y de la supervivencia genera mayores complicidades que el cambio climático, el deterioro de la capa de ozono, el deshielo de la Antártida o la desaparición de los bosques amazónicos. Éstas son ya cuestiones más «propias» de ecologistas y de los medios de comunicación, deseosos de sensaciones fuertes.

No es menos cierto que la mayor formación e información de los ciudadanos sobre estos problemas globales, apabullantes, a escala casi inhumana y proyectados a largo plazo (los apocalipsis coinciden a mediados del siglo XXI), generan también compromisos y nuevas pautas de conducta en amplios sectores sociales, aunque de ello no se deriven movilizaciones. Su propia dimensión y la disolución de responsabilidades surten efectos paralizantes explicando, en parte, el desfase entre el lugar preferente que ocupan estos asuntos en las encuestas de opinión y la apatía social para hacerles frente. Sería absurdo, sin embargo, establecer separaciones tajantes entre ecologistas comprometidos y aliados ocasionales. La batalla ecológica no difiere tanto, ni en formas ni en fondo, de otras que se han librado o que están por venir. Hoy estamos inermes frente a casi todo. También ante las amenazas ambientales.

Pero el ecologismo de los ecologistas, sirva la expresión, no es sólo protesta. La acción más inocente esconde intenciones, sentimientos, éticas y estéticas, ideologías y modelos que, explícita o tácitamente, constituyen una crítica radical al actual sistema social y económico de los países industrializados. Por otro lado, la caída del muro de Berlín nos ha desvelado que el ecologismo realmente existente en los países socialistas es un referente a olvidar. Sólo queda en pie ese impreciso y vapuleado concepto de desarrollo sostenible que en modo alguno culmina en las intenciones levemente reformistas de los discursos oficiales.

Más adelante se abordará el asunto, pero es oportuno señalar ya la constante ambigüedad ideológica de la mayor parte del movimiento ecologista, tan diverso y multiforme, aunque sus planteamientos teóricos y prácticos hayan sido forjados en el entorno o en los arrabales de la izquierda. Hasta en el período de mayor politización (1970-1982), el ecologismo español ha sido reticente con los partidos políticos y, cuando un sector minoritario decidió constituirse en opción electoral (Los Verdes, 1983), contó con escasas simpatías entre sus compañeros, al contrario de lo ocurrido en otros países europeos. El radicalismo de los ecologistas españoles no siempre encuentra parangón entre sus homólogos de Europa, aun no expresando opciones políticas evidentes, ni siquiera una terminología anticapitalista, como era norma en los setenta; esencialmente, plantean problemas y alternativas sin aparente color ideológico.

En contra del tópico, los ecologistas no sólo señalan defectos. Las críticas al sector energético, por ejemplo, una de las causas emblemáticas del ecologismo de todos los tiempos (hoy reavivada por el cambio climático), han tenido como respuesta las energías renovables, un sueño imposible hace treinta años. Los parques eólicos, en su día ridiculizados por las compañías eléctricas, son hoy de su propiedad. Verdaderamente llama la atención que un movimiento social tan escaso de medios y apoyos, sin liderazgos relevantes, ninguneado por los poderes políticos y económicos, denostado por las empresas, y a menudo desplazado en los medios de comunicación haya conseguido tanto. Ninguno de los problemas se ha solucionado del todo –no caben soluciones definitivas–, pero al menos somos conscientes de ellos (conciencia difusa, dicen los expertos) y, en cierto modo, sabemos cómo hacerles frente si hubiera voluntad política para ello.

A estas alturas del milenio, la ecología y el ecologismo son parte ineludible del bagaje cultural del siglo XX y no digamos del que está en puertas. Los principales impulsores de esta nueva/vieja cultura han sido las organizaciones ecologistas, apenas unos cientos de activistas avalados, en el mejor de los casos, por varios miles de socios y el apoyo cómplice o inevitable de algunos científicos. Los intelectuales al uso han mostrado casi siempre un inexplicable despego hacia estos asuntos. Los gobiernos, en fin, han sido más generosos con el «oenegeísmo» humanitario (?) que con el ecologista.

El origen del ecologismo moderno, su devenir organizativo, y los hitos más importantes en las tres últimas décadas para salvar el Planeta, o mejor dicho, a quienes lo habitamos, es lo que se cuenta en las páginas siguientes con algunas referencias a siglos anteriores, porque la conciencia sobre la degradación ecológica no es en absoluto novedosa. Precisamente, al introducir cierta perspectiva histórica, es difícil llegar a conclusiones optimistas. Desde el siglo XVII, lamentamos la desaparición acelerada de los bosques sin hacer nada decisivo para evitarlo. Parece, pues, que la sola conciencia no basta.

La dispersión organizativa, el uso de medios de comunicación alternativos y el carácter plurinacional de España son algunas dificultades apuntadas por observadores como Jordi Bigas, Octavi Piulats o Nicolás Sosa, para abordar la historia del ecologismo español. En efecto, las dificultades son muchas, pero no tantas como para hacer inviable el propósito. La historia del ecologismo no puede ser el relato, imposible y de escaso interés por otra parte, de los avatares organizativos de cientos de siglas que han aparecido y desaparecido a lo largo de estos treinta años. A pesar de los innumerables matices, existe una línea de pensamiento común al ecologismo español y una serie de hitos, de causas y batallas que pueden conformar con bastante aproximación una historia global. En las páginas que siguen no están todas las organizaciones y cada una de sus luchas, pero sí las fundamentales, que pueden justificar marginaciones y olvidos inevitables.

Rafael Silva, Máximo Taranilla, Ladislao Martínez, Alejandro de la Cueva, Pedro Costa Morata, José María Hidalgo, Juan López Uralde, Rémi Parmentier, Valentín González, Lucía Vilaplana, Joaquín Nieto y Rubén Fernández han realizado valiosas aportaciones a este trabajo.

1. Los precursores

Árbol añoso y sufrido
que por un descuido
del hacha aún sigue en pie.
Agáchate, que te pierdes,
prohibido está el verde,
agresivo en tus hojas se ve,
échate un manto de pez.

«Agáchate, que te pierdes». VAINICA DOBLE

Redes de deriva: un conflicto del siglo XVII

El ecologismo ha sido catalizador de muchos agravios «ajenos» a la causa y ha heredado un riquísimo patrimonio legado por infinidad de personas (científicos, economistas, forestales, obreros, conservacionistas) que, desde siglos atrás, se han preocupado por la degradación del entorno. Tal como dice Luis Urteaga [1], hasta el siglo XVI las reflexiones sobre la naturaleza en la cultura occidental tienen un marcado tinte teológico. Es a partir del XVIII cuando se consolida el ideario conservacionista (ecologista) planteando algunas críticas radicales al modelo económico.

Llama la atención –dice José Manuel Naredo– la frágil memoria de los economistas, que saludan ahora el objetivo del «crecimiento sostenible» como algo especialmente novedoso, cuando tal objetivo no hace más que repetir la pretensión originaria del siglo XVIII, hoy denominados fisiócratas, de acrecentar la producción de «riquezas renacientes» (o renovables) sin deteriorar los «bienes de fondo», que dio lugar a su noción de producto neto o renta... La historia de los hechos económicos muestra que el objetivo del desarrollo sostenible formulado en el siglo XVIII no fructificó porque la riqueza del mundo industrial de hoy se construyó precisamente sobre el deterioro de los «stocks y bienes de fondo» del mundo no industrial, creando unos patrones de vida insostenibles e inaplicables a escala planetaria[2].

Economía y ecología, en efecto, es un binomio indisociable desde siempre. Aunque la palabra ecología no se utiliza hasta 1866, en el fértil período de la Ilustración, el conservacionismo incipiente hubo de enfrentarse al desarrollismo a ultranza defendido por Gaspar Melchor de Jovellanos o el conde de Cabarrús, autor de las *Cartas sobre los obstáculos que la naturaleza, la opinión y las leyes oponen a la felicidad pública*. La explotación abusiva de los bosques y de las reservas pesqueras son argumentos recurrentes en torno a los cuales se irá fraguando esa nueva relación entre economía y ecología que llega hasta nuestros días.

Las pesquerías tradicionales en España (atún, ballenas, bacalao y sardinas) tuvieron su momento de esplendor en los siglos XV y XVI para entrar luego en una crisis provocada, entre otras causas, por el rechazo a la «matrícula de pesca marítima», un permiso para faenar que a la vez comprometía a los pescadores con los buques de la Armada en caso de guerra. En esa época se produjeron enfrentamientos entre pesqueros con artes de arrastre sofisticadas promovidas por la llamada «burguesía del mar» y quienes practicaban métodos artesanales, bien por falta de medios o por criterios de sostenibilidad.

No es ni mucho menos irrelevante –afirman Javier López y Juan Carlos Arbex– caracterizar de ecológico, y en primera instancia, el largo conflicto que enfrentó a diferentes colectivos pesqueros durante el siglo XVIII y buena parte del XIX. Y no es irrelevante por dos razones: la primera, porque, efectivamente, la argumentación basada en las consecuencias biológicas de nuevos estilos de pesca marítima practicada a gran escala, fue usada para desautorizar o, en su caso, apoyar las pesquerías de arrastre a la vela, centro de la polémica; y la segunda, porque en el ámbito de los recursos naturales es difícil negar la mutua interdependencia entre lo ecológico y lo estrictamente económico...[3]

Los autores citan un documento del Museo Naval de Madrid que recoge los graves disturbios de orden público acontecidos a partir de 1679 entre pescadores tradicionales y defensores de las nuevas artes de arrastre. Se trata de una representación de la Real Audiencia de Cataluña dirigida al rey Carlos II a propósito de un contencioso entre la cofradía de pescadores de la ciudad de Barcelona y los dueños de dos gánguiles, mediando también la Baylia General o Tribunal Superior del Real Patrimonio.

Muchos pescadores catalanes utilizaban el sistema de arrastre en el siglo XVI exportado luego a Levante, Andalucía, Galicia y la cornisa cantábrica. La tartana, el bou o la pareja y el gánguil eran algunos de los más utilizados. Este último, por ejemplo, consistía en un barco con dos proas y vela latina que en la parte delantera llevaba atada una red de malla estrecha.

El Pescar con Ganguil –dice el citado documento– es nocivo, no sólo a la publica salud, sino aun también a la publica utilidad: porque el pescado que saca, ni es bueno, ni salutifero, y con este modo de pescar, se destruye la cría de los Peçes, cogiendo el pescado gordo, y menudo, hasta los guevos, de que havia de resultar la producción de los Peçes... Para un quintal de pescado que saca el Ganguil vendible, y que puede comerse, saca quatro de Peçes tan pequeños y inutiles... que de ningún modo se pueden vender, ni comer; y por sazón de pequeñéz, todos salen muertos; y estos, si hubieran quedado en el Mar, y llegado a su término natural, formàran más de 50 quintales, y todo este se desperdicia, y echa con todos los guevos, que se han secado[4].

Poco difiere la intención de este texto respecto a otros difundidos por Greenpeace tres siglos después sobre las redes de deriva. Algo parecido puede leerse en relación con la caza:

Aunque el ayre es comun por derecho de naturaleza, y el caçar es libre a todos, y absolutamente no pueda prohibirse, pero sí, en ciertos tiempos, quando es la cria de algunas Aves, y con este motivo, se dá por legitima la prohibición, por el daño que resulta a aquel Territorio de caçarle en dicho tiempo, estorvando asi la propagación de aquellas Aves; y del caçar, al pescar vale el argumento... Y con mucha razón; porque no puede negarse, que entre Aves y Peçes, y su naturaleza, es grande la conveniencia y la similitud que ay[5].

En 1769, los pescadores de Pontevedra elevaron una representación al trono denunciando

la misera constitución a que los reduxo el pernicioso uso, que indebidamente se ha tolerado de unas Redes barrederas, llamadas Jabegas, totalmente desconocidas en aquellas Rías; viéndose los Naturales en la sensible precisión de abandonar sus Familias, olvidar sus oficios, y transmigrarse a Provincias extrañas, para buscar en ellas con que sufragar su calamidad, a que dan margen las vejaciones con que molestan los Actores y Patronos de esos nuevos instrumentos[6].

Los problemas pesqueros han tenido expertos tratadistas como Fray Martín Sarmiento, natural de Villafranca del Bierzo (1695-1772); el inspector de marina de origen catalán Antonio Sáñez Reguart, cuya fecha de nacimiento se desconoce y que debió de morir a finales de 1795; y el gallego José Cornide y Saavedra (1734-1803), a quien se atribuye la primera descripción de la «plataforma o meseta continental submarina». Un trío de ilustrados críticos con los modernos sistemas de pesca por criterios económicos, sociales y ecológicos. Otro manuscrito del Archivo de la Real Academia de la Historia fechado en 1757 recoge la versión del benedictino Fray Martín Sarmiento sobre la crisis de las almadrabas en la pesca del bonito:

La decadencia de las Almadrabas tiene por causas las mismas que tienen otras decadencias de varios mixtos en España. Dixe atrás, que el modo de Pescar mucho es el peor modo de Pescar y de apurar la Pesca. Que culpa tendrá el tiempo de que la Avaricia rompa el saco?... Poco ha, he oído que faltando pescado en la Plaza de Roma se ofrecieron unos Pescadores extraños a abastecerla pescando en los mares vezinos. Pescaron mucho sí, pero con unas redes y rastros tan exterminadoras de la Pesca, que arrasaban el fondo de todos los pescados y de todas sus huevas o semillas, visto lo cual los hicieron salir de allí. Poco ha que otros del mismo calibre se presentaron en Galicia para promover la Pesca. Y viendo que usaban del armatoste dicho más para aniquilar que para pescar, fue forzoso echarlos a pasear y que fuesen a estudiar el artificio de pescar poco y siempre; se fuesen a sus mares a pescarlo todo de una vez...[7]

Sáñez Reguart, protegido del conde de Floridablanca durante el reinado de Carlos III, escribió el célebre *Diccionario histórico de las artes de la pesca nacional* o la *Colección de Producciones de los Mares de España* demostrando exhaustivos conocimientos sobre peces y artes de pesca; promovió también la industria pesquera y una importante legislación para evitar prácticas depredadoras. Las *Ordenanzas provisionales para la Conservación y fomento de la pesca y salazón de salmones* prohibían el uso de cal en remansos para envenenar a los salmones. Sobre las «redes de deriva» escribe:

Las redes barrederas, que se declaman como destructoras de toda clase de peces, y hasta de sus pastos, son, según queda expuesto, el Ganguil, la Tartana, y la Pareja, que redan al impulso o fuerza del viento. Se prohibieron, porque con una dilatada serie de hechos convincentes, se han visto estos efectos ruinosos en distintos mares, ocasiones y tiempos. Varios Soberanos fulminaron, y en nuestro siglo expiden Decretos, Sentencias y Leyes executivas contra ellas, no por mero rezelo dimanado de error común, sino por evidencias calificadas[8].

Una última Ordenanza de 1522, prohíbe a los pescadores de Sevilla, bajo pena de multa, el uso de «albéntolas», redes en forma de manga alargada y malla pequeña utilizadas para pescar camarones y peces pequeños en el Guadalquivir.

En Galicia abundaron normas legales para evitar conflictos en las rías entre pescadores gallegos y catalanes con artes más eficaces que les permitían competir con precios a la baja en el mercado de la sardina. Conflictos, en fin, que han llegado hasta nuestros días. La profunda reconversión de las flotas, la parada biológica exigida por Marruecos, la llamada «guerra del fletán» que enfrentó a España y Canadá en 1995, o las redes de deriva, son tan sólo algunos de los capítulos más destacados.

Greenpeace reemprendió en 1998 la campaña iniciada quince años atrás contra el uso de redes de deriva que, por su dimensión y escasa capacidad selectiva, arrasan con todo a su paso, capturando en una temporada más de un millón de delfines, tiburones, ballenas, cachalotes y otras muchas especies «descartadas». El emblemático barco *MV Greenpeace* partió el 13 de abril de 1998 desde Burela (Galicia) para recorrer los puertos pesqueros más importantes del Cantábrico, donde fue recibido por cofradías de pescadores implicadas en la campaña. En el diario de a bordo, Arnau Mateu, responsable de campaña, escribe al llegar a Cudillero (Asturias):

La desaparición de los recursos pesqueros en esta zona y las dificultades que siguen teniendo para erradicar definitivamente las redes de deriva son algunas de las preocupaciones compartidas. Los métodos de pesca artesanales y altamente selectivos utilizados en estos puertos compiten con la introducción de nuevas artes de pesca que, al igual que las redes de deriva, ya están produciendo un fuerte impacto ecológico sobre los recursos pesqueros. La captura y posterior venta de inmaduros es una de las consecuencias directas...[9]

La crisis de los bosques

La conciencia sobre la finitud de los recursos y la necesidad de criterios de explotación más racionales viene, pues, de lejos, manifestándose con especial insistencia en el caso de los bosques. Las roturaciones masivas a favor de la agricultura, el pastoreo, la fabricación de carbón vegetal y especialmente la construcción de barcos para la Armada («selva del mar» llamó Lope de Vega a la Armada Invencible; «bosque flotante» dijeron otros) además del creciente intercambio comercial, provocaron la desaparición acelerada de inmensas zonas boscosas en toda España. La fragata *Zaragoza*, construida en 1868, consumió cerca de 4.000 m³ de frondosas y 3.000 de coníferas. Hasta la leña para usos domésticos llegó a escasear en el siglo XVIII. Antes («la Reconquista fue una guerra destructora de bosques», escribe Erich Bauer) y después de esa fecha, científicos, forestales, conservacionistas o políticos como Campomanes y Jovellanos, desarrollistas a ultranza, reconocieron la necesidad de controles y acciones reparadoras.

La defensa del bosque tiene antecedentes tan ilustres como el de Alfonso X: «Los árboles, parras y viñas –dice en *Las Siete Partidas*– deben ser bien guardados, por lo que los que los cortan o destruyen, facen maldad conocida» [10]. El rey Sabio apoyó también la creación del Honrado Concejo de la Mesta para favorecer la trashumancia, mimada luego por los Reyes Católicos. Las Cañadas Reales, cuya conservación es hoy objetivo de los ecologistas, provocaron efectos perniciosos en la agricultura y los bosques. No será ésta la única paradoja que aporte el conocimiento de la historia.

También los Austrias y los Borbones se preocuparon por los bosques. Felipe II confía en 1582 al obispo Diego de Covarrubias, presidente del Consejo de Castilla:

Una cosa deseo ver acabada, y es lo que toca a la conservación de los montes y aumento de ellos, que es mucho menester, y creo que andan muy al cabo [11].

Toribio Pérez Bustamante, funcionario al servicio de Felipe IV, dictó una Instrucción sobre la importancia de conservar los bosques porque «no hay lugar bueno sin ellos». Felipe V mandó en 1716 a los concejos de toda España plan-

tar pinos, carrascos, álamos y otras especies en montes bal-
díos, tanto públicos como particulares, que los regidores deberían visitar cada año. Fernando VI promovió en 1748 dos
ordenanzas para la conservación de los montes de marina y
para el aumento y conservación de montes y plantíos.

Todos destacan las implicaciones económicas de la deforestación aludiendo a criterios netamente conservacionistas
e incluso estéticos (la reivindicación del paisaje), que ade-
lantan visiones globalizadoras. El mismo Jovellanos dice en
un discurso pronunciado en la Real Sociedad de Amigos del
País de Asturias en 1781:

Pero otro provecho no menos considerable producirán a mi patria
estos plantíos, y sería el de afirmar el terreno de sus contornos, suje-
tando la arena suelta y movediza, que es ahora el principal enemigo
de aquella población (Gijón)...¡Cuántos edificios no he visto yo en
mi niñez destruidos por la arena, ya reducidos a yermos y arruina-
dos solares! [12]

El Padre Sarmiento muestra asimismo preocupación por
los bosques: «Falta carbón y leña; porque se corta y no se
planta». El naturalista irlandés Guillermo Bowles señala
años después que «la sequedad de Castilla proviene en mucha parte de la escasez de árboles, porque su sombra hace
falta para conservar la humedad de la tierra» [13]. Y el médico
Blas de Llanos, preocupado por la relación entre la salud de
los bosques y la de las personas, concluye:

... el primer efecto de la devastación de los bosques, dehesas y montes, es la disminución de las aguas de las fuentes, ríos y arroyos, y la
aridez y sequedad de la tierra; que es evidente el influjo y la armonía que tienen los árboles con la atmósfera, y de consiguiente con el
clima, la sanidad y fertilidad de los pueblos... [14]

En idéntico sentido se pronuncian el avezado viajero Antonio Ponz o el naturalista Cavanilles.

Las Sociedades Económicas de Amigos del País, de origen suizo, también apuestan por la cultura del bosque. En 1765 se fundó la Asociación Vascongada de Amigos del País, e inmediatamente surgieron otras en La Coruña, Jaén, Madrid, etc.

Las sociedades patrióticas –escribe Luis Urteaga– crearon almácigas y semilleros, efectuaron plantíos y promovieron en lo posible la reforestación. El fomento del arbolado solía consignarse como una de las tareas societarias en los estatutos de toda corporación patriótica[15].

Esta dinámica proteccionista recibe un duro golpe con la desamortización de Mendizábal (1837) que, en apenas veinte años, supuso la venta de 140.000 fincas rústicas, y la Ley Madoz (1855), suavizada a instancias del director de la Escuela de Montes, Bernardino Núñez de Arenas. El retroceso de los bosques durante el período de la Ilustración queda reflejado en este texto de Luis Urteaga:

En el País Vasco, una zona tradicionalmente bien surtida de bosques, la escasez de madera motivó su comercialización clandestina y especulativa a través de las ferrerías que tenían un cupo asignado. En Castilla la Vieja, la previsión demográfica y las roturaciones de tierras esquilmaron las extensiones arbóreas, quedando éstas reducidas a zonas serranas de muy difícil aprovechamiento agrícola. En algunas comarcas la escasez de madera fue tal que el estiércol seco y las vides debieron utilizarse como combustible. En tierras murcianas, como en todo el litoral español, desde 1770 escaseaba la madera para la construcción e incluso para el consumo doméstico. En la huerta de Murcia se especula con el producto de los árboles, y las quejas y conflictos surgen por doquier. En toda la cornisa atlántica, desde Galicia a las montañas de Santander, la combinación de un intenso aprovechamiento agrícola de los montes, unido a la explotación forestal había dañado considerablemente la riqueza arbórea...[16]

El liberalismo descarnado de Jovellanos y su *Informe sobre la Ley Agraria*, un monumento al individualismo en expresión del ingeniero Lucas de Olazábal, tendrá serios correctivos desde la ciencia forestal. Como señala Vicente Casals, quedaba así establecida una dualidad entre explotación y conservación que presidirá durante décadas la actividad profesional de los ingenieros forestales. A esta dualidad, además, se le superponía otra: si no se podía hacer cualquier cosa con los recursos naturales, entonces la propiedad privada presentaba unos límites, sobrepasados los cuales el interés del particular se oponía al de la colectividad[17].

El ecologismo actual aún tiene el bosque como referente principal de sus acciones y textos de contenido muy similar a los mencionados. Las estadísticas oficiales correspondientes a 1971 (año del «despertar») señalan que casi la mitad del territorio (26.465.072 Has.) es superficie forestal. El alemán Erich Bauer, autor de la muy citada obra *Los montes de España en la Historia*[18], alaba el Plan Forestal del franquismo (1940) que plantea la repoblación de casi seis millones de Has. en 100 años. Recuerda Bauer que, para honrar esta «gran obra repobladora de España», las Naciones Unidas celebraron en Madrid el VI Congreso Forestal Mundial (1966):

... España va a ser otra vez un país con verdor de bosques –apunta en 1964 un corresponsal alemán en Madrid–. Con esto el pueblo español, sin cohetes a la luna, habrá realizado una de las más grandes obras de la cultura de este siglo»[19].

No serán precisamente de esa opinión los pioneros del ecologismo moderno. Bauer refleja la corriente de simpatía que históricamente ha habido entre forestales alemanes y españoles. En 1846, poco después del viaje a Alemania de los profesores Agustín Pascual y Esteban Boutelou para estudiar sus experiencias pedagógicas en materia forestal, comenzó a funcionar en Villaviciosa de Odón (Madrid) la Escuela de Montes con una mentalidad corporativa y disciplina casi militar (se hablaba del «apostolado de Villaviciosa»), clave del actual enfrentamiento entre ingenieros de montes, biólogos y ecologistas. No tiene Erich Bauer duda alguna sobre la aportación de estos profesionales: «Lo que queda hoy de los montes públicos, orgullo y protección de la

nación, fue salvado por los ingenieros de montes cuya primera promoción terminó la carrera en la Escuela de Montes de
Villaviciosa de Odón en 1852» [20]. Años antes había sido creada la Escuela de Bosques, que no llegó a funcionar nunca.

La idea defendida por los ingenieros de montes de que
sólo la propiedad pública puede conservar el monte alto ma-
derable tiene sin duda efectos positivos en la protección de
los bosques. Destaca Josefina Gómez Mendoza que

... la doctrina desamortizadora va incorporando elementos del
ideario conservacionista y buena parte del conocimiento de la naturaleza –y en particular de la geografía de España–, que se va ad-
quiriendo a lo largo del siglo XIX. Los mejores de entre los políticos
decimonónicos aspiraron nada menos –y muchos de los preámbu-
los legales lo prueban– a hermanar ciencia y administración, a perseguir la quizá imposible armonía de las leyes naturales, las leyes
económicas, las leyes jurídicas y las leyes morales [21].

El despertar de los científicos

Los afanes naturalistas de la segunda mitad del siglo XIX tienen entre los ingenieros de montes aportaciones decisivas en
el campo de la Botánica forestal o de la Geografía botánica.
Cabe destacar la figura de Joaquín María Castellarnau y Lleo-
part (1848-1943) autor de un *Estudio ornitológico del Real
Sitio de San Ildefonso y de sus alrededores*. Castellarnau era co-
nocedor de la obra de Haeckel, inventor del término «ecología» (1866). Con el bosque como punto de partida se llevan a
cabo investigaciones sobre otros aspectos como el suelo, la
botánica, la fauna, las aguas, etc. que aportan conocimientos
bastante aproximados de la riqueza ecológica de España.

El forestalista Agustín Pascual estudió en 1852 las estepas
españolas contando con el precedente de Moritz Willkomm
y su obra *Las costas y las estepas en la Península Ibérica*. Esto
escribe en referencia a los Monegros (Aragón):

... se llama así porque antiguamente estuvo tan poblado de pinos y sabinas que, al que le miraba de lejos le parecía un monte oscuro y cerrado... La frondosidad de este territorio, proverbial en un tiempo por todo Aragón... ha desaparecido casi del todo... Lo mismo sucede con la estepa murciana, a la cual se le puede aplicar, más que a ninguna otra, la sentencia de Humboldt: «Con la destrucción de los árboles, que cubren las cimas y las laderas de las montañas se preparan los hombres para sufrir dos calamidades a un tiempo, la carestía de combustible y la escasez de agua» [22].

A pesar de todo, Monegros es reivindicado hoy como Parque Nacional por su gran biodiversidad.

Santos Casado ha estudiado minuciosamente las aportaciones a la ecología desde el siglo XIX hasta 1936: el director del Jardín Botánico de Madrid, E. Reyes Prósper, autor de *Las estepas de España y su vegetación* (1915); el zoogeógrafo y biólogo marino Odón de Buen, que obtuvo en 1899 la cátedra de Historia Natural de la Universidad de Barcelona; los estudios del geólogo Salvador Calderón sobre aguas continentales y lagunas salinas, como Fuente de Piedra (Málaga); el interés de José Taboada, autor de un estudio sobre el lago de Sanabria, por lagos y lagunas de alta montaña (1912); Eduardo Hernández-Pacheco, vinculado a la gestión de los Parques Nacionales, y sus estudios geológicos y geográficos con inteligentes precisiones sobre el paisaje; el naturalista Celso Arévalo (1885-1944), impulsor del Laboratorio de Hidrobiología de Valencia (1913) donde realizó una serie de investigaciones sobre la Albufera, un espacio reivindicado con fuerza en los años setenta; Luis Pardo, autor de *Lagos de España* (1932); Manuel Aulló, promotor del Laboratorio de la Fauna Forestal Española (1918) y de la *Revista de Biología Forestal y Limnología;* Emilio Huguet del Villar y Serratacó (1871-1951), con Gredos como base de sus trabajos de geomorfología y botánica –*Los glaciares de Gredos, El valor geográfico de España* y sobre todo *Avance geobotánico sobre la pretendida estepa central de España*–; en 1933, fundó el La-

boratorio de Ecología del Museo de Ciencias Naturales de
Madrid; y, por último, destaca como botánico la eminente
figura de José Cuatrecasas (1903-1996).

... Independientemente de los avances teóricos –señala Santos Casado–, en la práctica se impone un modelo de investigación tradicional, taxonómica y descriptiva, que es potenciado más o menos
abiertamente desde las instancias institucionales y académicas de la
comunidad de naturalistas como fórmula para alcanzar el objetivo
considerado prioritario de completar el conocimiento básico de la
naturaleza patria. No será hasta la segunda década del siglo XX, a
partir de 1915 aproximadamente, cuando se reactive la recepción
de la ecología, una ecología que será entonces más reconocible y di-
ferenciada dentro de la ciencia natural[23].

Además de la investigación universitaria, proliferan instituciones que apoyan, estimulan y divulgan la cultura científica y ecológica, como la Sociedad Española de Historia Natural de Madrid o la Sociedad Botánica Barcelonesa (1871);
la Institución Libre de Enseñanza (1876), la Sociedad Linnea-
na Matritense (1878), la Estación Biológica de Santander
(1886), la Sociedad Aragonesa de Ciencias Naturales (1902),
el Observatorio del Ebro (1904), la Junta para Ampliación
de Estudios e Investigaciones Científicas (1907), el Instituto
Español de Oceanografía (1914), etc., sin olvidar la labor de
las sociedades excursionistas y montañeras que, especialmente en Madrid y Cataluña, impulsaron el conocimiento
científico y vital de nuestra naturaleza.

Como resumen o conclusión general –continúa Santos Casado–
puede decirse que el desarrollo inicial de la ecología en España se
produce a partir de la historia natural, pero que a la vez hay una tensión entre las nuevas orientaciones ecológicas y la historia natural
tradicional. Los primeros intentos para introducir la disciplina ecológica se originan o se asientan en la comunidad científica de naturalistas. Sin embargo, la escasez de recursos materiales y humanos
disponibles y la existencia de un enorme atraso en el conocimiento
básico de la naturaleza ibérica, cuya superación se había converti-

do en el objetivo fundamental de los naturalistas españoles, hicieron que la comunidad científica de naturalistas fuera poco receptiva a los nuevos enfoques ecológicos y actuara de modo excluyente respecto a éstos en el plano profesional e institucional.

En todo caso, concluye,

la obtención de una visión de conjunto de la gea ibérica favoreció, como objetivo científico, la adopción de enfoques sintéticos en ocasiones muy similares a los ecológicos, y que en este caso sí fueron activamente apoyados por instituciones como el Museo o la Junta[24].

En la Sociedad de Historia Natural de Madrid, el geólogo Juan de Vilanova contó en 1874 las experiencias proteccionistas en Estados Unidos, y otro colega suyo, Salvador Calderón, denunció la «extinción si no completa, al menos muy cercana de una de las bellezas más celebradas de la fauna andaluza». Se refería Calderón al águila imperial en el entorno de Doñana:

Dicha especie, como todas las falcónidas, es más bien perjudicial que útil: pero, con todo, como naturalista no podía menos que lamentarse de que móviles interesados sean los que hagan desaparecer ésta como otras especies, en provecho de los museos y colecciones extranjeras, á las cuales tenemos que recurrir para el conocimiento de nuestra propia fauna[25].

Aún hoy, el águila imperial es objetivo prioritario de los conservacionistas.

Esta tradición científica, continuada luego por los profesores Ramón Margalef, Fernando González Bernáldez, Francisco Pineda, Ramón Folch, Eduardo Martínez de Pisón y algunos más, sirve de apoyo al conservacionismo emergente en la primera mitad de la década de los setenta. Los científicos detectan y describen los problemas pero, salvo excepciones (los nombres mencionados y pocos más), no se han comprometido con la denuncia y la acción. Esa labor ha correspondido, casi en exclusiva, a los ecologistas.

Giner de los Ríos y el «Guadarramismo»

Algunos de los nombres mencionados estuvieron vinculados a la Institución Libre de Enseñanza, que unía el interés científico con la práctica placentera del excursionismo y la observación directa. Ni siquiera la educación ambiental de la que tanto se habla ahora supone novedad alguna. La influencia de la Institución en el aprecio por la naturaleza de aquellos que pasaron por ella ha sido reconocida por todo el mundo y su fundador, Francisco Giner de los Ríos (1839-1915), seguidor del krausismo y maestro de tolerancias, ha sido uno de los pedagogos españoles más admirados.

Ser hombre –escribe Giner– no es ser un científico; la vida es mucho más varia y rica, y no se satisface con un programa tan menguado; para ser hombres es preciso abrirse por entero a un sentido universal de la vida... [26]

La primera expedición de los institucionistas al Guadarrama tuvo lugar el 14 de julio de 1883 y de ella formaron parte Giner de los Ríos, Julián Besteiro y los geólogos Salvador Calderón, Francisco Quiroga y José Macpherson, cuya labor, junto a la de Casiano de Prado, será reconocida años después con el monumento de la Fuente de los Geólogos, ubicado en la propia Sierra.

Las excursiones escolares –dice el *Ideario Pedagógico*–, medio esencial del proceso intuitivo, forman una de las características de la Institución desde su origen... Porque ellas ofrecen con abundancia los medios más propicios, los más seguros resortes para que el alumno pueda educarse en todas las esferas de su vida. Lo que en ellas aprende en conocimiento concreto es poca cosa si se compara con la amplitud del horizonte espiritual que nace de la varia contemplación de hombres y pueblos; con elevación y delicadeza en el sentir que en el rico espectáculo de la naturaleza y del arte se engendran... con la serenidad de espíritu, la libertad de maneras, la riqueza de recursos, el dominio de sí mismo, el vigor físico y moral que brotan del esfuerzo realizado, del obstáculo vencido, de la contrariedad sufrida, del lance y de la aventura inesperados; con el mundo, en suma, de formación social que se atesora en el variar de impresiones, en el choque de caracteres, en la estrecha solidaridad de un libre y amigable convivir de maestros y alumnos[27].

La escuela gineriana pronto dará sus frutos. La Sociedad Científica de Amigos del Guadarrama (1886), el Club de los Doce (1907), el Club Alpino Español (1908), la Real Sociedad Peñalara (1913) y la Sociedad Deportiva Excursionista (1913) son iniciativas de institucionistas que tienen continuidad en otras ciudades como Granada, donde se constituye en 1898 la sociedad Diez Amigos Limited. El fundador de los Parques Nacionales, Pedro Pidal y Bernaldo de Quirós, tendrá en ellas, y especialmente en la Real Sociedad Peñalara, complicidades inquebrantables. Desde entonces, los grupos montañeros han sido eficaces aliados de la causa proteccionista.

Uno de los artículos más citados de Giner, «Paisajes», publicado en *La Ilustración de Barcelona* (1886), revela la nueva sensibilidad hacia el paisaje heredada por los autores del 98, admiradores también del Guadarrama:

Castilla la Nueva nos aparecía de color rosa; el sol, de púrpura, detrás de Siete Picos, cuya masa, fundida por igual con la de los cerros de Riofrío, en el más puro tono violeta, bajo una delicada veladura blanquecina, dejaba en sombra el valle de Segovia, enteramente plano, oscuro, amoratado, como si todavía lo bañase el lago que lo cubriera en época lejana. No recuerdo haber sentido nunca una impresión de recogimiento más profunda, más grande, más solemne, más verdaderamente religiosa...[28]

Señala el profesor Martínez de Pisón la influencia del «guadarramismo» en el aprecio por otras montañas emblemáticas como Sierra Nevada y Picos de Europa, referencia de científicos, escritores, pintores y conservacionistas. El azar ha querido que algunas de las más importantes reuniones del movimiento ecologista en los setenta tuvieran el Guadarrama y sus alrededores como escenario. Posiblemente nadie recordara a Giner, pero éste había escrito muchos años antes:

Con todos los seres naturales, desde la planta al animal, nos hallamos obligados jurídicamente, de modo que usemos de ellos para fines tan sólo de razón, no ya por mero deber hacia nosotros mismos, o para con Dios, sino para con ellos y su propio derecho [29].

Afirma Juan Marichal que, en los años del llamado «fin de siglo», Giner fue para la generación posterior a él –la Generación del 98– un paradigma intelectual y cívico [30]. Sirva de muestra este poema de Antonio Machado escrito a la muerte del maestro: «A Don Francisco Giner de los Ríos».

> Como se fue el maestro,
> la luz de esta mañana
> me dijo: Van tres días
> que mi hermano Francisco no trabaja.
> ¿Murió?... Sólo sabemos
> que se nos fue por una senda clara,
> diciéndonos: Hacedme
> un duelo de labores y esperanzas.
> ....
> ...¡Oh, sí!, llevad, amigos,
> su cuerpo a la montaña,
> a los azules montes
> del ancho Guadarrama.
> ....

Martínez de Pisón, uno de los más inteligentes y sensibles científicos del paisaje en el presente siglo, junto al malogrado Fernando González Bernáldez, ha analizado la obra de

Unamuno, Machado, Baroja, Azorín y Ortega, estableciendo notables diferencias entre éstos y los regeneracionistas en relación con el paisaje:

No mira a éste esencialmente para realizar una reforma agraria. Su originalidad estriba en que lo ve para la reflexión, el goce, la creación, la identificación cultural, la acción vital, la búsqueda de la intrahistoria, la belleza –un modo propio de la belleza[31].

Regeneracionistas, forestales y científicos, con diferentes talantes y matices, habían elaborado un mapa bastante aproximado del territorio español (geografía, geología, fauna, flora, etc.). La generación del 98 dibuja lo que muy certeramente denomina Martínez de Pisón «un mapa literario de España» o, dicho de otro modo, una imagen cultural y emotiva del paisaje que acepta el territorio en su valiosa diversidad, sin racismos geográficos. Cada paisaje se justifica por sí mismo:

Era seca España y así debía ser –escribe Azorín– ...Pantanos, canales, azarbes, represas, pozos artesianos, riegos varios y múltiples, ¿iban a salvar a España?... España tenía su fisonomía legendaria, secular y no podía perderla... Lo propio de España era ser seca[32].

Miguel de Unamuno siente predilección por el paisaje de montaña sin descuidar el factor humano. Antonio Machado («Guadarrama, viejo amigo») valiéndose de Mairena, trata de suscitar en los niños el amor por la naturaleza, convirtiendo en poesía los elementos geográficos más insignificantes. Pío Baroja confunde paisaje y acción. José Azorín se identifica con «las montañas finas, claras, olorosas y radiantes de Castilla, Alicante y Cataluña». El paisaje de los autores del 98 es, pues, amplio de horizontes y propuestas. «Los paisajes –confiesa Ortega– me han creado la mitad mejor de mi alma»[33].

La Ley de Parques Nacionales de 1917

Precisamente la primera publicación de la Junta de Parques Nacionales está dedicada a la Sierra de Guadarrama. La Real Orden del Ministerio de Fomento (1930) por la que se declaran varios sitios y monumentos naturales de Interés Nacional en la Sierra de Guadarrama dice:

A la belleza del abrupto roquedo de sus cumbres se una la serena placidez de sus amplios valles, de verdes praderías; los deleitosos bosques de denso pinar, que se extienden por las laderas y los valles altos, y la vegetación de encinas, rebollos y enebros, que con otras clases de arboleda y con el matorral florido de jaras, retamas, cantuesos y tomillos, ocupan las zonas bajas... La rapidez de los modernos medios de locomoción permite que la gran urbe madrileña pueda tener, como lugar de saludable y culto esparcimiento y descanso espiritual de la afanosa vida ciudadana, la cercana sierra...[34]

Pero antes que el Guadarrama serán protegidos otros espacios. El ideario conservacionista toma forma política en el Parlamento de la mano de un peculiar personaje que por edad, no por ideas y talante, es noventayochista. Pedro Pidal y Bernaldo de Quirós (Gijón, 1869-1941), marqués de Villaviciosa (título que obtuvo como regalo de bodas de la reina María Cristina) y epígono de una saga política (los Pidal) tradicionalista y caciquil, será el primer ecopolítico español al llevar con eficacia estos asuntos a las más altas instancias políticas. Su excelente relación con la Casa Real le será de gran ayuda. Implacable cazador, en 1905 había colaborado en la creación de los cotos reales de Gredos y Picos de Europa para proteger las especies cinegéticas diezmadas por los desmanes de la época, especialmente la cabra hispánica y el rebeco. Con la complicidad entusiasta de Alfonso XIII, de quien Pidal fuera maestro y compañero de cacerías, ambos pusieron en marcha la primera legislación conservacionista del siglo XX. En realidad, hasta la Ley de Espacios Protegidos de 1975 (en las postrimerías del franquismo) y sobre todo la Ley de Conservación de los Espacios Naturales y de la Flora y Fauna silvestre de 1989, la «Constitución de la Naturaleza» (modificada en alguno de sus artículos en 1997), puede decirse que la gestión de los espacios protegidos se mantuvo con idénticos criterios.

El marqués de Villaviciosa fue un personaje singular, extravagante, vividor y bonachón, que combinó de manera alocada sus responsabilidades como diputado y senador (tuvo elogiosos comentarios de Azorín y Unamuno) con la dirección de la fábrica de Mieres y la gestión de los parques, sin faltarle tiempo para sus dos pasiones: la caza (mató cinco osos y cientos de rebecos) y la montaña. Más que por su labor protectora fue conocido el marqués por haber sido el primero en escalar el mítico Naranjo de Bulnes (1904) en compañía de un lugareño habilidoso conocido por «El Cainejo». Aprovechándose de su fama, llevó al Senado, el 6 de noviembre de 1915, la proposición de Ley de Parques Nacionales, un texto de tan sólo tres artículos aprobado por amplia mayoría en 1917. Pocos meses después, se crea la Junta de Parques Nacionales de la que será comisario, manejando a su antojo la política proteccionista hasta 1935, cuando los sucesivos enfrentamientos con Eduardo Hernández-Pacheco, vicepresidente de la Junta, provocan su cese. Previamente, Pidal había viajado a Estados Unidos para conocer de cerca su gestión de los Parques Nacionales.

El Parque Nacional de la Montaña de Covadonga (1917) y el de Ordesa (1918) fueron los primeros porque, aparte de otras consideraciones de tipo político («en Covadonga debe empezar también la Reconquista de la naturaleza», decía Pidal), reúnen los dos elementos fundamentales de su estrecho ideario conservacionista: especies cinegéticas y bosques. En este sentido, más que con la generación del 98 o con la Institución Libre de Enseñanza, enlaza el marqués con el pensamiento forestalista del siglo XIX. Su discurso de 1915 en defensa de la Ley de Parques también expresa idéntica preocupación:

¿Dónde está la repoblación forestal que todos anhelamos? ¿Dónde está la política forestal que debe privar sobre todas las otras? Castilla, ¿no está como hace treinta años... sin que veamos aumentar su arbolado? ... Hay un ruido monótono y seco que encorajina y desespera. ¿Sabéis cuál es sus señorías? Es el hacha, ¡el hacha del salvaje español, al que no hemos logrado civilizar todavía...[35]!

Conocía y apreciaba Pidal espacios actualmente tan emblemáticos como Doñana o Cabañeros, pero no descubrió en ellos elementos suficientes para declararlos Parques Nacionales. Cuando el 14 de agosto de 1920 acude el flamante comisario a la inauguración de Ordesa, un periodista le pregunta si en el futuro inmediato habrá nuevos Parques:

No, no más por ahora –responde–; no conviene prodigar un título que hasta los norteamericanos, tan celosos de sus grandezas naturales, regatean a los mismísimos cañones del Colorado. Y puesto que los nuestros de Ordesa y Covadonga son de un valor indiscutible, seamos parcos, procedamos con la mayor seriedad; además de que será mucho para nosotros atenderlos como se merecen[36].

Para entonces, había tenido el marqués ciertos desencantos. A pesar de su empeño en que los Presupuestos Generales del Estado incluyeran una partida destinada a los Parques (8.000 pesetas pedía en 1917), fracasó en el intento y hubo de suplir con dinero propio lo que el Gobierno le escatimaba. Por lo demás, la gestión de los Parques no iba más allá del control del furtivismo, de las talas de árboles y de la construcción de caminos y carreteras que constituían, como ahora con menos justificación, la obsesión de los pueblos del entorno. Pedro Pidal tuvo no pocos enfrentamientos con los vecinos de Covadonga y Ordesa, en especial con sus paisanos de Asturias, recelosos de las limitaciones que imponían los Parques. Hombre cordial y generoso (con su dinero compró también complicidades) mandaba con mano dura y amenazó con la escopeta a un canónigo de Covadonga que había cortado las ramas de un árbol. Esa línea continuará en el franquismo, que castigó con trabajos forzados a algunos incumplidores de la ley fraguando odios todavía no superados.

Pero a otros enemigos poderosos hubo de enfrentarse el marqués de Villaviciosa. Las compañías mineras en Covadonga o las concesiones hidráulicas en Ordesa le provocaron más de un disgusto. El 7 de junio de 1921, dirige al ministro de Fomento una carta en los siguientes términos:

Un santo Cristo con un par de pistolas, señor ministro, hace mejor maridaje ciertamente que un Parque Nacional con un salto de agua aprovechado. La consagración de la virginidad de la naturaleza, de la hermosura y vida de las cascadas en un lugar determinado es la condenación de las presas, canales, casas de máquinas, etc. Y si la política en España, por debilidad o falta de carácter, no acertase a mantener la tradición española de supeditar los lucros, los aprovechamientos sanchopancescos a las consideraciones ideales, pues ya se cuidará la Junta Central de Parques Nacionales y el Comisario General que suscribe de recabar del señor ministro de Fomento la desaparición del Parque Nacional de Ordesa o de Arazas. Todo menos ponernos en ridículo [37].

Así se las gastaba el impetuoso marqués, cuya misión conservacionista estaba por encima de ideologías. Monárquico a ultranza, aceptó la permanencia en el cargo a propuesta del primer gobierno de la República. Se enfrentó a atrocidades de los suyos y halagó a Indalecio Prieto cuando derogó una vieja concesión hidráulica en Ordesa. No menos dura fue la batalla emprendida contra The Asturiana Mines Limited en el Parque de Covadonga:

Esta Compañía –denuncia en *El Comercio*– se mete en el Lago Enol, lo raja, lo ultraja o viola, lo deseca o convierte en un charco de ranas indecente o poco menos, y todo eso, todos los años por los meses de julio, agosto... cuando acude el turismo mundial... [38]

Con no pocas contradicciones, Pedro Pidal está siempre del lado de quienes defienden la naturaleza. La Real Sociedad de Alpinismo Peñalara, presidida por el institucionista Constancio Bernaldo de Quirós, le nombró socio honorario y organizó el único homenaje que tuvo Pidal (Póo de Cabrales, 1933). A su manera, también fue «guadarramista». En la inauguración del monumento al Arcipreste de Hita (1930) y de la Fuente de los Geólogos (1932) en el Guadarrama, pronunció sendos discursos extemporáneos en un ambiente de cultura republicana.

La Junta de Parques Nacionales administraba además otros espacios protegidos bajo la denominación de Monumentos Naturales y Sitios Naturales de Interés Nacional. En este segundo apartado se incluyeron el Monte de San Juan de la Peña, la Cumbre y bosque del Moncayo, la Ciudad Encantada de Cuenca, el Torcal de Antequera, la Sierra de Guadarrama, la Pedriza del Manzanares, Peñalara, la Sierra de Espuña, el promontorio del cabo Vilano, el Palmar de Elche, etc.

La obra del marqués de Villaviciosa ha tenido continuidad en el ecologismo de nuestros días.

El naturismo y la huelga de vientres

El largo proceso de desarrollo de la cultura ecológica desde la ciencia, la política o el arte fue generando una nueva conciencia. El movimiento ecologista nacido a finales de los sesenta no surge, pues, en el vacío, sino que es hijo de esta rica tradición, aun ignorándola en su mayor parte, y a ella añade la denuncia sistemática, la acción organizada, alternativas y testimonios personales con nuevas formas de vida más allá del comunerismo sesentayochista. El franquismo y otras desidias están en el origen de esta gran fisura cultural.

Destaca Luis Lemkov la simpatía del ecologismo actual hacia el anarquismo y el comunismo libertario, «por su tradicional interés por el medio ambiente y la descentralización, que se constituyeron en una fuerza poderosa en el período comprendido entre finales del siglo XIX y la victoria del franquismo»[39]. Igual ocurre con las corrientes naturistas implantadas en España en la primera mitad de este siglo. El Congreso Naturista Mundial celebrado en Francia en 1974 definió el naturismo como una forma de vivir en armonía con la naturaleza, caracterizada por la práctica del nudismo en común, con la finalidad de favorecer el respeto a uno mismo, a los demás y al medio ambiente. Las medicinas alternativas, el vegetarianismo, la agricultura ecológica, la práctica de modelos de vida más sencillos, la artesanía, etc. tienen aquí un claro antecedente. El naturismo es, sin duda, una de las familias, no siempre bien avenidas, de la cultura ecológica.

Otros movimientos como el malthusianismo anarquista y el anarconaturismo tuvieron en España un espectacular desarrollo desde comienzos de siglo hasta 1939:

Para los anarquistas neomalthusianos –señala Eduard Masjuán– los medios contraceptivos tenían una finalidad superior que va más allá de evitar los embarazos no deseados... como la Maternidad Consciente y Voluntaria, basada en el Matriarcado Moral, que habría de conducir al ideal social popular de una nueva Generación Consciente, hermanado con el Naturismo Integral anarquista en el marco del «socialismo de los pobres»...[40]

Además de su carácter emancipador, el neomalthusianismo pretende el equilibrio entre el crecimiento de la población y la disponibilidad de recursos naturales en un planeta limitado. La cuestión demográfica será décadas después eje central del debate ecológico, hasta el punto de señalársela como el principal asunto de fondo en el proyecto de una sociedad sostenible. Soledad Gustavo, Teresa Claramunt, José Prat o Luis Bulffi contribuyen a la difusión de estas ideas y sufren represiones por ello. Bulffi fue autor de un librito titulado ¡*Huelga de vientres!* en defensa de los métodos anticonceptivos:

En definitiva, el ideal socioecológico y científico de Generación Consciente y Voluntaria intentó forjar a través de los anarquistas una nueva escala de los valores humanos acorde con el medio ambiente y las leyes naturales[41].

Este movimiento defendió también el «ideal eugénico anarquista» tergiversado luego por fascistas y nazis:

La eugenesia anarquista neomalthusiana se define como la vía por la que se puede conseguir la buena procreación y el mejoramiento progresivo de las personas[42].

Perseguidas estas ideas durante la Dictadura de Primo de Rivera, reviven de nuevo con la República. En 1933 se celebran las Primeras Jornadas Eugénicas Españolas, presentadas por el entonces ministro de Instrucción Pública, Fernando de los Ríos, y en las que participa la mítica Hildegart Rodríguez (cuya peripecia vital fue llevada al cine), secretaria de la Liga Española de Reforma Sexual.

«Amaos y no os multipliquéis», preconizaba la brasileña María Lacerda, para quien la máxima resistencia de la mujer contra el capitalismo era la huelga de vientres. La difusión de estas ideas provocó también cambios legislativos importantes. Ya en plena guerra, cuando el doctor Félix Martí Ibáñez fue director de Asistencia Social de Cataluña y subsecretario de Sanidad con la República, se aprobó la interrupción voluntaria del embarazo durante los tres primeros meses.

La crítica antisistema del naturismo es difundida en España por los franceses Enrique Zisly y E. Gravelle, que atribuyen al industrialismo y al progreso técnico inmoral la desaparición de los bosques, la contaminación atmosférica y el cambio climático, que para ellos no obedece a los ciclos naturales, sino a la alteración de los cauces del agua y el papel que tienen los árboles en la regulación del clima.

Menciona también Masjuán otras corrientes naturistas vinculadas al carlismo (reivindicadas más recientemente por Mario Gaviria) defensoras de la agricultura orgánica, en la que no cabe el uso de fertilizantes químicos o la explotación intensiva del terreno.

Agricultura ecológica

Autores como Joan Martínez Alier han estudiado la vinculación entre prácticas campesinas tradicionales y ecología tanto en España como en América Latina o en Rusia, con el populismo agrario. La admiración internacional suscitada por la figura de Chico Mendes o el Movimiento de los sin Tierra en Brasil es algo más que un fenómeno mediático. *Ecología, campesinado e historia* es uno de los estudios al respecto más completos:

Se comprende que el campesino prefiera una producción no especializada, basada en el principio de la diversidad de recursos y de prácticas productivas; se comprende también que no sea exclusivamente un trabajador agrícola, sino que complete su actividad fundamental con otras prácticas extractivas y productivas, resguardándose de las fluctuaciones que el azar, el clima o incluso el mercado, provocan en las economías domésticas. Y es esta estrategia campesina «multiuso» la que convierte a los campesinos en los primeros interesados en reproducir y conservar tanto la diversidad biológica como la heterogeneidad espacial; es decir, la que los convierte en ecológicamente conservacionistas [43].

Al margen de consideraciones más generales, algo tiene que ver esta estrategia histórica con ciertos movimientos de rechazo a la Política Agraria Comunitaria (PAC) o a la proliferación de alimentos transgénicos. El anarquismo agrario anterior a la Guerra Civil o la riquísima tradición de los jornaleros andaluces enlazan con experiencias y luchas actuales como las llevadas a cabo en Andalucía por el SOC (Sindicato de Obreros del Campo):

El movimiento jornalero y sus expresiones políticas pueden enca-
bezar en muchos pueblos andaluces la línea de contestación al proceso modernizador del campo, pero no concretado en el problema
de las máquinas o de los jornales, sino dirigido también y fundamentalmente contra la destrucción ecológica... [44]

Mario Gaviria quiso ver en los colonos del Plan Badajoz
un testimonio de la cultura ecológica (extensible al mundo
rural) porque, tal como dice uno de los entrevistados por él
mismo «aquí vivimos de no gastar». En efecto es ese «saber
vivir austeramente, con gran limpieza e higiene, sin despil-
farros de luz, de agua potable, de amueblamiento, etc.» lo
que encandila a Gaviria, así como el compromiso de los colonos pacenses en la lucha contra el eucalipto [45].

Otros intentos de recuperar experiencias del pasado han
llevado a ciertas decepciones. Es el caso del Grupo de Alternativas Radicales para la Ribera del Ebro (ARRE), fundado
en 1977:

La euforia de los pequeños y medianos campesinos de aquellos días
–concluye en 1980 uno de sus promotores– nos engañó... Quizás no
estábamos equivocados y han sido los sindicatos «democráticos»
los que han convertido a unos campesinos hartos y potencialmente
revolucionarios en agricultores «a la europea» que quieren conseguir los más bajos salarios por sus peones y los más altos precios
por sus productos [46].

A pesar de todo, la actual apuesta por la agricultura ecológica o la vinculación entre agricultura y conservación de
la naturaleza, forzada en parte por la Unión Europea, es
también deudora de esa riquísima tradición.

El año de los tiros

Este rápido recorrido por los antecedentes del ecologismo
no puede terminar sin una referencia a la que ha sido consi-

derada como primera protesta ecologista en España. Si en los siglos XVIII y XIX no puede hablarse todavía de alarmantes problemas de contaminación, salvo en casos puntuales, no es difícil imaginar las terribles condiciones de seguridad e higiene de los trabajadores de la minería y otros sectores industriales. El «Informe secreto» realizado por Mateo Alemán en 1593, tras una visita a las minas de Almadén, es una espeluznante muestra. Con asombro y escándalo detalla el autor cómo los mineros debían entrar en los llamados hornos de reverbero para el tratamiento del mercurio, a pesar de las altas temperaturas y de los gases tóxicos.

Y este testigo ha oído decir a los esclavos que están en la dicha fábrica que habrá cinco o seis años poco más o menos que en una ocasión que hubo se ofreció que los Fúcares quisieron hacer grande cantidad de azogue y que para ello se les dio a los forzados que había demasiado trabajo y los hacían hacer hornos, y que del trabajo excesivo que se les daba y del hacerlos hacer los dichos hornos vinieron a morir en muy breve tiempo más de veinte forzados y que a la sazón era capataz de dicha fábrica Miguel Brete que de presente está en ella y sirve de Gardujero, que es recoger los deshechos del metal para volverlo a fundir el cual dicen que andaba de ordinario con un palo en las manos y que hacía entrar a los dichos forzados por fuerza en los hornos ardiendo y se abrasaban y que a cualquiera que mandaba alguna cosa si tan presto no lo hacía le daba con dicho palo y los hacía azotar cruelmente...[47]

Duras condiciones laborales aliviadas progresivamente a medida que los trabajadores se asociaron para luchar contra ellas. Hacia 1780, la Real Junta de Sanidad encargó al doctor José Masdevall Terrades un dictamen

para averiguar y saber si las Fábricas de algodón y lana son perniciosas para la salud pública, y si causan enfermedades en las ciudades en que se establecen, cargando la atmósfera de vapores venenosos y corruptos que se eleven principalmente de sus tintes, del cúmulo de gentes que se juntan en sus talleres, y de otras diferentes causas...[48]

Pero el informe del doctor Masdevall no encontró especiales motivos de preocupación. Más cargada estaba la atmósfera de Río Tinto (Huelva) por los vapores tóxicos derivados del tratamiento del mineral, que dieron lugar a un amplio movimiento de protesta. Los hechos ocurrieron a primeros de febrero de 1888 en el desaparecido pueblo de Minas de Riotinto, también llamado «La Mina» o «Riotinto Pueblo», y en ellos estuvieron implicados Zalamea, de donde partió la protesta, y la aldea de Riotinto (actual Nerva). El detonante fueron los humos de la «cementación artificial», un sistema rudimentario para obtener el cobre puro que consistía en quemar el mineral en grandes montones de leña (causa de la deforestación de la zona), denominados teleras, que lanzaban a la atmósfera toneladas de gases tóxicos («los humos o la manta»), que hacían irrespirable el aire en las propias minas, provocaban daños en las cosechas y llegaban también a Huelva capital, tan castigada históricamente por todo tipo de agresiones.

Las teleras habían sido ya prohibidas en Inglaterra, pero la compañía inglesa Río Tinto Company Limited, propietaria de las minas desde junio de 1873, aplicaba aquí políticas más tolerantes. Los terratenientes de Zalamea ya habían denunciado anteriormente al administrador, Francisco Thomas Sanz, por exceso en la corta de árboles y leña, pero la respuesta de la Junta General de Comercio, Moneda y Minas calificó de

cabilosa la quexa de la villa, y agenos de verdad los supuestos que hace; pues en quanto al corte de leña, siempre le ha executado el administrador con arreglo a las condiciones de su Asiento, a las Ordenanzas de Marina... y con licencias las más veces del Ayuntamiento... [49]

Años después, la propia Diputación Provincial señaló que la «cementación» no estaba contemplada en el contrato de arrendamiento y en 1847 los agricultores de Zalamea, cuyas cosechas habían sido arruinadas por los humos (lluvia ácida), presentaron la primera reclamación legal, que la compañía no tomó en consideración. Algunos ayuntamientos habían prohibido por su cuenta las teleras, pero tanto Nerva como Riotinto sufrían más directamente las presiones de la compañía minera.

El día 2 de febrero de 1888 comenzó una huelga para exigir reducción de la jornada laboral de doce a nueve horas y que no descontaran los jornales cuando fuera imposible trabajar por los efectos de la «manta de humo». Al día siguiente, en Zalamea la Real se echan a la calle unos mil agricultores. La huelga culmina el día 4 con una manifestación ante el Ayuntamiento de Riotinto a la que asisten entre 14.000 y 20.000 personas. Al llegar a la plaza de la Constitución, los cabecillas entraron en el Ayuntamiento para exponer al alcalde sus reivindicaciones. Formaban la comisión el terrateniente de Zalamea José Lorenzo Serrano; su yerno, José María Ordóñez, jefe de la Liga Antihumista; el alcalde de Zalamea, José González Domínguez, y el líder minero Maximiliano Tornet, desaparecido de la zona a raíz del suceso.

Encontrándose la comisión dentro del Ayuntamiento llega a Riotinto el Gobernador Civil de Huelva acompañado de un buen número de guardias civiles y de soldados pertenecientes al Regimiento de Pavía. De forma inesperada, sin provocación aparente, comienzan a disparar contra la multitud y numerosas personas caen muertas o heridas. El periódico *La República* lo cuenta así:

... de pronto los soldados de Pavía, como obedeciendo una señal, formaron cuadro y rompieron con fuego graneado a boca de jarro, tan horrible que se sabe han muerto más de 50, entre ellos una mujer con su hijo de pecho en los brazos.

Ligado a intereses empresariales, *La Provincia* da otra versión:

... Un obrero revolucionario dijo fuego cuando hablaba el Gobernador Civil y confundió a los soldados de Pavía que rápidamente cumplieron órdenes.

Finalmente, *El Cronista*:

... Prodúcese un movimiento tan enérgico y potente, que los poyos de la plaza son arrancados de cuajo y destrozados sus férreos espaldares en la vertiginosa huida. Y al que huye consternado y al que se tira al suelo, vuelve a disparársele por la espalda, sin mirar sexos y edades...[50]

Las cifras oficiales hablan de 48 muertos, entre ellos mujeres y niños, y más de 70 heridos. La tradición popular amplía esas cifras hasta 200 víctimas. Los hechos quedaron grabados en la memoria colectiva y el pintor Antonio Romero los reflejó fielmente en el cuadro *La masacre de febrero de 1888*. Los caciques encabezaron la manifestación, pero no hay constancia de que ninguno muriera o sufriera la cruel represión posterior, que incluyó sanciones y despidos en las minas. Las teleras siguieron funcionando hasta 1907, a pesar del Real Decreto de 29 de febrero de 1888, que establece su supresión.

El «Año de los tiros» –concluye J. M. Pérez López– determinó la frontera entre una época antigua, donde aún predominaban las relaciones sociales y económicas de régimen casi feudal en las que los terratenientes de Zalamea la Real imponían una economía agraria a un campesinado débil, y una época moderna donde iban a predominar la industria minera que posibilitará el desarrollo industrial que algunos autores han querido ver como la primera gran revolución industrial andaluza... ¿Fue una huelga ecológica por los daños nocivos de los humos sobre la vegetación? ¿Fue el primer movimiento obrero de la cuenca exigiendo mejoras elementales? ¿Fue, por el contrario, el último intento de los terratenientes zalameños de recuperar el control político y económico ya casi perdido...? La respuesta está en la unión de todos estos interrogantes[51].

2. El movimiento ecologista

> Vinieron ellos con su cartera repleta
> a comprar huertos, bancales y mesetas,
> compraron ríos, pantanos y montañas,
> compraron minas, ganados y cabañas.
> Teníamos agua, teníamos energía,
> teníamos aire y un poco de alegría.
> Teníamos casas, teníamos amigos
> y dos pesetas para gastar en vino.
>
> «En aquel tiempo en que los ríos eran limpios».
> JOAQUÍN CARBONELL

Un fantasma pequeñito recorre Europa

Tras la fractura histórica de la Guerra Civil, nunca del todo recompuesta, el movimiento ecologista nace «ex novo» y no reclama para sí tradiciones ni patrimonios. Aunque tópicamente suele señalarse el confuso ideario de los sesenta como origen del ecologismo, el desarrollismo industrial, la construcción de algunas infraestructuras, el programa nuclear o la crisis energética de 1973 y, en definitiva, la degradación acelerada de la naturaleza son elementos tanto o más decisivos que la mitología sesentayochista.

No habría nada que objetar a esta teoría –señalan Varillas y Da Cruz, dos de los pioneros– si no fuera por todas aquellas personas que también fueron germen del ecologismo sin saber que había existido un mayo en París y una primavera en Praga. La verdad es que hubo muchas motivaciones alrededor de 1970 para que en todo el mundo industrializado comenzaran a nacer asociaciones de diferentes tipos que estaban llamadas a encontrarse y formar eso que a partir de mediados de la década de los setenta comenzó a conocerse por movimiento ecologista[52].

Sostienen estos autores que la mayor parte de los grupos ecologistas nacieron en toda Europa sin apenas saber los unos de los otros. La Cumbre de Naciones Unidas sobre el Medio Humano (Estocolmo, 1972) o el Informe del Club de Roma sobre *Los límites del crecimiento* (1972) son revulsivos que contribuyen a la internacionalización de la causa. El jefe de la delegación española en Estocolmo fue el ministro responsable de los Planes de Desarrollo, Laureano López Rodó. Su célebre fotografía en bicicleta por las pulcras calles de la capital sueca es el primer guiño ecopolítico del régimen franquista que mereció las primeras páginas de todos los periódicos. Un año antes, se había creado en España la Comisión Interministerial para la Adecuación del Medio Ambiente (CIAMA), luego convertida en Comisión Interministerial del Medio Ambiente (CIMA), con cierto protagonismo durante el primer gobierno de Adolfo Suárez; también en 1971 se puso en marcha el Instituto Nacional para la Conservación de la Naturaleza (ICONA), vapuleado casi hasta su desaparición por los ecologistas.

Es evidente, a pesar de todo, la influencia cultural o contracultural de los sesenta. La asociación despectiva entre ecologistas y «hippies» supera la anécdota. Los tres «ismos» más importantes de la segunda mitad de este siglo (pacifismo, feminismo y ecologismo) constituyen una trilogía con fructíferas interrelaciones expresadas en términos como ecofeminismo o ecopacifismo. El pacifismo precisamente, a través de la lucha antinuclear y anti-OTAN, refleja con mayor nitidez las influencias exteriores que el movimiento ecologista. Pedro Costa Morata señala 1973 como

el año que aparece como referencia básica obligada al analizar este movimiento y es, al mismo tiempo, el inicio irreversible de la quiebra del sistema político imperante. En junio se nombra, por primera vez, un presidente del Gobierno distinto al Jefe del Estado, Carrero Blanco, que será asesinado por ETA en diciembre de ese mismo año[53].

La preocupación por la naturaleza, como se ha visto en páginas precedentes, no era nueva, pero había llegado el momento de la acción. Con gracia y acierto, el sociólogo valenciano Josep-Vicent Marqués, escribió en 1978 *Ecología y lucha de clases*, un libro que delata los orígenes de una parte del ecologismo militante. Aun pretendiendo un pensamiento autónomo, considera Marqués que el marxismo contiene las orientaciones generales para abordar la situación ecológica. El irónico paralelismo histórico con el *Manifiesto comunista* no es casual:

Sería exagerado comenzar con aquello de que «un fantasma recorre Europa», digamos que un fantasma pequeñito recorre Europa en bicicleta. Es hijo de hippies, provos, ácratas y campesinos, pero tiene un aire a obrero cabreado por la contaminación del barrio y a ama de casa preguntándole al alcalde que qué hace con los críos si no hay un parque a menos de tres kilómetros... Este fantasma es el ecologismo y aún asusta relativamente poco a los grandes capitalistas; sin embargo, puede hacerles perder bastantes duros, por ejemplo, obligándoles a interrumpir las obras de una central nuclear. Asusta más a los grandes partidos políticos y más en concreto a los socialdemócratas que se consideran administradores exclusivos de todas las protestas posibles... Este fantasma parece haber sido convocado por algunos miedos de la época. Primero fue quizás el miedo a la bomba... Después vino el terror al agotamiento de los recursos naturales y con él la crisis de la energía... Al lado de los miedos aparece un gran desencanto: la evidencia de que el progreso tecnológico no parece conducir a la liberación humana...[54]

La cultura marxista como antecedente, la lucha por la democracia, el desafecto hacia los partidos tradicionales, el nacionalismo y el regionalismo son referentes definitorios del ecologismo español con estilos y formas propias.

Los primeros pasos

A medio camino entre el ecologismo decimonónico y el moderno está la experiencia visionaria de dos peculiares personajes. Una vez más, los científicos abren camino con Doñana como centro de atención. El ornitólogo Francisco Bernis Madrazo y el biólogo José Antonio Valverde, apasionados por las aves, se encuentran por primera vez camino de Doñana («un paraíso en la tierra», para el inglés Abel Chapman) en 1952.

La primera impresión –recuerda Bernis– fue realmente inenarrable. Hubo dos días de los que conservaré un recuerdo imborrable: cuando nos asomamos montados en uno de los barquitos que llaman cajones al lucio de Vetalengua... y la mañana en que llegamos a la colonia de garzas imperiales que entonces criaba en el carrizal del Hondón. Íbamos a caballo en un mundo irreal entre dunas y marismas, y, cuando llegamos a las altas cañas un chorro de garzas salió volando y gritando... Creo que aquel día me asomé por primera vez a la Naturaleza con mayúscula...[55]

Ese mismo año comienzan los anillamientos de aves y, poco a poco, van tomando cuerpo las ideas protectoras. Francisco Bernis estaba obsesionado y molesto por aquella hiriente pero descriptiva frase del ornitólogo británico Atkinson: «En España un ave es un ser comestible o no comestible. Si no lo es, resulta inconcebible que nadie se preocupe del animal...»[56]. No andaba muy descaminado Atkinson, pues siempre hubo en nuestro país especial inquina hacia las aves justificada por hambrunas endémicas. La primera ley para su protección data de 1896 e impone una serie de limitaciones a la caza de tordos serranos y otras aves salvajes que les igualasen o superasen en tamaño. El artículo 2.º indicaba que en las puertas del ayuntamiento se inscribiera esta leyenda: «Los hombres de buen corazón deben proteger la vida de los pájaros y favorecer su propagación». Y esta otra en las escuelas: «Dios premia a los niños que protegen a los pájaros, y la ley prohíbe que se les cace, se destruyan sus nidos y se les quiten sus crías». En torno a 1900, España se adhiere al Convenio de París sobre protección de pájaros útiles a la agricultura y una ley de 1924 protege a las aves insectívoras. Las matanzas de pájaros («pajaritos fritos») eran práctica común en toda España hasta que los ecologistas asumieron su defensa. Todavía en 1983, se estimaba en 13 millones la cantidad de pájaros muertos en Jaén.

Bernis y Valverde viajan por otros lugares de España siempre con escasez de medios y pletóricos de entusiasmo:

Recorríamos el país agotando nuestro peculio en billetes de tercera de ferrocarril, pateando los terrenos, a todo lo más, como me ocurría a mí, moviéndonos de un sitio para otro en bicicleta. Nuestra comida para todo un día era, a veces, un gran mendrugo de pan con unos higos secos...[57]

Después de una visita del General Franco a Doñana (1953), interesado en las repoblaciones de eucalipto y otras especies productivas, Bernis, Valverde, Manuel María González Gordon y su hijo Mauricio, con importantes propiedades en el Coto, preocupados por el futuro de este espacio, envían una carta (redactada por Bernis) al Jefe del Estado:

El Coto de Doñana es, ante todo, una preciosa reliquia de naturaleza virgen en cuyo seno se alberga quizá la más formidable y famosa comunidad zoológica que pervive en Europa. Nosotros nos permitimos dudar de que la repoblación del Coto con árboles constituya problema vital para nuestro país. En cambio, abrigamos la profunda convicción de que, lo que realmente interesa a España es, precisamente, conservar el Coto de Doñana...[58]

Es la primera vez que el general Franco se enfrenta a un problema de este tipo. Con el único precedente de la Sociedad de Ciencias Naturales Aranzadi de San Sebastián

(1947), volcada por esas fechas en el estudio interdisciplinar, éste es el punto de partida de la primera organización netamente conservacionista en España, la Sociedad Española de Ornitología (SEO), que nace en 1954. Los contactos internacionales de Valverde con el objetivo de reunir fondos para la adquisición de las primeras fincas de Doñana impulsan también en Gran Bretaña la creación del World Wildlife Found o WWF (ADENA en España) en 1961.

Félix, el amigo de los animales

Con José Antonio Valverde entabla amistad años después el personaje más famoso (el más mediático) de cuantos se hayan relacionado con la naturaleza y en menor medida con el ecologismo. El burgalés Félix Rodríguez de la Fuente (Poza de la Sal 1928 - Alaska 1980) iba para médico y trabajó en una clínica dental hasta que decidió dedicarse plenamente al mundo de los animales. Este practicante de la cetrería (asesor en la película *El Cid*), a través del espectáculo televisivo, despertó en millones de españoles el interés, no tanto la preocupación, por el mundo de la fauna y llamó la atención sobre algunas especies a punto de extinguirse, como el lobo, cuya defensa le costó algunos sinsabores en zonas rurales.

Además de Valverde, tenía Rodríguez de la Fuente amistad con Jaime de Foxá, un personaje del franquismo responsable del Servicio de Pesca Fluvial y Caza. Gracias a él consiguió instalar en Briviesca la primera estación de manejo de aves de presa y, más importante aún, entrar en Televisión Española. Poco después de un viaje para entregarle al rey de Arabia Saudí un par de halcones en nombre del gobierno español, aparece por vez primera en televisión dentro del programa *Fin de semana* (1964). En los días siguientes llegan cientos de cartas a Prado del Rey solicitando de nuevo su presencia. Había nacido una estrella con la naturaleza como escenario. Nadie ha logrado superarle desde entonces. *Fauna*, *Planeta azul*, *El hombre y la tierra*, *La aventura de la vida*, etc. Hasta un total de diez series en las que participó de una u otra forma logrando con todas ellas audiencias supermillonarias. Félix colaboró también en Radio Nacional de España y publicó numerosas enciclopedias, como la mítica *Fauna*, que constituyó un fenómeno editorial sin precedentes.

«El amigo Félix», además del favor del público, tenía los parabienes oficiales. Colaborador del ICONA, fue también socio de la SEO y fundador de ADENA, donde ocupó la vicepresidencia desde su creación en 1968. ADENA, con el oso panda como emblema y 35.000 socios en los primeros años, es la versión española del WWF, dos siglas estrechamente vinculadas a las casas reales europeas (el duque de Edimburgo preside el WWF y el príncipe Juan Carlos fue presidente honorífico de ADENA) que nunca levantaron especiales recelos. En el consejo de dirección de ADENA, además del duque de Calabria, hubo siempre nombres del mundo de las finanzas, como Manuel de Prado y Colón de Carvajal, presidente por un largo período.

Al contrario que la SEO, la organización del oso panda alcanzó gran popularidad con la participación de miles de niños y jóvenes en el Club de los Linces o en los campamentos de verano. Gracias a la disponibilidad de fondos, ADENA puso en marcha la reserva de aves rapaces de Montejo de la Vega, creó una reserva en las hoces del río Riaza para aves rupícolas, participó en la compra de varias fincas de Doñana, llamó la atención sobre la necesidad de proteger espacios como las Tablas de Daimiel o el archipiélago de Cabrera; y, en fin, pocos días antes de su muerte, Rodríguez de la Fuente había presentado en nuestro país «La Estrategia Mundial para la Conservación de la Naturaleza» (1980) con la asistencia de los reyes y de varios miembros del Gobierno de UCD.

ADENA y el propio Félix provocaban ciertas reticencias en el ecologismo más combativo, no sólo por su connivencia con el poder establecido sino por su silencio sobre la energía nuclear, condición «sine qua non» para ser admitido sin reparos en el club verde. Rodríguez de la Fuente siempre vio desde la distancia al ecologismo politizado y de trinchera:

Los ecologistas –marca respetuosamente las distancias– desarrollan un papel muy importante y muy positivo, y creo que no hay más remedio que tomarles en serio. Cuando los ecologistas se lanzan a la calle para reivindicar un tema, hay que tener en cuenta que dentro de sus filas puede haber románticos, puede haber personas que quizá, de no haber existido el ecologismo, estarían militando en aquello de las flores y el hippismo... Este movimiento representa una ola que lleva y debe llevar a los responsables de la Administración a pensarse las cosas dos veces antes de dar un paso que pueda repercutir negativamente sobre el patrimonio natural del mundo[59].

Idénticas distancias mantiene el ecologismo radical respecto a su carismática figura. De esa primera época de preocupación por la fauna, tolerada por el Gobierno, se fue avanzando hacia un ecologismo profundamente crítico y globalizador. Por formación, ideas y estilo, más que con los ecologistas, enlaza Rodríguez de la Fuente con personajes del conservacionismo y el conservadurismo decimonónicos. Como alguno de ellos (Pedro Pidal), su conocimiento de la naturaleza proviene en parte de su pasión cinegética. Más que teórico, fue un espléndido divulgador que contaba a los demás, con algún que otro truco, aquello que él había vivido antes. Con tan sólo 52 años, murió en Alaska el 14 de marzo de 1980 en un accidente de helicóptero:

Somos muchos –confiesa Joaquín Araújo– los que hoy seguimos trayectorias profesionales hasta cierto punto similares a las de Rodríguez de la Fuente... En este sentido cuenta con muchos herederos entre quienes hoy divulgamos mediante libros, películas y otros medios de comunicación lo que sabemos y deseamos para la naturaleza[60].

En efecto, a pesar de su personalismo incorregible, Rodríguez de la Fuente creó escuela e incluso tiene algún que otro
imitador televisivo. Por cierto, ¿qué habría sido de Félix en el
imperio de la telebasura?

El ecologismo político de AEORMA

La Asociación Española para la Ordenación del Territorio y
el Medio Ambiente (AEORMA), en las antípodas de ADE-
NA, introduce a partir de 1970 una línea política combativa
y de objetivos más amplios que van desde la conservación
del urogallo a las centrales nucleares o las autopistas. Todavía en 1988, el que fuera su secretario general, Carlos Ca-
rrasco-Muñoz de Vera, acusaba a ADENA de tener en su
consejo a lo mejor del franquismo.

Además de quienes luego serán figuras destacadas del
ecologismo (Joaquín Araújo, Mario Gaviria, Pedro Costa o
Josep-Vicent Marqués), pertenecieron a AEORMA personajes como Ramón Tamames, José Luis Aranguren, José
María Gil Robles, Donato Fuejo, José Vidal Beneyto, Enrique Barón, Pablo Castellano o Armando López Salinas que,
poco a poco, se fueron descolgando. Cabe preguntarse por
qué nunca más hubo semejante plantel en una organización
ecologista. Al margen de inevitables oportunismos, es evidente que el movimiento ecologista decepcionó pronto las
expectativas de quienes desde él pretendían algún protagonismo social o simplemente buscaron compañeros de viaje
para objetivos de mayor calado. En plena dictadura franquista, el sueño de la Revolución movía aún no pocas voluntades. El ecologismo era una posibilidad novedosa en la lucha contra el sistema que debía ser analizada desde la óptica
globalizadora de un partido. De ahí la doble militancia tan
frecuente en los setenta. Era el signo de los tiempos. Ello explica también el compromiso de los Colegios Profesionales

de arquitectos, médicos, abogados, ingenieros, biólogos, sociólogos, etc., que realizaron valiosas aportaciones técnicas y científicas.

AEORMA jugó un papel decisivo en la lucha antinuclear, pero su acción más comentada fue la relacionada con la defensa del urogallo en peligro de extinción. Tras varias peticiones infructuosas a la Dirección General de Montes para que tomara medidas contra su caza en Los Ancares, varios miembros de la organización se trasladaron a la zona con el fin de impedir la acción de los cazadores. Quiso el destino que el primer encontronazo fuera con la escopeta ilustre de don Manuel Fraga, a la sazón ministro de Información y Turismo. La anécdota quedó reflejada en el diario *Informaciones* con este pareado de Luis Carandell: «A Fraga un buen vasallo / le ha espantado el urogallo». El vasallo fue detenido, claro. También tuvo cierta repercusión el reto a la Administración ambiental de entonces para que aceptara un debate televisivo. La Ley General de Medio Ambiente fue exigida por AEORMA y el movimiento ecologista hasta nuestros días sin éxito. Durante seis intensos años, sus acciones se extendieron por toda España a través de delegaciones regionales, hasta que en el transcurso de una asamblea de socios celebrada en Valladolid (1976) fue cesado su secretario general, acusado de utilizar la organización para fines de promoción personal.

En los primeros años setenta surge una pléyade de grupos que, en su pluralidad, están más próximos al conservacionismo de ADENA que a la ecopolítica de AEORMA. En 1971, nacen la Agrupación Navarra de Amigos de la Naturaleza (ANAN), cuya primera actividad fue la creación de un comedero de buitres con ayuda económica del WWF, y la Asociación Canaria para la Defensa de la Naturaleza (ASCAN), en Las Palmas, que realizó numerosos planes de protección y un Inventario de los Recursos Naturales de las Islas.

En 1972, la Asociación Asturiana de Amigos de la Naturaleza (ANA), con más de 2.000 socios, entre ellos destacados miembros del Partido Comunista de España, realizó el primer censo del urogallo, defendió los bosques autóctonos, se enfrentó a los planes turísticos y a los teleféricos en el Parque Nacional de Covadonga (ahora de Picos de Europa) y publicó *Asturnatura*, meritoria revista de divulgación científica. También en ese año se crea la Asociación Tinerfeña de Amigos de la Naturaleza (ATAN), con numerosos biólogos entre sus miembros.

En 1973, un grupo de ornitólogos funda la Asociación Naturalista de Andalucía (ANAO); en Cartagena se da a conocer la Asociación de Naturalistas del Sureste (ANSE) y, en Baleares, el Grupo Ornitológico Balear (GOB). En 1974, siguen idénticos pasos la Asociación para la Defensa Ecológica de Galicia (ADEGA), con las papeleras y los vertidos radiactivos en la Fosa Atlántica como objetivos principales, y la Liga para la Defensa del Patrimonio Natural de Cataluña (DEPANA), integrada por varios grupos catalanes, que, partiendo del conservacionismo, evolucionó hacia un ecologismo globalizador. Ese mismo año nacen la Asociación Extremeña de Amigos de la Naturaleza (AEXAN), luego Asociación para la Defensa y los Recursos Naturales de Extremadura (ADENEX), con miles de socios y 12.000 Has. de reservas naturales propias; y la Asociación Salmantina para la Defensa del Medio Ambiente (ASDEMAN), sustituida en 1979 por la Asociación para la Defensa Ecológica de Salamanca (ADES). El Grupo Ornitológico Gallego, transformado posteriormente en la Sociedad Galega de Historia Natural (SGHN), cierra en 1976 esta primera fase del ecologismo.

Por iniciativa de ANAN, todas estas organizaciones, toleradas sin excesivos problemas hasta el punto de contar algunas de ellas con páginas gratuitas en periódicos de la cadena del Movimiento, se reunieron en la I Convención de Asociaciones de Amigos de la Naturaleza, celebrada en Pamplona en 1974 con la asistencia del «todo» ecologista, incluido Rodríguez de la Fuente. En las conclusiones de la II Convención (Oviedo, 1975) ya se denuncian obstáculos por parte de la Administración a sus acciones reivindicativas. La III Convención no llegó a celebrarse al coincidir con la crisis de AEORMA en 1976.

El relevo, tras la muerte de Franco, lo asume la Asociación de Estudios y Protección de la Naturaleza (AEPDEN), muchos de cuyos miembros proceden de ADENA y AEORMA. Con su activismo infatigable y una presencia mediática insólita, AEPDEN marca uno de los hitos del movimiento ecologista. Gredos, proyectos urbanísticos en la Sierra madrileña, Monfragüe, Valsaín, Doñana, etc., son algunas de sus banderas compartidas por la Comisión de Defensa de la Montaña y la Federación Castellana de Montañismo. AEPDEN juega un papel decisivo en la lucha antinuclear y redacta el primer plan energético alternativo. Su brillante trayectoria es recogida por la Asociación Ecologista para la Defensa de la Naturaleza (AEDENAT) a partir de 1976.

Entre 1976 y 1977 aparecen nuevas siglas: la Asociación para la Supervivencia de la Naturaleza de Andalucía Occidental (ANDALUS), con el Parque Nacional de Doñana como asunto recurrente, además de las marismas del Odiel o la laguna de Fuente de Piedra. La Asociación Gaditana de Defensa de la Naturaleza (AGADEN); la Asociación Alcarreña para la Defensa del Medio Ambiente (DALMA); el colectivo catalán USERDA; el Grupo Abierto de Ordenación Territorial (GATO); Ekologisten Taldea de Bilbao; Asociación de Defensa Ecológica de Málaga (DEMA); Asambleas de Defensa de los Intereses del Bajo Aragón, de Caspe y Teruel (DEIBA y DEIBATE); Asamblea de Defensa del Medio Ambiente de la Ribera de Navarra (ADMAR); Colectivo para la Aniquilación de todas las formas de Polución (MARGARIDA) de Valencia; DURATON (Segovia); Asociación de

Licenciados en Ciencias Biológicas (ALBE); la Coordinadora Ecologista Astur, que suple eficazmente las primeras fatigas de ANA, etc.

Nunca ha sido posible realizar un censo de las organizaciones ecologistas, que aparecen y desaparecen con idéntica facilidad. Las estimaciones más solventes calculan entre setecientos y mil grupos en toda España. El fervor ecologista era tal en el período de la transición democrática que, dos meses antes de las elecciones parlamentarias del 15 de junio de 1977, nace el Partido Ecológico Español (PEE), encabezado por el abogado catalán Damián Téllez y el biólogo madrileño Fernando Enebral. Rechazado unánimemente por los ecologistas, el PEE obtiene sólo 40.000 votos. Fernando Enebral volverá a repetir suerte en 1977 dentro de Coalición Democrática, liderada por Manuel Fraga.

Manifiestos: de Valsaín a Daimiel

Al contrario que los partidos políticos de la época, el movimiento ecologista asume un pluralismo ideológico inevitablemente caótico. A lo largo de estos treinta años no ha habido un documento sólido, definitivo, de común aceptación, que pudiera englobar esa diversidad marcada sobre todo por la acción. Su ideario se ha ido reflejando en diferentes manifiestos improvisados en acalorados encuentros colectivos. Por cierto, que hubo no pocas reticencias con la palabra «movimiento» por sus resonancias con el repudiado Movimiento Nacional.

Manifiestos ha habido muchos a lo largo de estos años, aunque sólo unos pocos han tenido verdadera incidencia. El «Manifiesto de Benidorm», elaborado tras unas jornadas convocadas por AEORMA en la ciudad que le da nombre los días 14 y 15 de junio de 1974, es el primero: «Asistimos a una general degradación del Medio Ambiente. Se vive cada vez peor en nuestras ciudades y en nuestro campo», dice el preámbulo, para continuar enumerando un sinfín de problemas: barrios degradados, ruido, destrucción del litoral, marginación de la población rural, desarrollo industrial desordenado, uso de pesticidas en la agricultura, escasez de agua, etc. Hay también referencias a cuestiones concretas:

Las Rías Gallegas, el Coto de Doñana, Erandio, la Dehesa del Saler, Avilés, la Sierra de Guadarrama, etc., son hoy nombres dolorosos para las distintas poblaciones que han visto agredidas sus condiciones de vida o han sido expoliadas de su patrimonio natural... No parece que esto vaya a detenerse... El sistema socioeconómico del beneficio privado, vigente en esta sociedad, está demostrando su impotencia para proporcionar un desarrollo armónico de las colectividades humanas [61].

Concluye el manifiesto con una serie de exigencias: plan de ordenación del territorio, zonas verdes, protección del suelo y el agua, así como de la flora, la fauna y el paisaje; prioridad del transporte colectivo, paralización del programa de autopistas y centrales nucleares, educación ambiental en las escuelas, etc. En la reunión de La Coruña (mayo, 1975) vuelven a plantearse la mayor parte de estas cuestiones. AEORMA acude a la citada I Convención Nacional de Asociaciones de Amigos de la Naturaleza celebrada en Pamplona en septiembre de 1974.

Sus posturas antinucleares e incendiarias –recuerda Pedro Costa– chocaron con la bucólica preocupación por el lobo que encabezaban ADENA y Rodríguez de la Fuente [62].

El contraste no siempre bien resuelto entre estos dos mundos produce numerosos enfrentamientos. Jordi Sargatall habla en referencia a esos años de dos tipos de ecologistas, los naturalistas y los sociales:

Los primeros somos los que accedimos a la lucha conservacionista a partir del estudio y posterior «enamoramiento» de algún grupo natural que en Cataluña han sido básicamente los botánicos y los ornitólogos... Los ecologistas sociales son los que, sobre todo en aquella época, provenían de la lucha antinuclear, de luchas concretas contra determinadas contaminaciones o instalaciones industriales...[63]

En la Convención de Pamplona es aprobado un documento de diez puntos casi coincidentes con el «Manifiesto de Benidorm», aunque más preciso en cuestiones proteccionistas: planificación, insuficiente legislación ambiental, falta de medidas anticontaminantes, privatización de bienes de dominio público, rechazo al programa nuclear («parece prematuro el programa del Gobierno sobre centrales atómicas»), enfoques parciales del problema de los predadores, aumento de los cotos de caza mientras sólo «un raquítico 0,15 por ciento del territorio es dedicado a Parques Nacionales... que en muchos casos son campo abonado para la especulación privada», y finalizan exigiendo la potenciación de organismos responsables de la Administración de la Naturaleza.

La II Convención, celebrada en Oviedo en octubre de 1975, reafirma la vigencia de este documento y añade otros once puntos: «La defensa de la Naturaleza y el medio ambiente –dice el primero– es también la defensa de un derecho humano».

Luego llama la atención sobre los incendios forestales, la protección de bosques autóctonos (hayedos, robledales, encinares, laurisilva de Canarias) y de biotopos palustres y costeros, entre ellos, algunos de los más degradados: delta del Ter, del Muga y del Fluviá en Gerona; delta del Ebro en Tarragona; la Albufera de Alcudia en Mallorca; la Albufera de Valencia; lagunas de Santa Pola en Alicante; marismas del Guadalquivir; ensenada de Insúa y Baldayo en Galicia; ría de Villaviciosa en Asturias; San Vicente y Santoña en Santander; Daimiel en Ciudad Real; Villafáfila en Zamora; el archipiélago de Cabrera, las islas gallegas Ansarón y Sisargas, además de otras riquezas naturales como zonas volcánicas, turberas, cumbres, dunas litorales, simas, grutas y yacimientos fosilíferos. En cuanto a la fauna, exige la inclusión en el Decreto de Vertebrados Protegidos de la gaviota tridáctila, el urogallo cantábrico, el avetoro, la foca Fraile, las tortugas marinas y las lagartijas endémicas de Baleares. Estos espacios y especies serán objeto de protestas y campañas hasta conseguir su protección. Por último, las conclusiones de la II Convención recomiendan la creación de Parques Regionales y Provinciales y condenan el uso del veneno para el control de vertebrados.

Pero ningún manifiesto ha tenido la importancia de los aprobados en Valsaín y Cercedilla (1977) y Daimiel (1978). La reunión de Valsaín (Segovia), donde se creó la Federación del Movimiento Ecologista, fue convocada por AEPDEN en junio de 1977 y la elección del lugar no fue casual, pues las denuncias de esta organización habían salvado el Bosque de Valsaín, a punto de ser anegado por un pantano. El «Manifiesto de Valsaín», redactado con la colaboración del rector de la Universidad de Salamanca, Julio R. Villanueva, no trata de los acuerdos de esa histórica reunión sino del bosque salvado.

Para evitar coincidencias, las conclusiones consensuadas en Valsaín fueron bautizadas como los «Acuerdos de La Granja», un texto generalista con cuatro apartados en los que se perciben intentos de consensuar todas las corrientes:

1. Demografía: Considerando que la superficie de la tierra... es limitada, el crecimiento de la población es suicida. Por tanto... se propugna una regulación social de la natalidad. Recusamos, sin embargo, la repercusión demográfica del Tercer Mundo llevada a cabo por los países que, pese a tener tasas de natalidad bajas, consumen más recursos que la mayoría de la población india. Para ello propugnamos: educación sexual, libertad de anticoncepción y modificación de la política gubernamental sobre desarrollo de la familia.

2. Recursos: El crecimiento económico indefinido es imposible... Hay que lograr el fin del despilfarro, el urgente y técnicamente posible reciclaje, el aprovechamiento civil de subproductos y defender el proceso de desaparición del suelo agrariamente aprovechado... sólo cabe confiar, para el futuro de nuestra especie, en los recursos naturales renovables... Consideramos básico la defensa a ultranza de los restos de ecosistemas naturales y de los humanizados estables... Propugnamos la conservación del patrimonio histórico, artístico, cultural y etnológico... Consideramos la fuerza de trabajo como un recurso que debe prevalecer en la producción frente a los del capital inorgánico... propugnamos el empleo prioritario del trabajo humano (debidamente dignificado) frente a las grandes inversiones de capital y maquinaria, eliminando el paro. Reivindicamos el aire, el agua, y el suelo como patrimonio de los pueblos... Consideramos aceptable, en principio, la máxima «quien contamina paga»...

3. Hábitat: La degradación de los hábitats urbanos y rurales es consecuencia del mismo proceso: la localización de la población en los ámbitos geográficos que propician la obtención de masas de trabajo y consumo allí donde beneficia a los sistemas socio-económicos imperantes. La emigración del campesino... ha provocado el desequilibrio entre regiones, estados y entre el campo y la ciudad... Nuestras grandes ciudades han dejado de ser un lugar al servicio del hombre... La opresión sufrida por los habitantes del medio urbano origina el consumo y la privatización de áreas con calidad ambiental... Por ello propugnamos el freno al crecimiento de las grandes áreas metropolitanas... la descentralización de los centros de producción secundarios y terciarios y de las infraestructuras y equipamientos. Socialización del suelo.

4. Modo de vida: La consecución de los objetivos de tipo físico tiene como medio y destino el cambio ético y sociocultural... rompiendo, de entrada, el chantaje a que nos vemos sometidos por las estructuras imperantes que intentan plantear el dilema entre desarrollo y conservación. El fin del consumismo, de la competitividad agresiva... del machismo y del militarismo, forman parte del desarrollo (y no siempre crecimiento) social que preconizamos en paz con nuestros congéneres y nuestro nicho ecológico... La educación aparece como una de las facetas primordiales; se debe conseguir la

eliminación de la división entre trabajo manual e intelectual... promover la medicina preventiva y ambiental, restricción de la quimioterapia, freno al desarrollismo de la medicina industrial, alimentación no adulterada... son cuestiones básicas en un nuevo tipo de salud... que el hombre asuma psicosomáticamente sus limitaciones naturales y no discrimine ninguna de ellas (locos, subnormales, minusválidos) [64].

Los días 17 y 18 de septiembre se celebra otra reunión en Cercedilla (Madrid):

Allí se presentaron –recuerda Benigno Varillas– cerca de 30 grupos y organizaciones ecologistas en las que había de todo: ornitólogos, anarquistas, comunistas, antinucleares, campesinos, intelectuales, machistas, feministas, violentos, no violentos, pacifistas... El agotamiento físico hizo que al final se aprobaran los estatutos... [65]

La Federación, dirigida por una Coordinadora Federal y una Secretaría, se justifica así:

Si hubiera que buscar una calificación única para describir el carácter del movimiento ecológico quizá la de «autonómico» fuera la más adecuada... La espontaneidad ha sido una constante en este movimiento. Las protestas se han puesto en marcha directamente por los afectados, sin necesidad de que ninguna instancia superior diera las órdenes. No tiene, pues, nada de extraño que las voces que se han levantado en contra de las agresiones del sistema sean tan variopintas como las agresiones mismas y como los individuos por ellas afectados. Pero esta característica de la diversidad... hace que el sistema pueda ahogarlas más fácilmente al centralizar la información y aunar sus esfuerzos para dar una respuesta unificada en cada caso. Se impone, pues, una organización que haga las veces de cemento, que dé trabazón a este variado mosaico de grupos e individuos que componen hoy el movimiento y que sirva para reforzarlo y ampliarlo... No se trata, pues, de anteponer la unidad del sistema... en aras de una supuesta eficacia... Se trata de crear una organización sin jerarquías ni poderes centralizados que respete la variedad del movimiento... Una unidad en la solidaridad sentida libremente por los individuos y organizaciones que lo componen [66].

En julio de 1978, tiene lugar en Daimiel (Ciudad Real) el
I Congreso de Espacios Naturales que, en realidad, es la tercera asamblea del Movimiento Ecologista. Más que de espacios naturales hablan de aspectos organizativos, pues muchos consideraban razonablemente que la Federación no
funcionaba. En Daimiel, ANDALUS toma el relevo de la Secretaría, hasta entonces en mano de los grupos catalanes
DEPANA y USERDA, pero es el traspaso de un ente ya
muerto. A pesar de todo, de allí salió un documento de doce
puntos, firmado por la Federación del Movimiento Ecologista del Estado Español:

... Nos negamos a identificar como progreso el crecimiento cuanti-
tativo y en general todo aquello que significa, de hecho, sólo el progreso de la clase dominante... Rechazamos el modo de producción
capitalista y consideramos insatisfactorio todo socialismo burocrá-
tico y, en general, cualquier fórmula socioeconómica basada en el
productivismo y en la acumulación de poder... Nos declaramos a
favor de las energías libres y en contra de la nuclearización militar y
civil en la medida que supone, más allá del indudable riesgo para la
vida, un modelo de sociedad militarizada, monopolista, policíaca,
ultrajerárquica, incompatible con la idea de autogestión. Por el contrario, nos pronunciamos a favor de las autonomías de las comunidades, el pluralismo de las formas de vida y la autogestión de los colectivos de trabajo [67].

Tras expresar el rechazo a la «sociedad falocrática-pa-
triarcal» y la solidaridad con el Tercer Mundo, enumera el
llamado «Manifiesto de Daimiel» algunos puntos pendien-
tes de debate: revolución y ecologismo, carácter antropo-
céntrico o no de nuestra concepción de la naturaleza, relación con los partidos políticos, ecologismo y no violencia,
ejército, imperialismo y empresas multinacionales, natalis-
mo o antinatalismo, explosión demográfica. Casi nada. Tan
deslavazado como los anteriores, el manifiesto refleja, a pesar de todo, los trasfondos e inquietudes del movimiento
ecologista.

De Daimiel nace la Coordinadora para la Defensa de las Aves y sus Hábitats (CODA) formada por ANDALUS, MONTGÓ, Estación Biológica de Doñana, DANA, ASCAN, AEPDEN, Grupo Ornitológico de Salamanca, AGADEN, SGHN, Movimiento Ecologista Leonés, ANAO, DEPANA y el Grupo Gredos. Y allí dio también su primer paso la Federación de Amigos de la Tierra, finalmente constituida en abril de 1979 tras una reunión en Navacerrada. Mientras AEPDEN agoniza, Amigos de la Tierra, con Humberto da Cruz al frente, es admitida en la Internacional del mismo nombre («Friends of the Earth») y, en sus primeros años, alcanza gran protagonismo.

Con el águila imperial como símbolo y la coordinación de Joaquín Araújo e Imre Borowiczeny, de origen húngaro y afincado en España, la CODA recoge en su primer documento de julio de 1978 algunos problemas relacionados con las aves: mortandades por tendidos eléctricos, inadecuación de la Ley de Caza, mortandad de rapaces por caza ilegal, impacto de las mareas negras, cebos envenenados, etc. Propone la CODA la elaboración de un catálogo de especies o poblaciones en peligro de extinción, una nueva Ley de Caza y un banco de datos sobre la problemática de la avifauna.

Días después del encuentro de Daimiel llega por vez primera a España el barco de Greenpeace *Rainbow Warrior* para protestar contra la caza de ballenas y más tarde contra el vertido de residuos radiactivos en la Fosa Atlántica. A partir de 1984, Greenpeace se establece permanentemente en España con Artemio Precioso como presidente. Patriarca del ecologismo y acaso su personaje más carismático, querido y respetado, siempre dialogante y conciliador, Precioso luchó en el bando republicano y sufrió luego en la Unión Soviética los avatares de la II Guerra Mundial. Al poco de regresar a España funda en 1980, junto a Pedro Costa y Rafael Silva, el Centro de Estudios Socioecológicos (CES), suministrador teórico e ideológico de muchos ecologistas.

El Fondo de Protección para los Animales Salvajes (FA-PAS) es una de las organizaciones emblemáticas de los ochenta cuando se produce otra explosión de siglas: MAL-VASIA (Córdoba), ARCA (Santander), ANSAR y ONSO (Aragón), MAGEC (Las Palmas), La Orotava (Tenerife), Cantueso (Ávila), URZ (León), ARBA (Barcelona), Agró y Acció Ecologista (Valencia), ERA (Rioja), ANAT-LANE y LOREA (Navarra), COMADEM (Madrid), AVAJE (Extremadura), etc. En el País Vasco, aparte de los comités antinucleares, EGUZKI (1987) aglutina a casi todos los grupos próximos a HB y al llamado Movimiento de Liberación Nacional Vasco. Esta vinculación precisamente provoca la escisión de EKI (1989).

Tras la llegada de los socialistas al poder se abre una etapa de diálogo con la Administración a través del Comité de Participación Pública (CPP), dentro de la CIMA, que no durará mucho tiempo. El 22 de noviembre de 1984, los ecologistas presentes en el CPP, con Javier Sáez al frente, son recibidos en el Palacio de la Moncloa por Felipe González y obtienen del presidente un compromiso para acabar con los aterrazamientos realizados por el ICONA en varios montes.

El ingreso de España en la Comunidad Económica Europea (CEE) en junio de 1985, abre una nueva etapa:

Cuando aún no se había logrado tener una imagen clara del funcionamiento de las autonomías –señala Benigno Varillas– los ecologistas tendrán que enfrentarse a la compleja estructura administrativa de la CEE[68].

Pronto aprenderán. Una docena de grupos españoles se integran en la Oficina Europea del Medio Ambiente (BEE), auspiciada por la Unión Europea, en la que participan ochenta organizaciones no gubernamentales de todos los países miembros. A partir de ese momento, Bruselas fue permanente caja de resonancia de los problemas ambientales de nuestro país.

Tal como señala Benigno Varillas, el ingreso en la CEE y la nueva configuración del Estado introducen elementos importantes que no sólo afectan a la dinámica organizativa sino a los contenidos, pues prácticamente todas las competencias en materia ambiental son transferidas a las Comunidades Autónomas. Si los setenta fueron años de lucha en la calle, en los ochenta se lleva a cabo un exhaustivo seguimiento de la gestión ambiental en las diferentes administraciones y, a partir de los noventa, también en las empresas, obligadas por la normativa comunitaria a una tímida reconversión verde. Los ecologistas, defensores de la descentralización administrativa, se percatan pronto de los inconvenientes para llevar a cabo una acción global coherente. Las dificultades históricas de entendimiento con los nacionalistas aumentan haciendo inviable cualquier intento unificador, aunque frecuentemente alcancen acuerdos puntuales. Las ambiciones personales, por otra parte, están a la orden del día:

Las tensiones personales –señala Pedro Costa– han estado presentes en todos los momentos del desarrollo del movimiento ecologista... Innumerables escisiones y desgajamientos de grupos se han debido a tirrias y enemistades. No debemos olvidar que la mayoría de los ecologistas más destacados tienen su origen en organizaciones de izquierda que han ido quedando arrinconadas; su entrada en el ecologismo ha tenido un origen de crisis personal y política, con la secuela del intento generalizado de convertir en sustitutivo adecuado el nuevo quehacer... Los vicios más caracterizados entre las formaciones políticas –personalismos, rivalidades, dogmatismos, ambiciones– han sido visibles y activos [69].

Unos veinte grupos de toda España se reúnen en El Escorial (Madrid) el 4 de junio de 1983 para recomponer afanes unitarios. Jordi Bigas y Pedro Costa quedan encargados de formalizar una nueva convocatoria para el mes de septiembre.

Como sabéis –dicen en la carta de convocatoria–, desde julio de 1978 (reunión de Daimiel) no se ha celebrado ninguna reunión ecologista general. Parece lógico que, atendiendo a lo mucho que ha acontecido desde entonces, al notable crecimiento de grupos e inquietudes ecologistas y a la nueva situación política, nos reunamos para analizarla y adoptar formas útiles de acción y coordinación[70].

La Coordinadora Asamblearia del Movimiento Ecologista (CAME), constituida en la Casa de Campo de Madrid (1983), fue prácticamente la última experiencia unitaria. El ecologismo se territorializa y, «a nivel estatal», sólo unas pocas siglas permanecen con el protagonismo indiscutible de Greenpeace, AEDENAT, CODA, SEO, ADENA, FAPAS y pocas más. En 1986, ADENEX (Extremadura), ANDALUS (Andalucía), DEPANA (Cataluña), FAPAS (Portugal), GOB (Baleares), GOHNS (Gibraltar), GURELUR (Navarra) y SILVEMA (Andalucía) constituyen el Consejo Ibérico para la Defensa de la Naturaleza (CIDN). El fenómeno más interesante de los noventa es la Confederación Ecologista Pacifista Andaluz (CEPA) fundada en Málaga (diciembre, 1990). De las 85 asociaciones confederadas en 1990 pasó a 123 en 1995. La campaña «Salvemos Doñana», la incineradora de Miramundo (Cádiz), las vías pecuarias, el vertedero de Nerva, etc., son algunos de los hitos protagonizados por la CEPA, que junto a AEDENAT, CODA y otras organizaciones forma también en 1998 la plataforma Ecologistas en Acción (EA).

Los Verdes

Aunque en la década de los setenta los partidos de izquierda, especialmente los extraparlamentarios, participan desde dentro o desde fuera en el movimiento ecologista (toda causa movilizadora redundaba contra la dictadura franquista), siempre persistió la sospecha del oportunismo. Presos todavía de viejos esquemas organizativos y del desarrollismo imperante en el bloque socialista, los partidos políticos eran un asfixiante lastre: «No podemos confiar más tiempo en los partidos establecidos», dice Petra Kelly, líder de Los Verdes alemanes. Esta frágil mujer, de final tan dramático como inesperado al suicidarse junto a su compañero Gert Bastian en 1992, llegó a España en mayo de 1983, ya como parlamentaria, y tuvo su primer encuentro con un grupo de ecologistas asistentes al Festival de Cine Ecológico y de la Naturaleza en Tenerife. El debate de la OTAN dominaba la actualidad política española y Petra Kelly no quiso eludirlo: «Queremos una España neutral y no alineada».

En Tenerife quedó constituida la comisión gestora de Los Verdes con un primer manifiesto fechado el 29 de mayo:

... los partidos políticos actualmente existentes en nuestro país no cubren la necesidad de dar respuesta a las aspiraciones de nuestro pueblo por conseguir cotas crecientes de calidad de vida y de disfrute adecuado de los recursos naturales, por más que en sus programas electorales hagan determinadas referencias, en nuestra opinión, por motivos exclusivamente electoralistas[71].

Aun dejando claro que Los Verdes no son el movimiento ecologista sino una parte mínima de él, la mayor parte de los ecologistas no asumen el proyecto:

La promoción desde dentro de los ecologistas de un partido verde – señala Fernando Parra– resulta extremadamente difícil, tanto por las hostilidades que despierta la sola mención de partido a los ecologistas anarquizantes como por el poco predicamento de sus promotores locales[72].

Las expectativas electorales favorecen la aparición de numerosas siglas que fragmentan excesivamente el voto verde, no tan abundante como se pensaba: la Federación Progresista de Ramón Tamames, en coalición con Izquierda Unida, llega al Parlamento en 1986, disolviéndose dos años después; el ya citado Partido Ecológico de Enebral Casares acaba en Alianza Popular; el Vértice Español para la Reivindicación del Desarrollo Ecológico (VERDE), liderado por José Luis Barceló Fernández de la Mora desde 1982; y, para colmo de males, en 1988 se presentan Los Verdes Ecologistas, impulsados por el Partido Humanista (que formó coalición con IU) y la Comunidad de Silo, o La Comunidad simplemente, fundada por el siquiatra argentino Mario Rodríguez Cobo, más conocido como «Silo, el mesías de los Andes». Los Verdes homologados en Europa denuncian que La Comunidad es una secta y emprenden un largo proceso judicial por usurpación de símbolos que culmina en 1989 con sentencia favorable. Los Verdes Ecologistas se convierten entonces en Los Ecologistas.

El 8 de diciembre de 1983, asisten a la primera asamblea de Los Verdes, en Sevilla, 27 grupos de toda España y, pocos meses más tarde, se celebra la segunda por iniciativa de Santiago Vilanova, promotor en Cataluña de Alternativa Verde. En junio de 1984, tiene lugar en Málaga la I Conferencia de Los Verdes con 170 delegados de 11 comunidades autónomas y, en noviembre, formalizan su inscripción en el Ministerio del Interior. El 23 de febrero de 1985, comienza el I Congreso en Barcelona con un altercado del portavoz de Los Verdes Alternativos, recientemente escindidos, y finaliza con la separación de Alternativa Verde (Moviment Ecologista de Catalunya), de clara inspiración nacionalista. Todavía en 1989, surge una sigla más en Cataluña, Els Verds, con Octavi Piulats, Marc Viader y Jordi Bigas, tres de los personajes más interesantes del ecologismo catalán. Un verdadero desastre.

Los Verdes se presentan por vez primera en las elecciones de junio de 1986 por Madrid, Valencia, Alicante, Castellón y Tenerife. Logran tan sólo 31.909 votos y apenas 100.000 el conjunto de las candidaturas. Al año siguiente, tras el II

Congreso de Benicasim, consiguen 107.625 votos en las elecciones al Parlamento Europeo. En esos momentos, ya hay 44 diputados verdes en el parlamento alemán, 17 en el belga, 20 en el sueco, 8 en el austriaco, 2 en el portugués, etc. En España, sin embargo, las municipales de junio de 1987 se saldan con un nuevo fracaso: dos concejales en los ayuntamientos de Villena (Alicante) y Baños de Valdearada (Burgos). Para la convocatoria europea de 1989, Lista Verde, apoyada por prestigiosos ecologistas, sólo consigue 164.557 papeletas y el voto verde en su conjunto 431.363.

El electorado deseoso de que lleguen verdes al Parlamento español no entiende nada, preguntándose desconcertado por qué no se unen todos. Pero la heterogeneidad y el oportunismo a derecha e izquierda hacen imposible el objetivo. A las elecciones generales de ese mismo año se presentan Los Verdes-Lista Verde, Los Verdes Ecologistas, Partido Verde, Alternativa Verde, Movimiento Verde de Valencia y Partido Ecologista de Euskadi en Álava. Las expectativas más optimistas auguraban un escaño por Madrid y otro por Barcelona, pero no se cumplen. Los Verdes-Lista Verde consiguen 154.958 votos y las candidaturas en su conjunto 335.905.

La acumulación de fracasos replantea posibles alianzas con IU, pero aún habrá ocasión de nuevos batacazos en las municipales y autonómicas de 1991: cuatro concejales repartidos en los ayuntamientos de Villena (Alicante), La Granja (Segovia), L'Ametlla de Mar (Tarragona) y Rivas Vaciamadrid (Madrid). Más de lo mismo en las generales de 1993 y en las europeas de 1994, consideradas como la última oportunidad para Los Verdes. En efecto, lo será. En las municipales y autonómicas del 1995 aparecen ya las candidaturas de Izquierda Unida-Los Verdes-Convocatoria por Andalucía. Más allá de la imagen, IU poco ha rentabilizado esa unión.

Los Verdes tratan de ofrecer respuesta a todos los problemas. El Programa para las elecciones de 1993 dice en el preámbulo:

Los Verdes no sólo hablamos ya de medio ambiente. A lo largo de estos años el movimiento ecologista ha desarrollado una filosofía y una forma de ver el mundo, la ecología política, que amenaza con remover todos los cimientos de la política. Los grandes problemas sociales... adquieren, cuando son vistos a través del prisma del pensamiento ecológico, nuevos matices que apuntan hacia nuevas soluciones[73].

He aquí algunos aspectos del programa. Ecología: reconciliar a la humanidad con la naturaleza; parar el cambio climático y la destrucción del ozono estratosférico, proteger el ciclo del agua, reforestar y parar incendios, protección de los animales. Economía ecológica: reciclar, reutilizar, recuperar; planificación democrática de la economía, agricultura ecológica frente a agricultura química, energías renovables, transporte público. Derechos sociales: derecho al trabajo y al ocio, a una vivienda digna y a un entorno urbanístico humano, a la salud y a una educación útil y responsable, a formas de vida autodeterminadas. Democracia e igualdad: contra la profesionalización de la política y la corrupción, plurinacionalismo y plurilingüismo. Mujer: por la feminización de la sociedad, por la mezcla de roles, reconocimiento del trabajo no remunerado en el hogar, por la igualdad real, por la autorresponsabilidad de la mujer ante su propio embarazo. Un mundo sin fronteras: desarme y desmilitarización ahora, una Europa multirracial y democrática, una economía mundial pacífica y solidaria, reconocer la deuda con el Tercer Mundo, inmigrante-no delincuente, derecho a la objeción.

La España expoliada

No son los ecologistas, como puede apreciarse en textos anteriores, grandes hacedores de teorías, ni siquiera hábiles usuarios de la gramática, pero en su entorno ha crecido un brillante grupo de intelectuales que ha aliviado con acierto tempestades ideológicas. Además de las aportaciones desde el campo científico, cabe destacar la figura del filósofo Manuel Sacristán y su escuela de Barcelona con la revista *Mientrastanto* como medio de expresión. Francisco Fernández Buey y Jorge Riechman son algunos de sus aventajados alumnos como teóricos del ecosocialismo. Otro catalánhindú, Salvador Pániker, con su formulación del paradigma ecológico, o Jesús Mosterín, han realizado valiosas reflexiones. En la economía ecológica, José Manuel Naredo, Joan Martínez Alier y Luis Jiménez Herrero son nombres imprescindibles, al igual que los de Josep-Vicent Marqués, Mario Gaviria, Pedro Costa y Ramón Fernández Durán en el análisis sociopolítico, o Antonio Colinas y Joaquín Araújo en la literatura. La prosa intimista de Araújo ha dado algunas de las páginas más hermosas a la literatura española en una confabulación original e inteligente de paisajes exteriores e interiores que enlaza con lo mejor nuestros clásicos. Destaquemos también los informes cada día más cualificados de las organizaciones ecologistas sobre problemas concretos, eficaz soporte teórico de su acción.

Los aludidos manifiestos, de evidentes posiciones antisistema, pretenden objetivos clarificadores hacia dentro y sobre todo un denominador común que justifique esa unidad diversa siempre fracasada. El principal agitador ideológico del ecologismo pionero fue el sociólogo Mario Gaviria, tan caótico como sus propios textos, reiterativos, contradictorios, desarticulados, como de aluvión, pero de una eficacia movilizadora indiscutible. Gaviria fue un teórico de urgencia, el gran animador de la cultura verde en nuestro país. De mente ágil, ácrata, divertido, informado e informal, fue un personaje carismático seguido por buena parte del movimiento ecologista. En los noventa, sin abdicar del todo de esas ideas, cantará las glorias de la etapa socialista, adelantándose a Aznar en la cantinela del «España va bien» o «no va tan mal como se dice».

Aún sin haberse configurado el Estado autonómico, el agravio comparativo estaba a la orden del día. ¿Por qué aquí y no allí?, ¿por qué a nosotros nos dan lo malo y lo bueno se va afuera? Así se va conformando un rosario de agravios (la cultura de la queja), no del todo incompatibles con una visión global y solidaria del Estado (muchos ecologistas ya obviaban la palabra España), que habría de contribuir a esa conciencia autonomista y nacionalista.

El nacionalismo, por cierto, fue aceptado sin grandes prejuicios por el movimiento ecologista e influyó no poco en su dinámica organizativa. Una de las primeras cartas difundidas desde la Federación dice en referencia a la reunión de Valsaín: «Vimos que uno de los escollos organizativos pudiera ser el de las nacionalidades». El periodista y ecologista catalán Santiago Vilanova, promotor del econacionalismo, reflexiona con resentimiento en 1981:

En la base de nuestro movimiento existe una opinión que atribuye al nacionalismo conceptos políticos reaccionarios e insolidarios. Nada más lejos de la realidad si este nacionalismo se une a una alternativa ecologista. La tendencia libertaria del movimiento no ha reflexionado aún sobre la aportación que el sentimiento nacionalista puede tener para nuestra causa[74].

La cuestión nacionalista constituye, pues, un elemento vertebrador del ecologismo vasco, catalán y gallego que condiciona sus relaciones con el «resto del Estado». Iñaki Bárcena califica de «sui generis» al ecologismo vasco respecto al europeo y traza este perfil sociológico:

... son gente socializada políticamente en la cultura proletaria, de izquierdas, de izquierda nacionalista en muchos casos, que tiene un largo bagaje de lucha clandestina antifranquista y conoce sobradamente la cárcel o el exilio. En este caldo de cultivo antifascista y antidictatorial nacerá un movimiento ecologista vasco, cuyas señas de identidad política giran en torno a la soberanía nacional vasca, así como al anticapitalismo, al antiimperialismo y a los valores de la nueva izquierda europea[75].

Las líneas maestras del precario corpus ideológico que alienta la acción de los ecologistas se construyen en torno al debate energético y sobre todo al masivo rechazo a la energía nuclear. Su máximo exponente son dos extensos y míticos informes cuyos títulos muestran inequívocas intenciones: *El Bajo Aragón expoliado. Recursos naturales y autonomía regional* (1977), dirigido por Mario Gaviria, y *Extremadura saqueada* (1978), coordinado también por Gaviria, además de José Manuel Naredo y Juan Serna.

Tras el minucioso relato de algunas de las más importantes tropelías ambientales acaecidas en décadas anteriores, ambos sostienen un discurso articulado en los siguientes aspectos: democracia y participación (control popular), desigual desarrollo regional, denuncia del colonialismo interior, oposición al modelo industrial y al imperialismo yanqui y, por último, reivindicación del mundo rural, hasta el punto de que los regadíos (tan criticados luego) son defendidos por Gaviria y otros autores frente al industrialismo agresivo y deshumanizador del franquismo. Ello no impide, sin embargo, la crítica a algunos embalses, como el de Mequinenza, que junto al proyectado trasvase del Ebro o la central térmica de Escatrón generaron importantes conflictos desde una conciencia regionalista creciente. Pero, en el lenguaje político de la época, las centrales nucleares son la contradicción principal.

El primer informe define el Bajo Aragón como una comarca o subregión con identidad propia de más de 5.000 kilómetros cuadrados y 86.000 habitantes, formada por 17 pueblos de Zaragoza y 51 de Teruel, que en su día «podría ser la cuarta provincia aragonesa»:

En el Bajo Aragón es perfectamente visible una estrategia de colonialismo interno destinada a extraer los recursos naturales (agua, carbón, hidroelectricidad), así como a emplear el espacio como soporte de actividades contaminantes (centrales térmicas y nucleares). Ésta es la dinámica propia del modo de producción estatal en el contexto capitalista: supedita los intereses de unas áreas del Estado español, dominantes, a otras, dependientes o colonizadas. Lo más grave de este asunto es que las actividades energéticas contaminantes y consumidoras de mucha agua son incompatibles con el empleo óptimo de la tierra a partir de las transformaciones de regadío, que en el Bajo Aragón podrían alcanzar cifras aproximadas a las 140.000 Has. nuevas y que a largo plazo son el auténtico modo de desarrollo económico adecuado a los recursos propios[76].

El enemigo puede ser el propio Estado, a través del todopoderoso INI (Instituto Nacional de Industria), una multinacional norteamericana, o Cataluña («la parte industrializada Barcelona-Tarragona se va a plantear como colonizador energético de este territorio marginal»):

El INI actúa en unos espacios geográficos, como el Bajo Aragón, Andalucía o Galicia, como rapiñador de recursos naturales e invierte en otros espacios más desarrollados como creador de puestos de trabajo... El INI está empleando estas mismas tres regiones para la instalación de industrias muy contaminantes que necesitan alto consumo de agua, suelo abundante y alta inversión de capital con pocos puestos de trabajo (Petroquímica de Huelva y Campo de Gibraltar, Celulosa y Alúmina en Galicia, Centrales Nucleares en Galicia y Bajo Aragón)[77].

Los autores resaltan el papel de unas regiones expoliadas como suministradoras de materias primas frente a otras beneficiadas con industrias creadoras de empleo (SEAT en Barcelona, Pegaso en Madrid). Luego, cuando la General Motors se instala en Figueruelas (Zaragoza), será convenientemente contestada. Industria sí, pero no a cualquier precio. El esquema, un tanto victimista, tiene no pocas fisuras, pero funciona. El 22 de septiembre de 1979 hubo un coloquio en la capital aragonesa de siete horas de duración con la asistencia de trescientas personas, entre ellas trabajadores de la SEAT de Barcelona que expusieron sus duras condiciones de trabajo. El acto había sido promovido por el Grupo de Alternativas Radicales para la Ribera del Ebro (ARRE), «que sólo existe cuando se reúne», y las intervenciones fueron publicadas posteriormente en un libro.

Señalan, entre otras cosas, que en el Estado español se producen más coches de los que se pueden vender; que no tiene sentido la General Motors en Zaragoza cuando se va a acabar el petróleo; que faltan alimentos y sobran coches. En definitiva: «¡General Motors no, regadíos ya. Lo que es bueno para la G.M. no es bueno para Aragón!». De esa reunión sale la Coordinadora contra la General Motors que poco después organiza una marcha en bicicleta Zaragoza-Madrid coincidiendo con «el regalo de 4.000 millones de pesetas» del Gobierno a la multinacional norteamericana. El rechazo al modelo industrial de la G.M. lleva implícita la crítica al coche como elemento de consumo:

Sabemos que el mercado del automóvil está en decadencia –dice la Coordinadora– y que las personas nos plantearemos pronto seriamente otra forma de movernos. Cada nuevo modelo que sale de fábrica tiene menos años de vida y llegará un momento que nos obligarán a cambiar de coche con más rapidez. Sería mejor potenciar en todo caso sectores nacionales como SEAT... Quienes decidan trabajar en esta bestial cadena de montaje van a estar condenados día tras día a repetir operaciones sin sentido, nada creativas y que conducen a la locura. Practicaremos siempre que nos sea posible el no poner un coche en nuestra vida [78].

La revista *Andalán* da por esas fechas diez razones para oponerse a la G.M. y propone invertir los 20.000 millones que el Gobierno le iba a regalar en la construcción del Gran Canal de la margen derecha del Ebro para regar 250.000 Has. de 118 pueblos y ciudades de Aragón, Navarra y Rioja. El candoroso vaticinio de ARRE cobra especial relieve en estos años de bonanza económica que han disparado la venta de automóviles, pero entonces y ahora la crítica al coche constituye un elemento fundamental de la cultura ecológica. En un debate publicado por la revista *Mientrastanto* entre W. Harich y Manuel Sacristán cita éste las declaraciones de dirigentes políticos norteamericanos en el sentido de que, si fuera menester, garantizarían el suministro de petróleo del Cercano Oriente con las armas.

Eso significa –concluye Sacristán– que si se sigue utilizando en la medida actual el automóvil privado como sistema principal de transporte, se está en un camino que nos lleva a situaciones bélicas; y eso implica que la lucha de los ecologistas contra el automóvil privado es una lucha en favor de la paz... [79]

Nueve años después de estas palabras, estalla la Guerra del Golfo.

Idénticos planteamientos recoge *Extremadura saqueada* con las centrales nucleares (Valdecaballeros y Almaraz), la sobreproducción hidroeléctrica, el Plan Badajoz, las repoblaciones de eucalipto, las papeleras o la minería del uranio como referencia crítica:

Extremadura es una tierra desafortunada. Contando con importantes recursos naturales su población apenas disfruta de ellos. Expoliada de sus riquezas, sus capitales, hasta hace poco sin universidad ni equipo de fútbol de segunda división, cuando por fin llega a probar algunos de los dudosos frutos de la llamada «sociedad de consumo», el sistema le ofrece con largueza los detritus del desarrollo en forma de centrales nucleares, papeleras, plantas de tratamiento de uranio... sumando a la anterior colonización económica, cultural y política, un colonialismo ecológico mucho más amenazante e irreversible [80].

Los alocados proyectos nucleares en la década de los setenta, considerados como la guinda de ese rosario de agravios que llovían desde cualquier lugar de España, arropan la conciencia autonomista y reivindicaciones de mayor calado como la República Popular de Extremadura. Más comedidos fueron los mil vecinos de Almonte (Huelva) firmantes de un manifiesto contra otro proyecto nuclear:

Creemos honradamente que nuestra provincia ha sido ya lo suficientemente sacrificada en cuanto a instalaciones de industrias contaminantes.

O los de Tarifa (Cádiz):

La provincia de Cádiz –indica un panfleto– soporta ya una insostenible dependencia nuclear al tener ubicadas en su territorio la base naval de Rota y la base nuclear de la OTAN de Gibraltar... ¡Central nuclear a consulta popular!

Y también en Navarra con el rechazo de la nuclear de Tudela o los pantanos de Lumbier («ecología o muerte», dice una pintada) de los que se empezó a hablar en 1961. Un folleto colectivo difundido en 1977 señala:

Pensamos que sólo una gestión autonómica del agua y de la tierra navarra podrá dar a éstas un uso óptimo en relación con nuestras necesidades actuales y nuestro futuro. El principio de soberanía y control democrático del agua es la manifestación concreta de la futura autonomía navarra como parte integrante del País Vasco...,

Algunos medios de comunicación democráticos reflejan estos sentimientos de agravio que sólo encuentren respuesta en el autogobierno. En Galicia, donde el ecologismo ha librado algunas de sus batallas más importantes, también insisten en el modelo energético (embalses, nuclear de Xove, térmicas de As Pontes y Meirama), además de otros asuntos no menos polémicos como las repoblaciones forestales o las papeleras. En referencia a Xove, escribe Enrique Serra:

La central nuclear de Xove no se implanta porque vaya a crear riqueza en Galicia, sino porque otras regiones más ricas necesitan energía eléctrica, no Galicia, que le sobra[81].

En esa misma línea escribe el periodista Gustavo Luca de Tena:

Desde hace cuatro años, seis plantas industriales, con una producción anual calculada de cien mil toneladas de pasta de papel han recorrido una docena de pueblos y aldeas en Galicia en busca de asiento. O Barco de Valdeorras, Negreira, Nemiña, Pantín, Fazouro, As Neves, Quiroga, Brión, Dodro, Ponteceso, Rois y Orense se han negado... las fábricas de pasta de papel se plantean en Galicia como industrias de exportación, es decir, que en ningún caso completarían el ciclo productivo. Vendrían a llevarse las materias primas y a dejar la contaminación... [82]

Y remata en *Triunfo* Xulio G. Sequeiros:

Por una parte, en Galicia se localizan las fases iniciales de determinados procesos productivos o, por el contrario, las fases finales de otros distintos. De otro lado sobresale también la inexistencia de sectores básicos dentro de cualquier estructura económica con una mínima coherencia interna... son las dos caras de una misma moneda: el desarrollo dependiente de la economía gallega [83].

No por casualidad, el libro de cabecera de mucha gente en sintonía con estas ideas era *El atraso económico de Galicia* de Xose Manuel Beiras [84], el líder más destacado hoy del nacionalismo gallego.

Naturalmente, el discurso oficial rechaza estas críticas. Decía el ministro franquista Fernández de la Mora que quienes se oponen a la industrialización de Galicia sólo buscan mantener al paisano en el abandono sempiterno para así manejarlo a su antojo. Y más contundente fue Manuel Fraga a propósito de las protestas contra la autopista del Atlántico, al afirmar que quienes se oponían preferían una carretera que les llevase directamente a Moscú. Las agresiones al territorio gallego fueron de tal calibre que un informe encargado por la propia Administración bajo la dirección del catedrático de la Universidad de Santiago de Compostela, Francisco Guitián, señala que sólo quedaban entonces tres áreas gallegas sin riesgo de alteración: el macizo de El Dindo en La Coruña, la isla Coelleira en Lugo, y el monte Castrove en Pontevedra.

Otro tanto ocurre en Valencia con la Ford o la Siderúrgica de Sagunto, víctima al cabo de pocos años de la reconversión industrial:

En 1960 casi la mitad de la población activa trabajaba en el sector agrario, veinte años después el 45 por ciento trabaja en la industria... En el umbral de los setenta, Madrid al fin se acordó de esta región. La clase política, en plena fiebre desarrollista, se encontró con que Euskadi, Cataluña y Madrid se habían convertido en zonas industriales y volvió sus ojos hacia el País Valenciano... Hoy, en 1979, la realidad ha confirmado muchas de las tesis de quienes se oponían a la instalación de las macroindustrias... El efecto multiplicador de Ford ha sido mínimo; sus vertidos, sin embargo, han contribuido al deterioro ecológico de la Albufera... Sagunto, que según las previsiones iba a alcanzar una población de 250.000 habitantes, se quedó en los 55.000 después de haber expropiado muchas tierras de naranjos...[85]

Cataluña era, supuestamente, uno de los territorios agraciados, aunque desde dentro las cosas se vieran de diferente manera. No existe allí una publicación recopilatoria de agravios (Santiago Vilanova lo hará más adelante) pero sí ponen en marcha un proyecto más interesante, imitado luego por otras comunidades autónomas. Lo que en principio iba a ser *El Libro Blanco de la Naturaleza de los Países Catalanes* se tituló finalmente *Naturaleza: ¿Uso o abuso?* (1976), libro de cabecera del conservacionismo catalán. El proyecto, coordinado por el biólogo Ramón Folch e ideado por Joaquim Maluquer desde la Institución Catalana de Historia Natural que, a partir de 1972, trata de recuperar su actividad interrumpida tras la Guerra Civil, sirve de documento de trabajo al Grupo de Ordenación del

Territorio integrado en el Congreso de Cultura Catalana (1975-77), impulsor de la Campaña para la Salvaguarda del Patrimonio Natural que, entre 1976 y 1977, llevó a cabo más de trescientos actos públicos en Cataluña, Comunidad Valenciana y Baleares.

En resumen, tanto el ecologismo más politizado como el conservacionismo volcado en tareas protectoras rechazan el modelo de desarrollo económico e industrial auspiciado por los planes franquistas y vigente hasta bien avanzados los ochenta:

La industrialización –concluye Albert Recio– ha tenido graves efectos ecológicos no sólo porque la ausencia de controles facilitó la introducción de procesos productivos altamente contaminantes, sino porque propició la implantación de un modelo productivo y de consumo muy depredador. Conllevó además un proceso de urbanización acelerada que genera problemas graves ligados a los elevados índices de concentración poblacional[86].

Estos problemas derivados del desaforado proceso urbanizador ocupan, precisamente, el siguiente capítulo.

3. ¡Queremos zonas verdes!

Los diminutos mercaderes de la angustia
asesinos del paisaje ciudadano,
como Atilas modernos, devastando,
sobre nuestra ciudad, ciernen la mano.
....
Sus mejores aliados son los duros:
rinden culto al oro, metal divino;
sus peores enemigos, ya se sabe,
son las Asociaciones de Vecinos.
«Asesinos del paisaje». QUINTÍN CABRERA

El movimiento vecinal

El desarrollo del ecologismo en España va en paralelo con otro fenómeno social no menos importante como es el movimiento vecinal o ciudadano de finales de los sesenta en los barrios marginados de las grandes ciudades, ajenos a ese concepto tan reclamado de ordenación territorial. No por casualidad, la primera organización propiamente ecologista lo incluye en sus siglas: AEORMA, Asociación Española para la *Ordenación del Territori*o y el Medio Ambiente.

Coincidiendo con su 30 aniversario, la Confederación de Asociaciones de Vecinos del Estado Español (CAVE), con datos del Ministerio de Fomento, recuerda la existencia de 381 barrios marginales en toda España con una población superior a 1.700.000 personas:

Las Asociaciones de Vecinos llevan 30 años luchando contra la marginación y las causas que la provocan. Numerosas actuaciones (Planes Comunitarios) han sido desarrollados prácticamente en solitario por las AAVV y otras organizaciones sociales en sus respectivos barrios. Las continuas denuncias sobre las condiciones de vida de este sector de la población, sólo han recibido, como mucho, actuaciones sectoriales y limitadas en el tiempo que nunca han ido a la raíz del problema[87].

A pesar de ciertos rasgos espontáneos, el movimiento vecinal es alentado por los partidos de izquierda en su búsqueda de nuevos frentes y cauces legales contra la dictadura franquista, pero responde sin duda alguna a las necesidades de miles de personas, procedentes en buena parte del mundo rural, que sufren unas condiciones de vida lamentables y de ahí su coincidencia con algunos objetivos ecologistas.

El conservacionismo –señala Ramón Folch en 1998– era sobre todo fuerte... en las universidades, círculos profesionales y pedagógicos más o menos progresistas y en los centros excursionistas... el ambientalismo era una cosa nueva y muy vieja al mismo tiempo. Era la reacción ante el agravio, la protesta contra la agresión... El ambientalismo era mucho más urbano que rural o naturalista y combatía los abusos de aquella concepción de la sociedad industrial, de manera que, pese a estar mal armado ideológicamente, conectaba con la gente de la calle mejor que el conservacionismo[88].

Los partidos políticos son mejor tolerados por las organizaciones vecinales que por las ecologistas y de aquéllas obtendrán mayores rentabilidades. A partir de 1982, con el PSOE en el Gobierno, hay una desafección importante entre partidos y movimiento ciudadano:

Mas todavía que el movimiento ecologista –afirma Pedro Costa–, el movimiento ciudadano ha decaído víctima de la transición política y sus exigencias de adaptación. Bien por aburrimiento, bien por cansancio de algunos líderes (en su mayoría de partidos de izquierda), bien por el acceso al poder de muchas figuras representativas, el caso es que las asociaciones de vecinos languidecen y a malas penas plantean algunas condiciones mínimas[89].

Pero debe reconocerse que, tras las primeras elecciones locales democráticas, las condiciones de vida de los barrios mejoran considerablemente.

En abril de 1998, la CAVE celebra con diversos actos el 30 aniversario del movimiento ciudadano. Vecinos y ecologistas han sido eficaces compañeros de viaje a lo largo de esos años. Desde el centro o la periferia, ambos constituyen un fenómeno típicamente urbano. Los propios sindicatos han cobrado conciencia en ese período al concluir que los trabajadores son las principales víctimas de la degradación ambiental, tanto en el trabajo como en los barrios donde viven. Los medios de comunicación han reflejado el fenómeno con nuevas secciones informativas.

Zonas verdes y aire limpio. Son las dos primeras reivindicaciones que calan en la conciencia popular de esos barrios maltratados, protagonistas de algunas batallas decisivas de los setenta. Al mismo tiempo que los trabajadores tratan de dignificarlos, la burguesía huye de la ciudad creando nuevas agresiones con la proliferación del chalet de fin de semana. Los habitantes de la periferia tienen cada día más lejos el lugar de esparcimiento y las mejores zonas próximas a las grandes ciudades caen también en manos de los especuladores, acaso los mismos que construyeran sus barrios miserables. Ecologistas y arquitectos habían denunciado este fenómeno típico de los setenta:

... las agresiones a los parques naturales y a las mejores zonas arboladas perpetradas por los negociantes del chalet son el cáncer más peligroso que amenaza el espacio que debiera ser patrimonio público... En el habitual panorama de corruptelas y dejaciones aparecen, cada vez con más frecuencia, no sólo la privatización y troceado en parcelas del espacio libre natural, sino también la siniestra secuela de la vivienda fin de semana como elemento perturbador de la ecología, el paisaje y el posible disfrute colectivo... El ciclo degenerativo se cierra entre el campesino que huyendo de una vida rural, miserable también cultural y existencialmente, se inserta en la barriada marginada de la gran ciudad y el hombre urbano que se escapa, siempre que puede, de la ciudad insoportable a la naturaleza deteriorada...[90]

El urbanismo caótico y deshumanizado, el feísmo arquitectónico estandarizado y de pésima calidad, la inadecuada ubicación de algunos barrios al lado de industrias peligrosas, dan pie a un amplio movimiento de protesta, a partir de los sesenta, en Madrid, Barcelona, Valencia, Huelva, Cartagena o Avilés. En Barcelona, las primeras asociaciones de vecinos nacen de las Comisiones de Barrio (1969), críticas con los disparatados planes urbanísticos e industriales, y juegan un papel fundamental en la campaña «Salvemos Barcelona para la Democracia». Los cinturones de Ronda, los túneles del Tibidabo o la exigencia de zonas verdes son algunas de las primeras causas movilizadoras:

En el Área Metropolitana de Barcelona –explica Vilanova– vive más del setenta por ciento de la población de Cataluña, unos 300 habitantes por Ha. La Ciudad Condal dispone, teóricamente, de 13,5 metros cuadrados de espacio verde por habitante, cifra que representa una tercera parte de la media en los países europeos... Esta falta de espacio vital, de oxígeno para los pulmones, de un marco de vida digno, ha generado en los últimos años un estado de malestar general que ha provocado numerosas acciones y movimientos reivindicativos[91].

A finales de los setenta, el grito de «¡Salvem el Vallès!» recorre Cataluña cuando pretenden arrasar cientos de Has. de tierras agrícolas para construir barriadas de hasta 150.000 habitantes. La Comisión de Defensa de Gallecs escribe en 1977 una carta al presidente Suárez. La respuesta señala que, de las casi 1.500 Has. afectadas, 179 se destinarán a zonas verdes, superando la media de los municipios circundantes. En 1978, más de 100.000 personas salen a la calle bajo un lema impulsado por la Asociación Naturista y Vegetariana: «Hagamos la ciudad habitable». Frente al tráfico insoportable, carriles para las bicicletas.

Los muertos de Erandio

Sin alcanzar las proporciones dramáticas de aquel fatídico 1888 en Río Tinto («año de los tiros»), la primera protesta importante en España contra la contaminación atmosférica ofrece también un saldo estremecedor: dos muertos, varios heridos y numerosos detenidos. Los hechos ocurrieron en Erandio (Vizcaya). A partir de 1962, año emblemático del movimiento obrero con las huelgas de la minería asturiana y la siderurgia vasca (Bandas), los vecinos de esa localidad celebraron las primeras reuniones para denunciar tímidamente la insufrible contaminación de varias industrias de la zona, entre ellas Remetal e Indumetal. Las antenas de los televisores se picaban, los pájaros morían asfixiados, las enfermedades respiratorias proliferaban y mucha gente salía a la calle tapándose la boca y la nariz con un pañuelo. La contaminación impedía la visibilidad a escasos metros.

En 1966, llevan a cabo una recogida de firmas con escasos efectos y, a finales de septiembre de 1969, varios cientos de personas salen a la calle para protestar contra el aire envenenado cortando el tráfico en la carretera Bilbao-Algorta. Posteriormente, un grupo de manifestantes se dirige hacia la estación del ferrocarril tumbándose sobre la vía y lanzando piedras contra los trenes. Las cargas de la Guardia Civil son contundentes, resultando heridas de bala cinco personas. En la madrugada del 30 de septiembre muere Jesús Murueta y el 12 de noviembre, Antonio Fernández.

En ambos casos, la asistencia a los funerales es masiva. Algunos balcones exhiben crespones negros. Meses después, tendrá lugar en Bilbao un Consejo de Guerra contra dos de los detenidos, Vicente López Jiménez y Carlos Chávarri Mendibelzua. El primero fue condenado a tres meses de prisión de los que sólo cumplió dos. El segundo quedó en libertad. Ningún otro testimonio puede reflejar mejor la situación de Erandio que la propia sentencia del Consejo de Guerra publicada año y medio después de los hechos:

El Consejo de Guerra llama respetuosamente la atención de la autoridad judicial militar de la región, por si considera oportuno dar a conocer al Gobierno de la nación la existencia de un grave problema de salud pública en la localidad de Erandio por el grado intolerable de polución atmosférica reinante, según se deduce de las actuaciones, problema que pese a las reiteradas peticiones del vecindario parece ser que no ha sido solucionado [92].

Erandio es, a partir de estos hechos, referencia para otras muchas protestas. Allí se celebraron en 1978 unas Jornadas sobre el Medio Ambiente Urbano con la asistencia de ecologistas de toda España. El comunicado final señala: 1) Manifestamos nuestra solidaridad con el pueblo de Erandio sintiéndonos partícipes de su lucha contra la contaminación urbana desde 1962 que costó dos muertos y numerosos heridos en 1969. 2) Del análisis de los hechos, constatamos la lentitud de la Administración en dar soluciones, la dificultad para acceder a la información, la ligazón entre contaminación urbana y especulación del suelo, la ubicación de industrias en lugares inadecuados, el olvido de la contaminación acústica, la falta de higiene y seguridad en el trabajo, la ausencia de la enseñanza ambiental en todos los niveles educativos, etc. 3) Denunciamos el fantasma del paro utilizado por las empresas cuando se señalan sus agresiones contra el medio ambiente. 4) Exigimos el cumplimiento de la ley que impide la construcción de industrias potencialmente contaminantes a menos de dos kilómetros de núcleos habitados y el control de productos altamente tóxicos como las dioxinas.

Las protestas contra la contaminación atmosférica tienen continuidad en el País Vasco, particularmente en Vizcaya, hasta nuestros días. En marzo de 1976, más de 50.000 personas rechazan la construcción de una nueva planta de Sefanitro en la zona de Luchana-Baracaldo. El conflicto de intereses con los trabajadores que ven en peligro sus puestos de trabajo parece insoluble, pero los vecinos insisten: «Amoníaco, no», «Pedimos declaración de zona contaminada».

En el área del Gran Bilbao se contabilizaban en esta década de cielos negros cerca de cien industrias contaminantes del sector siderúrgico, metalúrgico, químico o petrolífero, además de centrales térmicas. Según las estadísticas del Ministerio de Industria, emitían anualmente 100.000 toneladas de SO_2 y 65.000 de partículas sólidas. En 1975, durante 173 días se superaron con creces los límites admitidos por la ley. El Plan de Saneamiento Atmosférico del Gran Bilbao (1978) paliará en parte la situación, aliviada aún más en años posteriores por los efectos de la reconversión industrial.

El aire envenenado

Después de Erandio, las protestas surgen por doquier. Entre 1970 y 1990, la contaminación atmosférica es una preocupación común en las grandes ciudades industriales. La Ley de Protección del Ambiente Atmosférico (1972), que considera el aire como «bien común», introduce una serie de mejoras escasamente relevantes por la interpretación tolerante de empresas y administraciones. Aparte de escapes y nubes tóxicas concretas, durante esas dos décadas hubo situaciones de alerta permanente en Barcelona, Madrid, Valencia, Cartagena, Huelva, Avilés, Langreo, Bilbao, etc., con niveles de hasta cuarenta veces por encima de los límites permitidos. Miles de personas salieron a la calle para reclamar un aire más limpio y los ecologistas desplegaron una actividad infatigable que tardará tiempo en dar algunos frutos.

El caso de Huelva es especialmente grave por el Polo Químico ubicado en el paseo marítimo de la Punta del Sebo, la playa popular de la ciudad, desde 1964. Dentro del mismo

Polo había varios bloques de viviendas donde hasta 1979 vivieron 200 familias. Entre 1976 y 1980, se produjeron 171 situaciones «no admisibles» por emisiones de dióxido de azufre con 35 emergencias de primer grado, 3 de segundo grado y 4 emergencias totales.

Una de las dimensiones jurídicas más interesantes y problemáticas de la contaminación –dice la memoria del Tribunal Supremo correspondiente a 1977 en relación a Huelva– es la de su autoría, la de la responsabilidad penal de las personas colectivas... Porque, inútil es decirlo, el delito de contaminación es siempre delito de una persona jurídica, de una sociedad anónima que, a su poder económico y a sus posibilidades de actuar como grupo de presión en todas las instancias de decisión cualquiera que sea su altura, une una extraordinaria capacidad para disolver, enmascarar o descargar responsabilidades[93].

Verdaderas revueltas populares se han producido por el derecho a un aire limpio. En Valencia, los vecinos del Distrito Marítimo de El Grao denuncian en 1969 la contaminación de tres fábricas (Cross S.A., Industrias Químicas Canarias y Coromina Industrial) que provocan molestias físicas a las personas y efectos corrosivos en sus viviendas, especialmente en el barrio de Salas de Pombo. Tras numerosas protestas, convocan una concurrida asamblea en el Cine Levante (1972) y presentan la denuncia correspondiente ante el Ayuntamiento, avalada por cientos de firmas. En 1980, de nuevo es noticia el Distrito Marítimo por la alta contaminación. Hasta las prendas de fibra se quemaban al tenderlas a secar. El alcalde de Valencia no encuentra mejor solución que colocar varias ambulancias en sitios estratégicos para realizar sobre la marcha exámenes médicos.

En 1976, protestan en Santurce contra la contaminación y en agosto en Munguía por las emisiones de flúor de la empresa Ferro Enamel S.A., que afectan también a ganaderos de Vizcaya y Cantabria. Por su parte, numerosos ayuntamientos piden al Gobierno la declaración de Zona de Atmósfera Contaminada que conlleva ayudas económicas especiales. En octubre de 1977, cerca de 20.000 personas se manifiestan en el barrio de Zumárraga (Vitoria). En 1978, comienza a funcionar la Red de Control de Madrid y el Gobierno aprueba la concesión de cien millones para paliar la contaminación en Bilbao. Ese año, Huelva supera en quince veces los límites considerados normales.

El otoño de 1979 fue aún más catastrófico. Barcelona y Langreo (Asturias) sufren la peor situación. Eléctrica de Langreo es sancionada por el Tribunal Supremo y el Gobierno de Murcia amenaza con el cierre a ocho empresas en Cartagena. El Gobierno Civil de Madrid pone en marcha un plan de emergencia y en Portugalete, dicen los vecinos, no queda ni un gorrión vivo. En 1980, AEPDEN convoca una importante manifestación en Madrid, mientras el alcalde de Avilés considera inadmisible que «la contaminación sea pretexto para despedir a los trabajadores». Entre el 1 y el 4 de diciembre de 1979, se midieron 540.000 partículas por centímetro cúbico en esa ciudad. ENSIDESA, ENDASA y ENFERSA son algunas de las empresas responsables. El Plan de Saneamiento Atmosférico (1980) en absoluto soluciona los problemas, especialmente en la zona de Valliniello, donde se vive la situación más aguda. Los vecinos de este barrio fueron desalojados en numerosas ocasiones de sus viviendas por escapes de amoníaco. La prensa especula en 1980 sobre las causas del alto índice de abortos en Avilés y un médico de la Residencia Sanitaria San Agustín revela que «la placenta de algunas parturientas sale negra debido a una deficiencia en el aporte de oxígeno a la sangre»[94]. Durante 1982, Avilés tuvo el mayor número de ingresos hospitalarios por enfermedades respiratorias infantiles de toda España.

Hace ya dieciséis años –señala Mario Gaviria en 1980– que se pusieron los primeros aparatos de medición en Madrid. Algo parecido pasa en Bilbao y Barcelona. Desde entonces, y después de hacer muchos estudios, la contaminación se ha triplicado casi y, sin embargo, los datos de las mediciones siguen siendo secretos, lo que permite al Poder engañar en las situaciones difíciles como la de noviembre... Reconocer muertos significa aceptar indemnizaciones... En 1976, en Japón, cerca de 44.000 víctimas de enfermedades respiratorias relacionadas con la contaminación recibieron indemnizaciones[95].

El Plan de Saneamiento Integral del Gran Bilbao es aprobado en 1981, mientras Sefanitro da un nuevo susto y cien mujeres ocupan las instalaciones de Río Tinto en Huelva; el alcalde de Avilés cierra la fábrica de harinas de pescado Alfa S.A. y la zona de Corugedo supera en cuarenta veces los límites permisibles. Los vecinos del barrio de Almozara (Zaragoza) exigen en 1983 el cierre de una industria química cuyas molestias soportan desde hace veinte años y el Parlamento Europeo señala que Madrid y Barcelona están entre las ciudades más contaminadas de Europa. Un grupo de mujeres boicotea en Cartagena la carga en camiones de fosfatos y el Gobierno declara Zona de Atmósfera Contaminada a San Adrià de Besós.

En 1985, cerca de 30.000 personas protestan en el barrio de El Picarral (Zaragoza); en Barcelona también se producen numerosas movilizaciones. Al año siguiente, Madrid vive en estado de emergencia y el Ayuntamiento recomienda no abrir las ventanas. El Gobierno Civil de Huelva ordena reducir la producción de ácido sulfúrico para paliar la contaminación en 1987, y también en ese año, 48 profesores y 800 alumnos del Instituto Margarida Xirgu de Hospitalet dan por terminado el curso en febrero por los gases tóxicos de una empresa cercana. No es menos grave el brote de asma producido por la descarga de soja en el Puerto de Barcelona que provoca cuatro muertos y numerosas hospitalizaciones. En Cartagena, trece personas son ingresadas con síntomas de asfixia por un escape en una fábrica de zinc. Este fatídico año de 1987 termina en Cartagena con cuatro muertos. En

Huelva, el colectivo médico apoya la exigencia de los ciudadanos para que se realicen estudios sobre los efectos de la contaminación. Una nube tóxica en Morón (Sevilla) provoca la evacuación de cientos de vecinos. En Tarragona, se recogen 6.000 firmas contra la Petroquímica y en Vallecas, 10.000 vecinos protestan contra tres industrias próximas.

Madrid repite en 1989 y 1990 el estado de emergencia. Los ecologistas colocan un máscara antigás a la Cibeles y el doctor Catalán Lafuente concluye:

En los países pobres bendita sea la contaminación, aunque esto parezca un contrasentido, pero es que sólo hay dos disyuntivas: vivir sucios o morir limpios [96].

«No somos ratas, MESAE nos mata»

«En la soleada España, Madrid se ha unido al cortejo de las ciudades amortajadas». Así denuncia *National Geographic* (diciembre, 1970) la contaminación de la capital de España. Ese mismo año, el Ayuntamiento, que ya había abordado la situación en 1968, pide al Gobierno una ley de ámbito nacional. A pesar de todo, el ministro de Obras Públicas reconoce que, salvo en el caso de Madrid, son más graves los problemas de contaminación en el agua que en la atmósfera. El 1 de enero de 1975, *Informaciones* titula en portada y a toda página: «Propuestas urgentes contra la contaminación en Madrid». Debajo, la fotografía de un ciudadano con mascarilla. La llamada «boina» de Madrid es la pesadilla cotidiana de los ciudadanos. Un informe presentado dos años más tarde por el doctor José Luis Ferrer reconoce que al menos 300.000 madrileños padecen enfermedades relacionadas con la contaminación atmosférica. El tráfico y las calefacciones son la causa principal en el centro, pero en la periferia se viven situaciones mucho más dramáticas.

En Villaverde Alto («ratas, olor a sebo y un colector des-
bordado», resume un periódico en 1976), funciona desde
1941 la empresa Minero Metalúrgica del Estaño S.A. (ME-
SAE), dedicada a la fundición de plomo y estaño. Como en
otros casos, las viviendas se fueron acercando poco a poco
hasta las puertas de la fábrica sin respetar siquiera la permi-
siva legislación vigente. En la colonia Butano, a diez metros
de la fábrica, vivían unas quinientas familias.

Miren ustedes, por favor, griten con nosotros, que nos quiten los
humos de MESAE antes que ésta nos quite la vida a nosotros. Es el
grito continuo y diario de las madres que viven en la zona de Villaverde Alto y que, desde hace varios años, buscamos respuestas a los
mil y un trastornos de nuestros hijos,

decía un panfleto redactado por los propios vecinos que no
levantan las persianas para evitar los humos tóxicos cuyos
efectos son cada día más evidentes en la población infantil
con varios episodios de saturnismo. Ante el abandono de la
sanidad oficial, la propia Asociación de Vecinos de Villaverde Alto realiza en enero de 1977 una encuesta en la que se registran numerosos casos de excitación nerviosa, dolores de
cabeza, reúma, anemia, fatiga, anorexia, trastornos digesti-
vos, etc.

Los viernes por la tarde –señala un reportaje de la revista *Qué*– las
casas cercanas a MESAE quedan desiertas: las familias de la avenida
Lenguas, calle Sargento Barriga y Colonia de Nuestra Señora de la
Luz, una de las vergonzosas fachadas del Madrid obrero, abandonan su pesadilla para buscar el aire de la Casa de Campo o del pueblo que dejaron hace ahora once años...[97]

AEORMA presenta en 1975 ante el Tribunal Supremo una
querella criminal contra el alcalde de Madrid por supuesto
delito de imprudencia temeraria del que se han derivado le-
siones graves a cerca de setecientos niños con anemias y
trastornos; la Asociación de Licenciados en Ciencias Bioló-

gicas (ALBE) asume también el caso desenmascarando las mediciones oficiales realizadas de enero a mayo con las condiciones meteorológicas más favorables. Un informe del Gobierno Civil de Madrid en 1977 afirma que todos los promedios de Villaverde son manifiestamente inferiores a los de Madrid. Asimismo, la Jefatura Provincial de Sanidad hace constar que el reconocimiento efectuado a 66 niños no demuestra sintomatología alguna de intoxicación por plomo. ALBE insiste en que el área donde se encuentran las viviendas está sometida a una fuerte contaminación por plomo inorgánico que supone un grave peligro para la salud y denuncia casos evidentes de intoxicación saturnina. «Sólo el traslado de la fábrica podría resolver el problema», concluye.

El 30 de septiembre de 1977, más de 5.000 vecinos, muchos de ellos con máscaras de oxígeno, se manifiestan en Villaverde Alto: «Parques sí, humos no», «No somos ratas, MESAE nos mata», «El plomo para las cañerías, no para los pulmones». El escritor José Luis Sampedro, presidente de la Comisión de Medio Ambiente del Senado, visita la zona a título personal, mientras el abogado Joaquín Ruiz Giménez, años después presidente de UNICEF, asume la defensa de la empresa en su querella contra la Asociación de Vecinos. El conflicto se prolonga durante varios años más. En plena batalla, la prensa publica escandalizada un cartel situado en una parcela de Villaverde: «Venta de parcelas para industrias, aunque sean tóxicas e insalubres».

De La Vaguada al Turia

«La Vaguada es nuestra» fue una consigna mil veces coreada y nombre también de la Asociación del barrio madrileño de El Pilar que protagonizó una de las batallas ciudadanas más importantes contra la especulación urbanística. Los terrenos donde fue construido este barrio supuestamente modélico habían sido adquiridos por el célebre José Banús, que comenzó su exitosa profesión construyendo los accesos al Valle de los Caídos con los presos del franquismo como mano de obra barata y disciplinada, utilizada también al principio en el barrio del Pilar. Cuando apenas se había levantado uno de los seis superbloques previstos, es aprobado el Plan General del Área Metropolitana de Madrid (1964), que establece un máximo de 100 viviendas por Ha., justo la mitad de lo que Banús pretende; finalmente, consigue su propósito. A principios de los setenta ya sólo quedaba libre un terreno conocido por La Vaguada donde, en vez de las zonas verdes y de equipamiento prometidas, proyectan un gran centro comercial. Vecinos y pequeños comerciantes reivindican La Vaguada contra las grandes superficies comerciales, muy criticadas desde siempre por los ecologistas.

En 1973, el barrio ya está saturado. Ese año se crea la Sociedad Centro Comercial El Pilar, adquirida luego por una firma francesa. Los 126.000 metros cuadrados que Banús había pagado en 1957 a 2,50 pesetas son valorados a 4.024 pesetas por metro cuadrado. El movimiento de contestación comienza a partir de 1974 cuando más de 4.000 firmas avalan un escrito exigiendo zonas verdes e instalaciones culturales, pero sus momentos más intensos transcurren en la primavera de 1977. En diciembre, tiene lugar una espectacular plantación de flores de papel y es sancionado uno de los curas del barrio por permitir asambleas en la iglesia. En 1975, vecinos y artistas progresistas pintan grandes murales sobre las fachadas, iniciativa cultural común a muchos barrios marginales para aliviar su monótona fealdad. En diciembre de 1976, nace la entidad «La Vaguada es nuestra» con la participación de más de veinte asociaciones. Un grupo de jóvenes instala tiendas de campaña en los terrenos reivindicados y envían al alcalde más de 30.000 felicitaciones navideñas ilustradas por Forges, Peridis, Máximo, Saltés y otros dibujantes. El 19 de marzo de 1976, son detenidas once personas al disponerse a pintar un mural. El 3 de abril, organizan una romería multitudinaria con estas consignas: «No al centro comercial», «Banús, escucha, El Pilar está en lucha». A finales de ese mes, los vecinos asisten a un pleno municipal que transcurre entre protestas y abucheos. El 27 de abril de 1977, cierra prácticamente todo el comercio de Madrid en solidaridad con la Plataforma. Los pequeños comerciantes acuden a la plaza del Ayuntamiento y son detenidos casi un centenar. En junio, miles de niños escriben cartas al alcalde. Finalmente el centro cívico-comercial, según la eufemística denominación, es construido con un proyecto de César Manrique, maestro del urbanismo ecológico, respetando una parte del terreno para otras instalaciones.

Más larga fue la lucha de los valencianos para recuperar el cauce del Turia a su paso por Valencia. Tras el desbordamiento del río en 1957, con un balance de 85 muertos, el Gobierno decide desviarlo y construir sobre el cauce seco una autopista. El proyecto cuenta con no pocas simpatías entre las autoridades valencianas pero, afortunadamente, no se lleva a cabo. En 1975, vecinos y ecologistas ponen en marcha la campaña «El cauce del Turia es nuestro y lo queremos verde». En diciembre de 1976, el rey Juan Carlos (como hiciera Alfonso XIII con El Saler) firma un Real Decreto por el que cede a la ciudad casi dos millones de metros cuadrados de terrenos destinados a red viaria urbana y parque público, revertiendo al Estado si, en el plazo de diez años, no se destinase a dicho uso. El 14 de octubre de 1983, se firma la escritura de cesión incluyendo otros 170.000 metros cuadrados.

La Asociación de Amigos de Valencia elabora un amplio informe rechazando la construcción de la autopista que generará mayor densidad de tráfico en una ciudad ya congestionada: «Optamos por la propuesta de que el cauce sea espacio verde público», dice. En 1982, se da a conocer el proyecto Bofill, rechazado por ecologistas y otras entidades al no contar con la participación ciudadana. La exposición de Bofill es visitada por 100.000 personas de las que 10.000 responden a una encuesta del Ayuntamiento. El 91 por ciento considera el proyecto «globalmente beneficioso» para Valencia.

Acció Ecologista defiende un proyecto diferente en un folleto distribuido en julio de 1982:

Pensamos que un jardín neoclásico no es lo más adecuado para el cauce de un río, pues no tiene relación alguna con el entorno arquitectónico y además es un jardín para ser contemplado, no para utilizarlo. Preferimos un parque más natural, como podría ser un bosque urbano de especies donde se interrelacionen árboles, arbustos y herbáceos y puedan existir las comunidades animales propias del bosque mediterráneo: una intromisión de la naturaleza en la ciudad.

Para entonces todavía se contempla la posibilidad de que el Metro de Valencia transcurra por debajo del viejo cauce provocando no pocos problemas. Su parte fundamental, sin embargo, ha quedado para uso público, pero no han desaparecido del todo los problemas. La Ciudad de las Ciencias de Valencia, de sorprendentes arquitecturas, está asentada sobre ese cauce y en su entorno crecen enormes edificios.

Lluvia de flúor en Xove

Las protestas también llegan al ámbito rural. No menos grave que las anteriores fue la situación de Xove y otras aldeas del norte de Lugo por las emanaciones de flúor de Alúmina-Aluminio, una de las mayores industrias del momento con 300.000 millones de pesetas de inversión, que recaló en la zona después de fracasar en su propósito de instalarse en plena ría de Arosa, al parecer por el rechazo de la condesa de Fenosa y del propio general Franco, que temían impactos en la bella isla de la Toja, aunque también se produjo una fuerte contestación popular apoyada en varios informes científicos.

¿Por qué las razones de defensa ecológica que obligaron a su trasla-do –se pregunta Gustavo Luca de Tena en 1976– no se aplican tam-bién a la riquísima costa lucense? Además de suponer una amenaza para la plataforma pesquera de la zona, la industria sacrificará dos valles: uno para el suministro de agua y el otro para recibir los lo-dos rojos procedentes de la transformación de la bauxita, altamente contaminantes. En 20 años se acumularán 30 millones de metros cúbicos. Los 1.700 puestos de trabajo que va a crear costarán cerca de 19 millones de pesetas cada uno [98].

San Ciprián (3.500 habitantes) parece, a simple vista, un pueblo del oeste americano en la época de la fiebre del oro, describe una crónica periodística.

La fábrica comienza a funcionar en enero de 1979. A pe-sar de iniciales reticencias, los vecinos acaban cediendo ante la oferta de puestos de trabajo y cierta generosidad en el pago de los terrenos expropiados, en total 3.300 fincas. Lle-gó a decirse que hasta los conejos se habían indemnizado y una burra fue pagada reiteradamente porque iba pasando de un propietario a otro.

Poco después, ya lamentan algunos que la fábrica les haya desposeído de sus tierras e incluso del mar al interferir los ac-cesos al puerto. Pero el primer conflicto serio se produce en agosto de 1979, a raíz de un escape de flúor cuando la fábrica estaba todavía a medio rendimiento. Ni siquiera el Ministe-rio de Industria niega su importancia. Los vecinos piden el cierre inmediato de la fábrica y constituyen una comisión de afectados que plantea al Gobernador Civil un escrito con diez exigencias, entre ellas, medidas correctoras de la conta-minación, indemnizaciones, compra por parte de la empre-sa de los terrenos más afectados y traslado de los propietarios a otros lugares elegidos por ellos. Días después, protestan en la calle más de 2.000 personas y el 26 de septiembre intervie-ne la Guardia Civil para evitar el encierro en el Ayuntamiento de Xove de militantes del Bloque Popular Nacional Galego, Unidade Galega, Partido Comunista de Galicia, etc.

Los bosques del entorno, incluso los eucaliptos, las tierras, el ganado y también las personas sufren las consecuencias del escape: al menos tres niños resultaron intoxicados gravemente por fluorosis. El Ayuntamiento de Xove acumula quejas de otras parroquias como Lago, Sumoas o Almizote por la incidencia en el ganado vacuno. Finalmente, los análisis realizados en un laboratorio de Santander sobre las vísceras de una oveja no dejan lugar a dudas: había muerto por fluorosis. Aunque las indemnizaciones llegan pronto, la inquietud va en aumento y el conflicto alcanza cotas impensables cuando el Ayuntamiento de Xove es ocupado durante semanas por un grupo de personas. En 1981, hay quien plantea el abandono masivo del pueblo. Luego, los ánimos se irán serenando.

4. La protesta antinuclear

> Que no se diga,
> que no se note
> que las centrales
> tienen bigote.
>
> «El verrugón atómico». LA BULLONERA

Una causa unánime

Los esfuerzos unitarios del movimiento ecologista entre 1977 y 1978 son a la vez punto de partida y de llegada, pues en esos años se había librado la parte esencial de su batalla más emblemática: la oposición a las centrales nucleares. Hubo luego numerosas movilizaciones, pero que el Plan Energético Nacional (PEN) de 1978 no asumiera los planteamientos disparatados para nuclearizar España de punta a punta constituye un triunfo sin paliativos. Ninguna otra causa ha conseguido rechazos tan unánimes y contribuido tan decisivamente a la identidad ideológica y a la cohesión organizativa del ecologismo español, cuya historia es, en buena parte, la historia de la protesta nuclear. En España y en todo el mundo occidental no ha habido lema tan aceptado y difundido como el de «Nucleares no, gracias». Puesto que la era nuclear arranca de las bombas atómicas sobre Hiroshima y Nagasaki (1945), para los ecologistas no cabe distinción entre usos pacíficos y militares. La energía nuclear es militarista, antidemocrática, oscurantista e intrínsecamente peligrosa. En consecuencia, el movimiento antinuclear asume también las corrientes pacifistas de finales de los sesenta.

Las bombas de Palomares

La protesta antinuclear ha tenido numerosos frentes desde hace tres décadas: centrales nucleares, almacenes de residuos, bases militares, presencia de buques de propulsión nuclear en puertos españoles, la traumática entrada en la OTAN, etc. Pero, antes de que el movimiento ecologista apareciera como tal, ocurren varios sucesos que, si en el momento apenas son contestados, determinarán pocos años después el rechazo a la energía atómica.

El primero de ellos, considerado en esa fecha como el accidente más grave en la historia nuclear después de Hiroshima y Nagasaki, tuvo lugar en la población almeriense de Palomares, término municipal de Cuevas de Almanzora (Almería). A las 10 horas 22 minutos de la mañana del 17 de enero de 1966, un superbombardero B-52, con cuatro bombas atómicas, y un avión cisterna KC-135 chocan en el aire durante las operaciones de abastecimiento de combustible, provocando una enorme bola de fuego y la caída a tierra de su carga atómica, además de los siete cuerpos sin vida de los pilotos. Los vecinos de Palomares pensaron que era el fin del mundo. Lo que venía siendo una maniobra rutinaria desde la firma de los acuerdos entre Estados Unidos y España (1953) se convirtió ese día en tragedia. Cuatro años antes había sucedido un accidente similar en Kentucky (USA), pero las dos bombas que en esa ocasión cayeron a tierra fueron inmediatamente recuperadas sin mayores consecuencias.

En 1966, Estados Unidos disponía de una flota de 340 aviones sobrevolando permanentemente casi todo el planeta. El B-52 siniestrado volvía de realizar una misión de espionaje en la frontera turco-soviética. A la ida y a la vuelta repostaban combustible sobre territorio español desde los aviones KC-135 instalados en las bases hispano-norteamericanas de Zaragoza y Morón (Sevilla). Los B-52 llevaban cuatro bombas de hidrógeno de 1,5 megatones cada una con un poder destructor 75 veces superior a la bomba lanzada sobre Hiroshima.

Desde el principio, las autoridades norteamericanas dirigen la operación de rescate de las bombas y las tareas de descontaminación. Cuando informan de lo ocurrido al general Muñoz Grandes, jefe del Estado Mayor del Ejército, éste recibe con aplomo la noticia y expresa su pesar por la pérdida de vidas y de aviones. Ni un gesto de preocupación hacia los vecinos de Palomares. Mientras las agencias internacionales daban la noticia, dos horas después del accidente, en Palomares y en el resto de España las fuentes informativas son las emisiones en español de la BBC, Radio París o Radio España Independiente. Sin embargo, la caída de las bombas se mantuvo en secreto hasta que un periodista de la agencia UPI desveló los hechos tres días después. El propio Gobierno español no supo hasta la tarde del 19 de enero el verdadero alcance del accidente.

Tres de las cuatro bombas fueron encontradas en un plazo de veinticuatro horas y enviadas por carretera a la base de San Javier (Murcia), luego a Torrejón (Madrid) y finalmente a Estados Unidos. La cuarta, caída en el mar, fue localizada al cabo de ochenta días gracias a los detalles aportados por Francisco Simó, «Paco el de la bomba» desde entonces, que había contemplado el macabro espectáculo a bordo de su barco. Las dos bombas sin paracaídas, a causa del choque violento contra el suelo y la acción del explosivo convencional, se fragmentaron liberando el plutonio que contenían. En el lugar del impacto había altos niveles de radiactividad alfa. El corresponsal norteamericano en España, Tad Szulc, señala en su libro escrito inmediatamente después del accidente una serie de factores favorables que disminuyeron los efectos contaminantes.

El primer factor fue el viento... Mientras la dispersión de las partículas de plutonio y uranio después de las explosiones de TNT ocurrieron en una pequeña área... el fuerte viento las arrastró instantáneamente a una distancia considerable, pero en la buena dirección... El arma número 2, de todos modos, había caído en los cerros vacíos de Cabezo Negro y la mayor parte de la nube negra parduzca de partículas de plutonio se había perdido en las desérticas rocas... El arma número 3, sin embargo, cayó en medio de un grupo de casas y si no fuera por la conjunción de diversos favores de la suerte la contaminación hubiera podido ser allí extraordinariamente alta... El segundo factor de la suerte fue la naturaleza de las explosiones de TNT. El arma número 2, después de aterrizar sin paracaídas, sufrió el impacto de la detonación de toda su carga de 19 kilos de TNT. La dispersión del plutonio de la cabeza nuclear de la bomba de hidrógeno fue, por tanto, completa. Pero el arma número 3, que aterrizó en la Pendiente del Conejo con un paracaídas parcialmente quemado, sólo explotó la mitad del TNT... El tercer factor de la suerte... fue que las detonaciones ocurrieran cuando los conos de la cabeza que contenía el plutonio y el TNT ya se hallaban enterrados en el suelo...[99]

El primer experto español que llega a Palomares fue el presidente de la Junta de Energía Nuclear (JEN), José María Otero Navascués, y posteriormente los doctores Ramos e Iranzo encargados del control radiológico de la población convocada en el cine Capri, improvisado centro operativo. Aunque en principio sólo pretendían controlar a quienes habían estado próximos a la zona de los impactos o en contacto con los materiales, todos quisieron examinarse. De 1.800 personas, unas 200 fueron sometidas a análisis internos. Las primeras muestras de orina revelan un alto grado de contaminación por plutonio. Poco después, uno de los expertos decide repetir los análisis al intuir que el plutonio podría no estar en la orina sino en los recipientes contaminados por algunas partículas contenidas en sus propias ropas. En este segundo análisis desaparece el plutonio.

La primera vez que un militar responsable del ejército norteamericano da explicaciones al pueblo fue el 31 de enero, también en el cine Capri, donde no pudieron entrar los medios de comunicación. Mientras tanto, una buena parte de los vecinos de Palomares están parados porque sus tierras habían sido ocupadas por el Ejército. Algunos colaboraron en ciertas tareas remuneradas, pero la mayoría no tenía nada que hacer. Curiosamente, las autoridades norteamericanas estaban más dispuestas a indemnizarles que las españolas, patéticamente serviles:

En numerosas ocasiones el juez español redujo las reclamaciones aun cuando los norteamericanos estaban dispuestos a considerarlas. El resultado fue una franca hostilidad entre los habitantes del pueblo y sus propias autoridades...[100]

Tampoco los pescadores de la localidad próxima de Villaricos podían salir a pescar porque el mar estaba acotado para localizar la cuarta bomba, cuya búsqueda fue una odisea seguida por los propios periódicos españoles con cierta ironía tal como expresaba en *ABC* un chiste de Mingote: «que yo encuentre mi lapicero, que Rosita encuentre novio y que los americanos encuentren su bomba», reza una anciana en la iglesia.

El 25 de febrero de 1966, un acuerdo entre la Junta de Energía Nuclear y la Comisión de Energía Atómica de los Estados Unidos establece el plan de investigación y seguimiento. El 3 de marzo se dan por terminadas las tareas de descontaminación: recogida de fragmentos, eliminación de una capa de suelo de 5 a 10 centímetros, riego y arado de numerosas parcelas, lavado de árboles, lavado con agua a presión y detergentes de las superficies de las casas, etc. Finalmente, los residuos son introducidos en 4.900 bidones trasladados por barco a la Planta de Savannah River (USA). Se ha especulado, sin embargo, sobre la posibilidad de que parte de esos residuos fueran enterrados en la misma zona. Efectivamente, un informe realizado veinte años después por el Consejo de Seguridad Nuclear reconoce que la vegetación cultivada y silvestre que tenía contaminación superficial fue depositada como residuo radiactivo en un pozo construido al efecto. Era el primer caso de contaminación de un área habitada en tiempo de paz. Mientras el Gobierno español, más preocupado por el impacto del suceso en una zona eminentemente turística que por la gente, quita gravedad al asunto, el presidente de la JEN reconoce unas seis Has. afectadas sin superar los límites tolerables. Luego vino la célebre foto de Manuel Fraga, ministro de Información y Turismo, en la playa de Palomares acompañado del embajador de Estados Unidos, artífice de la estrategia publicitaria. Un periódico británico ironizaba preguntándose si estos valientes políticos actuarían igual si el accidente hubiera ocurrido en las frías aguas de Noruega.

Palomares se considera como instalación radiactiva y los datos de las estaciones de medición son contrastados periódicamente sin que los informes oficiales detecten contaminación preocupante en el aire o en los suelos. A medida que cada una de las 854 propiedades afectadas son descontaminadas, sus propietarios reciben el certificado correspondiente. Los soldados estadounidenses también fueron sometidos en su país a un programa de seguimiento. Los informes oficiales sólo citan las vísceras de una cabra y unos cuantos caracoles con presencia de plutonio. En cuanto al número de personas analizadas, los datos son contradictorios. Se habla de un total de 1.950 (de Palomares, Villaricos y Cuevas de Almanzora) de las que fueron seleccionadas 67, ampliadas posteriormente a 87. A 31 de diciembre de 1982, la JEN concluye que el riesgo existente no puede considerarse importante para el público que habita y cultiva aquella zona. En 1985, se reconocen tres casos de leucemia: un varón de 22 años que había muerto en Barcelona trece años antes, una mujer de 21 fallecida en Palomares en 1975, y un niño de 9 años nacido y enfermado en Francia que murió también en Palomares en 1981. Los índices de mortalidad no son mayores que en otras zonas, según dichos informes. Durante años, unas 80 personas viajan a Madrid para someterse a controles en la JEN. Nunca se les dijo nada hasta que, después de una intensa campaña de los ecologistas, se les entregan parte de los datos en noviembre de 1986. En 1991, fueron sometidas a control 150 personas de las que sólo una superó los niveles admisibles de plutonio en la orina. De igual manera se detectaron trazas en algunas muestras de vegetación no significativas, según el Consejo de Seguridad Nuclear que, a partir de 1996, coincidiendo con el 30 aniversario, deja de hacer referencia en sus informes al suceso de Palomares. El proyecto «Índalo» de investigación conjunta sigue, sin embargo, adelante.

Otro informe alternativo, realizado por expertos del Centro de Análisis y Programas Sanitarios de Barcelona y publicado en *Quadern Caps* (1986), concluye en función de los datos oficiales: 1) La contaminación residual por plutonio y americio es un problema de salud pública de máxima importancia, pues se trata de la zona habitada de la tierra con mayores niveles de contaminación por estos elementos transuránidos. 2) Esta situación exige un tratamiento sanitario-científico adecuado, así como determinar el impacto ambiental y ecológico que supone. 3) En ningún caso se pueden aceptar procedimientos de investigación que supongan la exposición experimental humana a riesgos para la salud, más aún cuando esta investigación se realiza de forma callada y los riesgos no son del todo conocidos. 4) Se han dado en este accidente y en los años posteriores reiteradas muestras de incapacidad para realizar el abordaje científico que el tema merece. 5) La JEN ha mostrado repetidamente su desinterés por informar adecuadamente a la población afectada. 6) Puede constatarse la falta de confianza de la población hacia este organismo. 7) Por todo ello, es necesaria una comisión investigadora.

Los resultados de esta intensiva vigilancia –opina, en cambio, el subdirector de Protección Radiológica del CSN, José Luis Butragueño– han confirmado año tras año, la ausencia de contaminación en las personas, así como la ausencia de ningún tipo de afecciones inducidas por la radiactividad del suelo. Tanto la vegetación autóctona como los productos agrícolas han crecido sin problemas por posible incorporación de elementos radiactivos [101].

La única manifestación de protesta a raíz del accidente tuvo lugar el 4 de febrero de 1966 en la calle Serrano de Madrid, frente a la embajada de EEUU, donde se concentraron unas mil personas, estudiantes en su mayoría, tolerados en principio por la policía y disueltos finalmente a golpes. «¡Libertad, libertad!», «¡Cuba sí, yankis no!», gritaron. A partir de los setenta, Palomares es referencia permanente del movimiento antinuclear, que conmemora cada aniversario con actos de protesta y reportajes en los medios de comunicación, hasta que el pueblo se hartó por considerar perjudicial para su imagen y su economía la insistencia en tan dramática historia.

Escape radiactivo en la JEN

Casi dos décadas antes del accidente de Palomares, habían comenzado en España las primeras investigaciones en torno a la energía nuclear propiciadas por los acuerdos hispano-norteamericanos y un convenio específico (1955). El punto de partida es una reunión celebrada el 8 de octubre de 1948 en el Laboratorio y Taller de Investigación del Estado Mayor de la Armada (LTIEMA) a la que asisten el director de esa instalación, teniente coronel José María Otero Navascués; los catedráticos de la Universidad de Madrid Manuel Lora Tamayo y Armando Durán Miranda; y el oficial de la Armada José Ramón Sobredo y Riobóo. Estos cuatro personajes forman parte de la Junta de Investigaciones Atómicas creada por el Gobierno en el más absoluto secreto. Vinculada a este primer y clandestino organismo nuclear nace la Sociedad de Estudios y Proyectos de Aleaciones Especiales (EPALE) que da lugar a la Junta de Energía Nuclear (1951).

Simultáneamente, comienza la minería del uranio en la Sierra Albarrana de Córdoba y otros yacimientos de Cáceres, Badajoz, Salamanca y Andújar (Jaén), donde en 1959 entra en funcionamiento la fábrica de concentrados. Después de treinta años de explotación, hoy queda de ella una montaña artificial bajo la que reposan todos los residuos. Salvo los yacimientos de Salamanca, casi agotados, el resto han sido clausurados y, a partir de 1997, la Empresa Nacional de Residuos Radiactivos S.A. (ENRESA) ha procedido a su restauración. La minería del uranio se llevó a cabo sin prevención alguna para los trabajadores. Apenas había controles médicos, ni duchas, y sus ropas eran lavadas con la colada familiar. El transporte de materiales se realizaba también sin cuidados especiales, tapados con lonas en el mejor de los casos. Estudios epidemiológicos posteriores camuflaron en la estadística los efectos en la salud de los mineros, aun reconociendo mayor incidencia de determinados tipos de cáncer. Las protestas contra la minería del uranio eran frecuentes en Salamanca y, durante un tiempo, en Cataluña, donde finalmente no hubo explotaciones.

Con la asistencia técnica de General Electric se pone en marcha el primer reactor experimental JEN-1, subvencionado con 350.000 dólares por el Gobierno estadounidense. Luego, otros cuatro más: ARGOS, ARBI, JEN-2 y CORAL-1. Estas actividades serán objeto de críticas retrospectivas por parte de los ecologistas, porque los primeros pasos de la energía nuclear en España pasan desapercibidos. El reactor JEN-1 consigue la primera reacción de fisión en cadena el 8 de octubre de 1958 y una pequeña cantidad de plutonio en 1967. Este plutonio, almacenado en la propia JEN, será objeto de denuncias posteriores. Como en otros países, la energía nuclear nace en España estrechamente vinculada a intereses militares y, se admitiera o no, ningún objetivo era descartado a priori. La primera alarma social, después de Palomares, ocurre en noviembre de 1970, a raíz de un escape de cesio-137, altamente radiactivo, pero no trasciende a la opinión pública hasta mayo de 1971. El suceso lo describe así un testigo próximo:

Durante la operación conjunta de la Planta Caliente M-1 y de la Planta CIES, se produjo dentro de esta última un escape de residuos radiactivos líquidos durante el trasvase de los mismos de una planta a otra. Este «accidente», que ha hecho correr mucha tinta tanto entonces como en nuestros días, fue magnificado en sus consecuencias, lo que condujo a la retirada y envío a El Cabril de un gran volumen de tierras, supuestamente contaminadas, de las riberas del Manzanares. La experiencia nos ha demostrado que la mayor parte de la radiactividad escapada, no había plutonio, quedó retenida en la instalación y sus aledaños [102].

Nótese que en «los aledaños» de la JEN está la ciudad de Madrid pero, en fin, la versión oficiosa dista mucho de otras interpretaciones. De todos modos, antes de retirarlos, dichos residuos estuvieron durante mucho tiempo enterrados en el campo de fútbol de la propia JEN, donde todavía es perceptible la contaminación radiactiva, una mancha de forma lenticular, de manera que, por esta y otras causas, si un día se desmantelaran las instalaciones de la antigua JEN (hoy CIEMAT) habría que actuar con prudencia.

Ya en ese momento la prensa abordó el asunto con cierta valentía:

Que durante seis largos meses se haya silenciado algo que puede afectar a la salud de muchas personas –editorializa *Informaciones*– es cosa que requiere de modo inmediato una rigurosa investigación, una explicación pública y una ejemplar rectificación al nivel que corresponda. Y que de una vez para siempre quede bien claro el derecho inalienable de la opinión pública a ser rigurosamente informada de cuanto le afecte en su vertiente más sensible: la de su propia seguridad [103].

Además del río Manzanares, el escape afectó también al Jarama y al Tajo, pero los expertos del Centro de Estudios y Experimentación de Obras Públicas (CEDEX) eran optimistas: «Es de suponer que con la producción de grandes avenidas, estos ríos queden exentos de contaminación en unos años» [104]. Lodos, tierras y cosechas retiradas en la denominada «Operación Tajo» fueron introducidos en bidones y almacenados en la mina de *El Lobo* (Badajoz) y El Cabril. La prensa critica este tipo de actividades en un lugar tan próximo a Madrid y a las facultades universitarias. Entonces se afianza la idea de construir otras instalaciones en zonas menos conflictivas. A partir de este suceso, que tanto preocupó a los agricultores de la ribera del Manzanares, pocos asuntos relacionados con lo nuclear pasarán desapercibidos y la JEN, calificada de centro siniestro por los ecologistas, queda estigmatizada para siempre ante la opinión pública.

La bomba atómica española

¿Qué ocurría dentro de la JEN, dirigida desde el principio por un militar? ¿Qué buscaban sus científicos, además del desarrollo de la energía nuclear con fines pacíficos? Las especulaciones aumentan a medida que el movimiento antinuclear cobra fuerza a partir de 1973. El Informe correspondiente a ese año del International Peace Research Institute (Estocolmo) señala que España era uno de los dieciséis países a punto de convertirse en potencia nuclear. ¿Había dado órdenes precisas el gobierno español para el desarrollo de una bomba atómica? Ciertos indicios avalaban esa sospecha, nunca demostrada de manera inequívoca.

La ya citada *Historia Nuclear de España* dice al respecto:

Se puede afirmar que nunca existió en las máximas autoridades del Estado español la voluntad política de fabricar armas atómicas, aunque ciertamente, y como sucedió en casi todos los países que alcanzaron cierto desarrollo nuclear, se realizaron algunos estudios y actividades de investigación y análisis en este campo.

Para añadir más adelante:

... en 1964 se realizó en España el primer informe sobre el diseño inicial de una bomba de fisión empleando los isótopos del plutonio, al que siguieron escasas actividades experimentales [105].

Efectivamente, existieron planes, reuniones y papeles en relación con la bomba atómica y también con el proyecto de un submarino nuclear. No serán disipadas las sospechas sobre las últimas intenciones gubernamentales hasta bien avanzados los ochenta.

En 1976, la revista *Mundo* [106] titula en portada: «Tenemos la bomba atómica». El reportaje, como otros publicados por esas fechas, no aporta datos definitivos, pero aventura que hasta 1973 la fabricación de la bomba atómica se daba por descontado con el apoyo fundamental del almirante Carrero Blanco. Se ha dicho igualmente, que el Gobierno consideró de nuevo esta posibilidad coincidiendo con la «Marcha verde» organizada por Marruecos para reivindicar el Sahara español. Este desierto, al parecer, habría sido elegido para las pruebas nucleares subterráneas de haber seguido adelante el proyecto atómico. La ambigüedad calculada de la política exterior alimenta las especulaciones.

Nosotros –dice José María de Areilza– queremos tener un día nuestro propio potencial. No queremos ser los últimos en la lista, si ésta es la tendencia de los últimos años [107].

El director de la Empresa Nacional del Uranio (ENUSA), Manuel Isla, abunda en esa ambigüedad al señalar que España tenía la preparación y la capacidad suficientes para construir una bomba atómica, aunque ello no presupone que se disponga a construirla. Un año después, *Diario 16* alude a un informe de la CIA que reconoce la capacidad técnica de España. Pedro Costa afirma en 1985 que, repasando las declaraciones más significativas de los ministros de Asuntos Exteriores desde 1976, se detectan escasas diferencias entre Areilza, Carlos Bustelo (1979), Rodríguez Sahagún (1980), Alberto Oliart (1981) y Narcís Serra (1985): «Todas ellas se resumen en un podemos, pero no queremos, aunque nos negamos a renunciar a la bomba atómica». En realidad, hasta 1987, cuando el Gobierno firma el Tratado de No Proliferación Nuclear, las dudas persistieron:

Muy probablemente –concluye Carlos Bravo–, la dependencia tecnológica y política de la dictadura franquista respecto a los Estados Unidos, que no veían con agrado los intentos de España de entrar en el club nuclear, fue el impedimento más importante que encontró el programa nuclear español en su desarrollo [108].

«Soria nuclear, no»

No fue casualidad que la polémica sobre la bomba atómica española surgiera con fuerza en 1976, pocas semanas después de la muerte de Franco, pues el Gobierno de Arias Navarro había aprobado en enero de ese año la creación del ambicioso Centro de Investigación Nuclear II de Soria (CINSO), en el paraje de Matas de Lubia, municipio de Cubo de Solana, sobre una extensión de 1.300 Has.

El CINSO garantizaría todas las fases del ciclo del uranio con dos departamentos fundamentales. El de Tecnología, con los reactores JEN III, de agua ligera para investigación y producción de radioisótopos con 20 megavatios de potencia máxima, y el CORAL II rápido o supergenerador con uranio altamente enriquecido; además de un circuito de Sodio ML-4 y una instalación para fusión nuclear. El departamento de Combustibles contemplaba la construcción de celdas calientes metalúrgicas, una fábrica de elementos combustibles para reactores de investigación, una planta piloto de tratamiento de residuos radiactivos sólidos y líquidos, laboratorios para trabajar con plutonio, etc.

Entre otras cosas, el CINSO reprocesaría el combustible gastado de Vandellós I, enviado a Francia hasta su cierre en 1989. Esta central alimentó sospechas sobre el desarrollo de la energía nuclear con fines militares al producir plutonio. En realidad, Vandellós I había sido prácticamente un regalo de los franceses que pretendían vender su tecnología a España. La relación de Vandellós I con la bomba, sin embargo, surge a posteriori. Según las previsiones del Gobierno, a mediados de los ochenta el CINSO estaría a pleno rendimiento. En 1978, sin permisos legales y con cientos de impugnaciones, comienzan las obras. Paradójicamente, el gran proyecto nuclear queda tan sólo en una planta de investigación energética con biomasa.

La elección de Soria no había sido casual. Como de costumbre, buscó el Gobierno una zona poco conflictiva, pero pronto comienzan las protestas a pesar de que el alcalde de la capital, Fidel Carazo, ex-procurador de las Cortes franquistas, apoya con entusiasmo el proyecto. Carazo era también director del periódico *Soria, Hogar y Pueblos* desde el que llamó a los ecologistas «mentirosos, malditos y traidores» y calificó al CINSO de maná bíblico para Soria. A pesar de los anuncios a doble página con científicos sonrientes en laboratorios luminosos rodeados de árboles y pájaros, la contestación local y nacional no se hizo esperar. La espectacular vigilancia de la zona, acotada con triples vallados y patrullas motorizadas, aumenta las reticencias de las poblaciones próximas. Además de los ecologistas, hubo algún político empeñado en evitar lo que muchos consideraban un disparate. El más destacado fue el diputado socialista por Soria, Manuel Núñez Encabo:

Con el CINSO se jugó siempre al silencio y nunca se nos contestaba con documentos. Yo fui a ver al director de la JEN, Francisco Pas-

cual, y me dijo que en Soria no iba a hacerse ninguna bomba atómica; yo le dije que aportase documentos de que no iba a servir para
eso, pero a mí nunca me dieron ninguna prueba.

Idénticas sospechas tiene Carlos Dávila, diputado socialista y técnico relegado de la JEN:

Soria era la clave para la fabricación del arma atómica española y la
verdad es que faltó muy poco porque UCD pisó el acelerador debido, tal vez, a una situación de mayor descontrol. Había la creencia
de que o se hacía entonces, antes de que llegara el PSOE al poder, o
no se haría nunca [109].

Aun reconociendo que el CINSO facilitaba la construcción de la bomba atómica, otras fuentes niegan que ése fuera
su objetivo principal. La frustración de este macroproyecto
fue la segunda gran derrota del sector nuclear en España
marcando referencias para batallas posteriores contra el cementerio de El Cabril. Naturalmente, Soria se convierte en
centro de atención de los ecologistas. Representantes del
movimiento antinuclear de varias regiones españolas celebraron allí un encuentro el 3 de marzo de 1977:

Mientras existen soluciones técnicas –dice el comunicado consen-
suado– que permitirían ampliar considerablemente el uso de las
energías libres (solar, eólica, etc.), el Estado, servil a los intereses
de las grandes empresas nacionales y extranjeras, promociona la
energía nuclear y mantiene viva la esperanza ilusoria de que la técnica de los reactores rápidos y de la fusión nuclear pueda algún día
solucionar el problema de la escasez de energía... Quede claro que
el pueblo español no se ha pronunciado sobre las centrales nucleares; que los parlamentarios no tienen carta blanca para hacerlo y
que, si lo hacen, están contribuyendo a un juego que conduce a hi-
potecar irreversiblemente la ecología de ciertas regiones y la salud
de sus habitantes... La única forma de proceder en un tema tan
crucial como éste sería establecer una moratoria de dos años
acompañada de la preparación de referéndums locales y comarca-
les... [110]

La Coordinadora Antinuclear del Estado Español queda constituida en una segunda reunión, celebrada también en Soria en mayo de 1977. Los veintitrés colectivos asistentes dibujan el mapa de la protesta nuclear en esos momentos: ALBE, Comunidad de Vecinos de L'Ametlla de Mar (COVE-AMAR), Comisión de Afectados de la Ribera del Ebro (CARE), Grupo de Tecnologías Alternativas (TARA), Comité Antinuclear de Catalunya (CAC), Comisión de Afectados por la Central Nuclear del Cinca (COACINCA), Defensa de los Intereses del Bajo Aragón (DEIBA), Comisión de Defensa de una Costa Vasca No Nuclear, Comisión de Afectados de Trillo (Guadalajara), Comisión de Afectados de Santillán (Santander), Comunidad de Regantes de Badajoz, AEORMA, Campaña de Salvaguarda del Territorio del Congrés de Cultura Catalana, MENDILUR (Navarra), etc. El manifiesto de constitución lleva fecha de 1 de mayo y es presentado en Madrid tres semanas después:

1) Se ha constituido la Coordinadora Antinuclear Estatal, abierta a todas las fuerzas populares que luchan contra la agresión que suponen las instalaciones nucleares y, en general, por la preservación del medio ambiente... Es el primer paso para la constitución en un futuro inmediato de la Coordinadora Estatal de Defensa del Medio Ambiente. 2) Denunciamos la inseguridad total de la actual tecnología usada en la implantación de instalaciones nucleares... La falta de soluciones adecuadas a la grave problemática del transporte, almacenamiento, tratamiento y eliminación de los residuos radiactivos... incapacita a los poderes públicos para imponer este tipo de instalaciones que suponen una trampa de las multinacionales a los pueblos de España. 3) Denunciamos el enorme costo de una tecnología importada... que genera inflación y acentúa una situación de dependencia respecto a EEUU, hipotecando la soberanía y el futuro del país. 4) Denunciamos la corrupción y nula representatividad del poder público, desde los alcaldes hasta las altas instancias del Estado; la manipulación y ausencia total de información veraz a nivel oficial; la falta de acceso a los medios de comunicación social...; la nefasta labor de la Junta de Energía Nuclear; los posibles intereses militares en la construcción de la bomba atómica a partir

del plutonio de las centrales nucleares y cuyo centro se ubicaría en Soria...[111]

En agosto de 1978, hubo otra reunión en Caspe (Zaragoza) por iniciativa del Comité Antinuclear de Cataluña, uno de los más activos, donde se aprueba la edición del *Boletín Informativo sobre Energía Nuclear (BIEN)*. Tras la convocatoria de Madrid un mes después, la Coordinadora lanza una importante campaña a favor de la moratoria con despliegue de carteles y pegatinas. El comunicado no difiere mucho de otros anteriores:

Ante la decidida intención del Gobierno, de las compañías eléctricas y de las multinacionales americanas de llevar adelante el programa nuclear con la aprobación del PEN... EXIGIMOS un debate público, información y atención prioritaria a la investigación descentralizada de las energías limpias y renovables... Moratoria nuclear por cinco años y que el PEN sea devuelto ...[112]

En diciembre de 1978, un nuevo comunicado califica el PEN de panfleto indignante.

La larga marcha antinuclear

La decisión de construir las primeras centrales nucleares se toma en una reunión celebrada en Olaveaga (Bilbao, 1956) a la que asisten tres personas: el banquero José María Oriol y Urquijo, como representante del sector eléctrico; Leandro José Torrontegui por la industria, y José María Otero Navascúes por la Administración. El llamado «Pacto de Olaveaga» nace precisamente en el País Vasco, donde veinticinco años después el sector nuclear sufrirá su derrota más dramática. Tras la aprobación por las Cortes franquistas de la Ley de Energía Nuclear (1964), elaborada a medida por técnicos de la JEN, entran en funcionamiento las centrales de primera generación: Zorita (Guadalajara), Santa María de Garoña (Burgos) y Vandellós I (Tarragona) en 1968, 1971 y 1972 respectivamente.

A las 21 horas 58 minutos del 30 de junio de 1968, el reactor de Zorita alcanza por vez primera la situación crítica. «Su Excelencia el Jefe del Estado, Francisco Franco Bahamonde –recuerda una placa en la entrada–, inauguró esta Central Nuclear, primera que inicia en nuestra patria la era atómica industrial».

Las tres centrales fueron construidas por el sistema «llave en mano» con distintos modelos de reactores y, durante nueve años, funcionaron en solitario. Fue la etapa dorada del sector que, ante la escasa contestación, piensa que tiene vía libre, pero el PEN de 1975 enciende la chispa del movimiento antinuclear.

Además de las tres citadas y de otras siete en construcción (Almaraz I-II, Lemóniz I– II, Ascó I-II, y Cofrentes), la segunda generación que saldrá adelante salvo en el caso de Lemóniz, había otros muchos proyectos: Trillo I-II (Guadalajara), Santillán (Santander), Vergara (Navarra), Deva I-II (Guipúzcoa), Orguella I-II (Guipúzcoa), Sayago (Zamora), Regodela (Lugo), Tarifa I-II (Cádiz), Cabo Cope (Murcia), Sástago I-II (Zaragoza), Almonte I-II (Huelva), Escatrón I-II (Zaragoza), L'Ametlla I-II (Tarragona), Valdecaballeros I-II (Badajoz), Vandellós I-II (Tarragona), Páramo (León) y Chalamera (Huesca). En total suman la escandalosa cifra de 37 grupos nucleares.

Ni el crecimiento económico más optimista, argumento principal, hubiera justificado semejante despliegue energético. La oposición antinuclear pilla por sorpresa al Gobierno y al sector eléctrico, convencidos, como dijo el presidente de Iberduero en 1974, de que la resistencia popular a la instalación de las centrales nucleares era debida al desconocimiento de la seguridad de esta fuente de energía. Luego califican a esa oposición de política. Evidentemente, lo era. Y no tenía menor intención política el intento de relegar a los ayuntamientos en la toma de decisiones:

Yo creo –dijo en 1972 el presidente del Fórum Atómico– que habría que ver si en materia de instalaciones nucleares la técnica municipal es competente para determinar en contra de lo decidido por la Administración nacional para el emplazamiento de la instalación...[113]

En expresión de Pedro Costa, los años felices de Zorita, Garoña y Vandellós no volverán nunca más:

Los comienzos fueron dichosos, incluso apoteósicos. Todavía hoy, señaladas personalidades se indignan comparando la suave e idílica introducción de las centrales nucleares con el tumulto actual, para el que no encuentran justificación[114].

En 1974, el alcalde de Zorita de los Canes, satisfecho con la experiencia, dice que el único problema que tienen las nucleares es la mala prensa.

La larga marcha antinuclear comienza en el País Vasco a finales de 1973 y es reflejada por los medios de comunicación con aceptable verosimilitud, a pesar de las presiones. Además de los escritos de Gaviria, uno de los primeros artículos sobre el peligro nuclear, publicado en *La Gaceta del Norte*, lleva la firma del periodista José María Portell, asesinado luego por ETA. Pero la persona más destacada en el suministro de argumentos fue el profesor de la Universidad de Bilbao, José Allende, que en 1974 puntualizó lúcidamente unas declaraciones de responsables de Iberduero y, poco después, escribió un incisivo artículo bajo el título «Análisis económico de las centrales nucleares». También elaboró un informe de gran repercusión sobre los principales incidentes registrados en el mundo.

En agosto de 1974, AEORMA organiza una mesa redonda sobre el riesgo nuclear en el Hotel Monte Igueldo de San Sebastián con la participación de representantes de ocho municipios afectados, además de Pedro Costa y José Allende que, junto a Mario Gaviria, son en esta primera fase los principales artífices de la cultura antinuclear. Para entonces, había comenzado a distribuirse el conocido *Informe sobre la proyectada central nuclear de Deva*, en cuya portada aparece el logotipo diseñado por el escultor Eduardo Chillida y dos lemas: «No Deva nuclear», «Costa nuclear no, no, no».

El informe («fruto de un trabajo urgente») es la respuesta del Ayuntamiento de Deva para cumplimentar el preceptivo trámite administrativo y, en la misma introducción, queda expresada «una decidida oposición al mismo» [115]. Otros ayuntamientos, como el de Cestona y Motrico, o la Cofradía de pescadores de Orio expresan idéntico parecer. Redactado por José Ramón Recalde, el informe expone diecinueve conclusiones referidas a la posibilidad de accidentes, efectos en la fauna marina del agua caliente de los procesos de refrigeración, impactos en la agricultura y el turismo, etc., para concluir:

Este Ayuntamiento expresa una discrepancia sustancial en relación con la autorización previa solicitada por Hidroeléctrica Ibérica Iberduero, S.A. e interesa que, previa elevación del expediente a la Comisión Delegada del Gobierno para el medio ambiente, le sea denegada a dicha sociedad la autorización que tiene solicitada [116]

La Sociedad de Ciencias de la Naturaleza Aranzadi rechaza el proyecto Deva y también Garoña, (en Burgos) que siempre suscitó no pocos recelos en el País Vasco. Esta central sufre los primeros ataques de los ecologistas en septiembre de 1974, al conocerse la decisión de las autoridades norteamericanas de parar todas las centrales de tecnología similar (reactores BWR) por fallos en el sistema de refrigeración. AEORMA denuncia el caso en la prensa y General Electric lo desmiente. Los dos reactores previstos en la playa de Orguella, entre los municipios de Ea e Ispáster (Vizcaya), fueron igualmente rechazados y otro tanto hizo el Ayuntamiento de Tudela (Navarra) con la central sobre el Ebro. Gaviria juega en este caso, cercano para él, un papel fundamental.

La instalación de Alúmina-Aluminio en Xove (Lugo) justifica la central nuclear en la playa de Regodela. En noviembre de 1976, los vecinos presentan un recurso judicial. En abril de 1977, más de 5.000 manifestantes participan en la marcha antinuclear Vivero-Xove; al año siguiente, queda constituido el Comité Antinuclear Gallego y 15.000 personas se suman a una nueva marcha Vivero-Xove organizada por el Bloque Nacional Popular Galego. En junio de 1979, coincidiendo con el Día Internacional contra la energía atómica, miles de personas se manifiestan en las principales poblaciones gallegas; en un festival antinuclear de Pontevedra es detenido el cantante Suso Bahamonde y otras tres personas por un teniente de la Guardia Civil que será felicitado porque

ante la interpretación de una canción bochornosa e intolerable, en la que se ofendía gravemente el nombre de España, reaccionó valientemente increpando al cantante y haciendo frente a la gente que le rodeaba [117].

Tarifa (Cádiz), Águilas (Murcia), Sástago y Escatrón (Teruel), etc. se añaden a la protesta con diferente intensidad. Mientras el Ayuntamiento de Sástago rechaza la central, llama la atención el caso del municipio próximo de Escatrón, donde ya funcionaba desde los años cuarenta una central térmica, causa de no pocos quebrantos: «Tenemos contaminada hasta el alma –decía su alcalde– y no nos asusta la radiactividad» [118]. El afán nuclearizador llega incluso a las puertas del Parque Nacional de Doñana, donde Sevillana de Electricidad pretende construir dos reactores entre Mazagón y Torre-La Higuera. Tendrán enfrente a los especuladores urbanísticos, no menos dañinos, y a los vecinos de Almonte.

La costa de Tarragona soportó la peor parte, a pesar de la contundente respuesta ciudadana y algunos casos de épica personal muy admirados en la mitología ecologista. La batalla de L'Ametlla de Mar, protagonizada por pescadores y vecinos, llegó hasta Vandellós, donde funcionaba una planta nuclear desde 1972. El 18 de agosto de ese año, el satélite norteamericano Erts fotografió la costa catalana detectando una mancha en las proximidades de Vandellós que los expertos interpretaron como una zona pobre en plancton. Los pescadores dicen que la pesca ha disminuido en el entorno de la central. En 1975, la Agrupación de Vecinos de L'Ametlla presenta 1.500 alegaciones al Ministerio de Industria y, poco después, el ministro Pérez de Bricio declara durante un viaje a Barcelona que la central no se construiría con el rechazo de la gente. Enrique Rebull, patrón de la Cofradía de Pescadores, fue el líder indiscutible de esta protesta que acabó en victoria después de no pocos sinsabores. Cuando empleados de FECSA trataron de adquirir los terrenos para la central fueron agredidos y Rebull acabó en la cárcel, quedando en libertad poco después ante la presión popular.

Al contrario que L'Ametlla de Mar, el Ayuntamiento de Vandellós aceptó las nucleares sin demasiados impedimentos, a pesar de la expectación suscitada por el denominado «tren radiactivo» o «tren de la muerte», que cada cuatro meses transportaba el combustible gastado a Francia para su reprocesamiento, dando lugar a especulaciones sobre el destino último del plutonio obtenido en esa compleja y «sucia» operación. El primer transporte se realizó el 12 de enero de 1974 y el último el 22 de noviembre de 1994. En total, 149 viajes y 1.900 toneladas de residuos de alta actividad. Vandellós I estuvo a punto de construirse cerca de Pals (Gerona), con el apoyo entusiasta del escritor Josep Pla.

Los dos grupos de Ascó (Tarragona) están asentados sobre terrenos comprados por FECSA sin desvelar su finalidad y comenzaron a construirse antes de la autorización preceptiva con el visto bueno del alcalde, mientras el párroco, Miguel Redorat, otro caso de épica personal, asumió un combativo liderazgo con las armas que tenía más a mano, prohibiendo la presencia de autoridades en las procesiones y utilizando el púlpito para lanzar proclamas antinucleares. En septiembre de 1974, el obispo de Tortosa exige en la *Hoja Dominical* garantías de seguridad y poco después organiza una conferencia con tres sacerdotes del Consejo Superior de Investigaciones Científicas (CSIC). Sus asépticas exposiciones contrastan con la acalorada intervención del cura Redorat, aclamado por los asistentes.

Hubo también protestas por razones salariales. El personal de vigilancia se incrementó hasta cerca de trescientas personas y, durante las huelgas, los piquetes encerrados en la sala de control amenazaban con cortar todos cables. La candidatura antinuclear ganó las elecciones municipales en 1979 pero, con la crisis económica en puertas, fue derrotada en las siguientes de 1983, precisamente por los votos de los trabajadores venidos de fuera, según los antinucleares. «La noche de las elecciones –informa *El País*–, el aire que se respiraba en Ascó era tan tenso que podía cortarse con un cuchillo» [119]. El Grupo 1 de la central entra en funcionamiento poco después y el segundo en 1985.

La central de Chalamera (Huesca), sobre el río Cinca, es contestada por todo el entorno, desde Zaidin a Fraga, al igual que la de Valencia de Don Juan (León), a orillas del Esla, con más de 3.000 alegaciones. Una mesa redonda prevista en el Hostal San Marcos de León el 14 de mayo de 1975, con la participación de 44 alcaldes de la comarca, fue prohibida y el secretario general de AEORMA, promotor del acto, pasó dos días en prisión. Las manifestaciones para exigir su libertad y la dimisión del Gobernador acaban con más detenciones. Antes y después de estos sucesos, hubo numerosas acciones, desde una caravana de doscientos coches y tractores a rogativas el día de San Isidro «por un campo no nuclear». El 23 de mayo, el Ayuntamiento de Valencia de Don Juan dice en un escrito que la zona no necesita más energía: «Quien se lleva el trigo que cargue con la paja». A finales de ese mes, cientos de estudiantes de Benavente (Zamora) rechazan la central con un argumento definitivo: «Queremos llegar a viejos». En Asturias, el rumor difundido en el verano de 1975 sobre una central en la Concha de Artedo, cerca de la hermosa población de Cudillero, aglutina al movimiento antinuclear, que por cercanía geográfica, asume como propias las causas de Xove y San Vicente de la Barquera.

El 13 de agosto de 1976, fallece en la Residencia Sanitaria La Paz (Madrid) un trabajador de Zorita, a consecuencia de las radiaciones recibidas. Ese mismo mes se denuncian fugas radiactivas en el circuito de refrigeración de Vandellós I, confirmadas por el Instituto de Investigaciones Pesqueras de Barcelona, mientras cobra cuerpo el rumor sobre el riesgo de hundimiento de la central de Ascó debido a las características geológicas del terreno. En septiembre, es procesado el periodista Antonio Espada por un artículo en la revista *Personas* sobre el asunto. Luego quedará en libertad bajo fianza de dos millones de pesetas. La polémica sirvió de argumento a Pilar Miró para su película *Hablamos esta noche* (1982).

La central de San Vicente de la Barquera es rechazada el 21 de agosto de 1977 en una masiva manifestación apoyada por todas las fuerzas políticas, salvo UCD, desde el PSOE a Falange Auténtica o Fuerza Nueva.

A Cantabria entera –dice la convocatoria–; Electra del Viesgo se obstina en imponer este proyecto a espaldas del pueblo en el que están involucrados grandes intereses económicos, fundamentalmente de multinacionales norteamericanas. Estas empresas sólo quieren hacer prevalecer sus fines pisoteando los más elementales derechos... La central que nos quieren imponer, sin ningún tipo de garantía, es productora de cáncer, leucemia, alteraciones en el embarazo y presenta un peligro real para el desarrollo de nuestro campo, pesca y turismo...[120]

La central nuclear de Cofrentes (Valencia) había sido proyectada en principio para Peñíscola. Aunque el Ayuntamiento aprueba la licencia en 1975, varios vecinos manifiestan su oposición ante la Dirección General de la Energía. MARGARIDA y el Grupo Ecologista Libertario lideran la oposición pero, en 1978, la Coordinadora de Grupos Ecologistas (52 en total) se suma a la campaña. El 11 de junio de ese año, 6.000 personas salen a la calle, 10.000 en marzo de 1979 y otras 20.000 en junio, mientras 95 entidades ciudadanas de Valencia se pronuncian contra la central y, en noviembre, cuatro soldadores denuncian irregularidades en las obras. En junio de 1983, mil personas participan en un simulacro nuclear y otras 3.000 en una marcha sobre Cofrentes, dos días después. En 1984, entra en funcionamiento.

El rechazo a las centrales nucleares basado en el excesivo consumo de agua para su refrigeración se extiende por Extremadura, Aragón y Navarra. Mario Gaviria insiste, respecto al proyecto de Tudela, en que el agua del Ebro debería utilizarse para regar 60.000 Has. de los desiertos navarros y aragoneses creando empleo agrícola y garantizando la subsistencia de unas 60.000 personas. Contra la energía del átomo todo vale y, finalmente, las nucleares, los pantanos o los trasvases acaban confluyendo en la misma batalla. Este argumento también enciende la chispa en el caso de Valdecaballeros, que prevé tomar del Guadiana 90 metros cúbicos por segundo. Los agricultores eran escépticos ante noticias como ésta:

El calor desprendido por la central proporcionará un clima tropical a este pueblo... que beneficiará a los agricultores, pues es posible la transformación hacia cultivos tropicales [121].

En enero de 1977, las comunidades de regantes de las vegas bajas del Plan Badajoz piden a la Comisaría de Aguas que no conceda el desorbitado caudal exigido por las compañías eléctricas. En marzo, aprovechando una visita real, los afectados airean sus problemas en las pancartas: «Juan Carlos, cuando te vayas de Extremadura, llévate la central nuclear». El 29 de junio, varios cientos de personas vuelven a concentrarse en Badajoz, a pesar de la prohibición: «Nucleares a la finca de Suárez», «Si es Madrid la que se va a desarrollar más, y estas centrales son tan seguras, que se instalen en Móstoles», dicen las pintadas.

El 14 de agosto de 1977, la Comisión de Afectados difunde el ya citado Manifiesto por la autonomía de los extremeños y de Extremadura:

La pretendida central... iniciada de un modo cínico y humillante para los extremeños en la misma cabecera del Guadiana, es la gota que rebosa una taza ya bien llena... Tenemos una tierra tradicionalmente exportadora de alimentos y somos a la vez una tierra de hambre... El Plan Badajoz, lejos de cambiar nuestro papel de región expoliada ha venido a prolongar esta expoliación... Cáceres es la segunda provincia productora de energía hidroeléctrica y Badajoz la décimosegunda, pero Extremadura no se beneficia de esa riqueza... Extremadura abastece el 90 por ciento de la producción española de uranio y esta explotación se lleva a cabo por una empresa estatal bajo los auspicios de la JEN, al margen de las más elementales normas de seguridad... A esta escalada expoliadora sólo podrá poner coto firme la voluntad de los extremeños de tomar en nuestras manos la gestión de unos recursos que nos pertenecen...[122]

En agosto de 1979, 130 alcaldes se encierran en el Ayuntamiento de Villanueva de la Serena, animados por Juan Serna, y una manifestación de 20.000 personas apoya sus reivindicaciones. La central de Almaraz (Cáceres) también suscita protestas por el agua imprescindible para los regadíos. El Tajo tenía cada día más pretendientes:

La ubicación de esta central a 1.500 metros del pueblo de Almaraz vulnera la ley con total impunidad. El diseño, que no incluye torres de refrigeración, atenta contra el Tajo y supone una detracción práctica para los regadíos de los cacereños... Esta central aporta,

junto al robo que supone el trasvase Tajo-Segura, otro gesto de sa-
queo para Cáceres... [123]

Si, como dijera el comisario de Energía y Recursos Minerales, Luis Magaña, «las manifestaciones antinucleares son
500 pesetas y un bocadillo» [124], mucho dinero debió gastar
el pagador de tamaña conspiración. Pero, insulto por insulto, los antinucleares responden en el número 1 de *El Ecologista:* «Magaña es un chorizo». Incluso el diario *El País* tercia en el asunto para decir que «no todos los movimientos
ecologistas responden a maniobras de las multinacionales» [125]. La ofensiva mediática es enorme y, por esas fechas,
el Fórum Atómico Nuclear promueve un «Proyecto del Plan
de acciones para una campaña de promoción de la imagen
de las centrales nucleares en España», a través de la firma
«Ageurop», que acaba disolviéndose por quiebra. Colabora-
dores de dicha campaña fueron Jesús Aparicio, director de
RTVE, el periodista Jaime Campmany y el político Juan José
Rosón.

El *Boletín de Información sobre Energía Nuclear* resume la situación en un artículo titulado «Las eléctricas a la
greña»:

La euforia ha pasado... En el seno del propio gobierno la disparidad
de criterios entre varios ministros provocó la crisis del Gabinete
saldada con la renuncia de Fuentes Quintana y el cese de Oliart...
Las empresas eléctricas, habituadas a la política del ordeno y mando, y a la práctica institucionalizada del hecho consumado, no se
resignan a dejar escapar la oportunidad de plantar su central... La
aprobación del PEN del 75 arropado por el autoritarismo del tán-
dem Franco-Oriol fue un paseo para las eléctricas. Hoy, apenas pa-
sados tres años, todo aquel montaje se derrumba estrepitosamente... El monolitismo ha muerto, descanse en paz [126].

En 1979, prosigue la protesta antinuclear con nuevos
frentes, mientras los partidos políticos todavía no tienen
clara su posición. El secretario general del PCE, Santiago

Carrillo, dice por esas fechas que «un país que renuncia a la energía nuclear es un país que renuncia al progreso» [127]. En el mes de abril, médicos y enfermeros de Guadalajara afirman que en las poblaciones próximas a Zorita han aumentado los nacimientos de niños con malformaciones. Los vecinos de Santa María de Garoña exigen a las autoridades datos sobre los índices de radiactividad en el entorno de la central. En Córdoba, partidos políticos y ecologistas piden una moratoria nuclear de cinco años y, en Madrid, AEPDEN logra un considerable éxito en una manifestación apoyada por partidos y sindicatos. En mayo, más de 3.000 personas se manifiestan contra Valdecaballeros y también hay actos de protesta en Murcia y Zamora. Los comités antinucleares de Euskadi lanzan en ese mes una campaña de desobediencia civil a la vez que los alcaldes de Tudela, Arguedas, Valtierra, Cadreíte y Cascante piden la paralización de la central de Tudela. En junio, se producen manifestaciones en Vich (Gerona) contra los proyectos de explotación de yacimientos de uranio que acaban con varios detenidos, y la Junta de Extremadura condiciona la paralización de Almaraz y Valdecaballeros a los resultados de un dictamen de la Comisión de Energía.

En junio de 1980, se reúne en Barcelona la Coordinadora Antinuclear que, entre otras cosas, expresa su solidaridad con Greenpeace en su lucha contra la caza de ballenas. La marcha antinuclear de Cataluña culmina el 10 de agosto en Ascó.

«*Lemóniz, ez*»

Prácticamente descartados los proyectos de Orguella, Deva y Tudela, los antinucleares vascos, con apoyos en toda España, concentran esfuerzos en Lemóniz, la batalla en cierta forma definitiva y también más dramática, con un saldo fi-

nal de siete muertos. A partir de 1976, el protagonismo de la
Comisión de Defensa de una Costa Vasca no Nuclear formada por asociaciones de familia de Lekeitio, Munguía, Ea y
del Gran Bilbao, además de la Asociación de Vecinos de Lemóniz, colectivos de Bakio y Deva, la Asociación Cultural
Gamíniz y la colaboración del Colegio de Arquitectos, es absoluto con el destacado papel ya mencionado del economis-
ta José Allende y el abogado José Ramón Recalde. La primera actuación pública de la Comisión es un escrito a la
Diputación de Vizcaya avalado por miles de firmas, entre
ellas las de doscientos médicos, para exigir la inmediata paralización de Lemóniz y la no autorización de Ispáster-Ea y
Deva. La polémica comienza el 23 de mayo de 1972 cuando
la Dirección General de la Energía concede a Iberduero autorización para construir dos reactores (otros dos en una segunda fase) en la Cala de Basordas, entre los ayuntamientos
de Lemóniz y Munguía.

El pretendido proyecto de Basordas, además de incurrir en graves
irregularidades tanto jurídico-administrativas como socioeconómicas, se pretende imponer a espaldas del pueblo, ignorando radi-
calmente la opinión de la comunidad afectada. Entendemos corresponde a la comunidad vasca decidir sobre la conveniencia o no
de dicha central nuclear. El problema habría de plantearse y deba-
tirse en sus tres niveles: la aceptación o no de esta tecnología (problema ético y político), la conveniencia de la alternativa nuclear
para Euskadi y, en caso de respuesta afirmativa, quedaría aún por
resolver la óptima ubicación dentro del contexto de una política
pública racional.

Este párrafo corresponde a la introducción del documento *¿Hacia una costa vasca nuclear? (El caso de Lemóniz)*, un
balance de las actuaciones realizadas hasta junio de 1977. En
clave nacionalista, factor determinante, plantea consideraciones sobre el modelo energético de Euskadi, aún por definir, sin descartar el autoabastecimiento energético que los

propios redactores califican de «ingenuo e ignorante». En un coloquio celebrado en el Colegio de Médicos el 14 de julio de 1976 se plantea así el problema:

En 50 kilómetros de una privilegiada franja costera con grandes recursos turísticos, agropecuarios y con una considerable capacidad para satisfacer las necesidades de esparcimiento y recreo del País Vasco, se pretende ubicar cerca de 6.000 megavatios a corto plazo (seis reactores atómicos) y casi 12.000 megavatios a largo plazo (doce reactores). El tema por lo tanto posee una importancia trascendental, por lo que sería ciego e irracional despreciar la opinión de la comunidad afectada [128].

Unos meses antes, la revista *Tribuna Médica* había publicado un informe sobre los riesgos sanitarios de las centrales nucleares. Al tiempo que Iberduero y los municipios de Munguía y Lemóniz intercambian escritos solicitando la empresa y negando los ayuntamientos el permiso de obras, es en la calle donde se libra la principal batalla. El 29 de agosto de 1976, más de 50.000 personas se concentran en Plencia-Górliz bajo las consignas «Por una Costa Vasca no Nuclear», «No a Lemóniz», «No a Deva», «No a Ispáster-Ea». Artistas como Chillida, intelectuales y destacados profesionales encabezan la marcha considerada la más numerosa de cuantas se habían realizado hasta entonces en Europa. Días después, la Comisión envía a los organizadores una carta de agradecimiento:

La lucha acaba de empezar. La magnífica labor realizada por los Comités Nucleares dispersados por todos nuestros municipios y aldeas es una valiosísima infraestructura que debemos mantener para futuras acciones [129].

En octubre, la Comisión denuncia a la Diputación de Vizcaya por «su irresponsabilidad, inactividad delictiva y silencio culpable». El enfrentamiento con esta institución alcanza el máximo nivel cuando el 31 de marzo de 1977 modifica el Plan General de Ordenación Urbana de la Comarca Plencia-Munguía recalificando los terrenos destinados a la central de Lemóniz de rurales a industriales. En mayo, la Comisión acude a la Junta General de Accionistas en el Pabellón de Deportes de Bilbao y con el apoyo del Grupo Ecologista y un colectivo de objetores, difunde este comunicado:

¡Accionista! El no tomar decisiones directamente no te exime de la grave responsabilidad que tienes en los proyectos nucleares que Iberduero S.A. pretende imponer a nuestro pueblo. ¡Tú eres, por lo tanto, responsable del incalificable atentado que se pretende cometer! ¡No esperes a que el atentado se consume! ¡El pueblo te pedirá a ti responsabilidades! ¡Si callas, estás favoreciendo un genocido contra Euskalherria! ¡Levanta tu voz! ¡Infórmate! ¡Actúa![130]

En el mes de junio, los ayuntamientos de Munguía y Lemóniz recurren la recalificación de terrenos decidida por la Diputación. La Comisión solicita permiso para manifestarse de nuevo en Bilbao y, ante la negativa del Gobierno Civil, difunde este comunicado:

... Se están agotando las acciones jurídico-administrativas... Solicitamos de los partidos políticos y centrales sindicales que manifiesten su actitud sin demora alguna ante este nuevo avasallamiento que la Administración y el Gobierno Civil de Vizcaya acaban de cometer contra la exteriorización de un sentir justo, legal y lícito de nuestro pueblo[131].

La protesta surte efecto y el Gobierno Civil consiente la manifestación para el 14 de julio, en pleno verano, pensando en restarle participación, pero se equivoca. Más de 200.000 personas responden a la convocatoria. Los medios de comunicación dicen al día siguiente que ha sido la mayor manifestación antinuclear del mundo. Encabezada por una enorme pancarta, los manifestantes gritan «Ez, ez, centrales ez». Lemóniz estaba tocada y probablemente algún otro proyecto, porque el movimiento antinuclear tenía la certeza de que paralizar Lemóniz sería positivo para el resto de España. Así queda expresado en un panfleto distribuido en Madrid:

Llamamos al pueblo de Madrid a marchar sobre la central nuclear de Lemóniz el domingo 12 de marzo atendiendo al llamamiento hecho por Costa Vasca No Nuclear, pues la paralización de Lemóniz supondría parar el intento de nuclearizar el Estado español.

En agosto de 1979, más de 12.000 personas asisten a la concentración final tras la marcha de doce días de duración sobre Lemóniz que transcurrió entre permanentes incidentes. Ese mismo mes, el Consejo General Vasco adquiere el compromiso de impulsar un amplio debate. El 13 de junio de 1980, el Parlamento autónomo aprueba la celebración de un referéndum. A pesar de todo, los ecologistas dicen que PNV quiere decir Pro Nucleares Vascos.

Meses antes de la gran manifestación de Bilbao, ETA (sus dos ramas) interviene por vez primera con sus medios habituales. El 3 de enero de 1977, estallan dos bombas en los comedores de la central. El 21 de noviembre, un incendio provoca daños valorados en doscientos millones de pesetas en los almacenes. El 18 de diciembre, ETA militar ataca al destacamento de la Guardia Civil que vigila la central resultando gravemente herido el miembro del comando David Álvarez Peña, que falleció casi un mes después, provocando la radicalización de las protestas. Su padre había sido guardia civil durante tres años. Según datos de Iberduero, en 1977 hubo ochenta ataques contra sus instalaciones y oficinas.

El 17 de marzo de 1978, un nuevo atentado contra la central provoca la muerte de dos trabajadores y heridas a otros trece. El ajustador Alberto Negro Viguera y el jefe de equipo Andrés Guerra Pereda resultan muertos a consecuencia de la fortísima explosión registrada sobre las tres de la tarde. El primero de ellos apareció decapitado y el segundo tenía varias partes de su cuerpo desgajadas. Miles de personas acu-

den a los funerales mientras Radio Popular puntualiza que
ETA había avisado sólo once minutos antes de la explosión.

   Los enfrentamientos son cada vez más violentos y dra-
máticos. El 3 de junio, hay en Tudela una concentración de
cientos de jóvenes de Navarra, País Vasco y otras zonas
de España, que de paso protestan contra el campo de tiro de
las Bardenas («Fuera yankis de las Bardenas»). En los duros
enfrentamientos con la policía, muere Gladys del Estal, una
joven de Caracas residente en San Sebastián. La versión oficial señala que el arma se disparó cuando un guardia civil
forcejeaba con un grupo de manifestantes que trataban de
arrebatársela. Al día siguiente, el País Vasco vive una jornada de huelga general que tiene eco en toda España. También
se suceden actos de homenaje, como la letra de esta jota
combativa:

> No han de poner en Tudela
> una central nuclear
> y en su lugar habrá rosas
> como Gladys del Estal.
> Que se vayan los yanquis
> de las Bardenas Reales
> que Navarra necesita
> regadíos y cereales.

   La escalada de la tensión aumenta cuando el 6 de junio de
1979, ETA p-m secuestra al delegado del Ministerio de Industria y Energía en Navarra, Ignacio Astiz Larralla, liberado al cabo de cinco días tras un interrogatorio sobre las intenciones del Gobierno respecto a la central de Tudela. Una
semana más tarde, otra bomba colocada en una de las turbi-
nas de Lemóniz mata al trabajador Ángel Baños Espada, natural de Cartagena. Por esas fechas, un grupo de manifestantes con máscaras antigás sostienen una pancarta
verdaderamente cruel: «Iberduero se lo pasa bomba».

Pero el hecho que da una dimensión inusitada al conflicto es el secuestro y posterior asesinato del ingeniero José María Ryan el 29 de enero de 1981. El 5 de mayo de 1982, coincidiendo con la constitución de la sociedad pública de gestión de Lemóniz acordada por el gobierno central, el de Vitoria e Iberduero, es asesinado el ingeniero jefe de la central, Ángel Pascual. Un año más tarde, el niño Alberto Muñagorri resulta gravemente herido por una bomba abandonada en las proximidades de una oficina de Iberduero en Pamplona. En 1982, se registran 36 atentados.

La intromisión de ETA en la lucha antinuclear provoca fuertes debates en el seno del movimiento ecologista. Aunque en las manifestaciones eran coreados gritos como «ETA, mátalos» o «Lemóniz, Goma 2», la mayor parte de los ecologistas, por pura coherencia, rechazan la violencia. Un texto sin firma («Contribución para un debate necesario en el Movimiento ecologista»), difundido tras el asesinato de José María Ryan, señala:

Con el primer atentado de ETA vino el primer descalabro. Resultó una conmoción para toda la clase obrera vizcaína que, aun no participando activamente en el movimiento antinuclear, lo veía con indudable simpatía... Estas acciones, lejos de ser un complemento y reforzar la unidad y la conciencia de los trabajadores, sembraron la confusión y favorecieron la demagogia...

A pesar de todo, una parte importante de los antinucleares vascos mantiene cierta ambigüedad en la condena de estos hechos. El texto mencionado recoge un fragmento de la carta abierta difundida por la Comisión de Defensa de una Costa Vasca no Nuclear tras el asesinato de José María Ryan:

El caso Ryan no debe analizarse aislada o superficialmente en el conflictivo entramado sociopolítico de nuestro pueblo. Hacerlo significa dar la espalda a la realidad, escudarse cínicamente en condenas genéricas contra la violación de los derechos humanos que todos suscribiríamos en Euskadi. Si los que hoy levantan la voz lo hubieran hecho en su día, con el mismo énfasis e interés, por la paralización de Lemóniz en base a la agresión que supone contra los derechos humanos y de los pueblos, hoy no existiría el caso Ryan.

Otros son más claros en la condena. José Ramón Recalde lamenta que haya sido ETA y no el imperativo de la ley quien haya conseguido el cierre de la central. Y Pedro Costa opina que

la intervención de ETA militar ha trastocado las cosas profundamente, ya que con sus bombas y metralletas, lejos de dar apoyo o sentido a la lucha ecologista y antinuclear, ha situado el tema en el muy distinto ámbito de la pugna sin tregua entre esta organización y el Estado... Queda claro que, en su pulso con el Estado español, ETA militar ha ganado... Allá cada uno con su conciencia [132].

Años después, un articulista de *Egin* afirma que la guerra de ETA contra Lemóniz debiera estar en el libro de oro del ecologismo mundial.

El PEN de 1979, en fin, descarta la mayor parte de los proyectos contemplando sólo Valdecaballeros I y II, Trillo II y Vandellós II, la única construida. Las demás quedan afectadas por la moratoria del Gobierno socialista. El sector nuclear entra en una profunda crisis de la que no volverá a reponerse. También decae el activismo antinuclear.

Efectivamente –concluye Pedro Costa en 1985– en el corazón del cambio político y sociológico de estos diez años (1973-1983) de transición compleja, se ha instalado y desarrollado el movimiento antinuclear; ahora se encuentra en declive por «agotamiento» (no se puede estar repitiendo lemas o denuncias durante años y años), por «inoportuno» (se ha iniciado una política energética aceptable), y por «sustitución» (la paz preocupa más, con razón, que las centrales nucleares) [133].

La Fosa Atlántica, basurero nuclear

Las espectaculares movilizaciones de los setenta no volverán a producirse, ciertamente, ni siquiera tras el accidente de Vandellós I (1989), pero los ecologistas encuentran nuevos argumentos contra la industria nuclear. El de los residuos será el principal. La primera fase de la batalla se desarrolla en el mar.

Entre 1967 y 1983, la Fosa Atlántica, a 700 km de Galicia, se convirtió en el basurero nuclear de Europa. El Reino Unido ya había realizado vertidos en diferentes lugares del Atlántico desde 1949 y Francia hizo otro tanto a partir de 1959 en el Mediterráneo. El Gobierno español expresó por primera vez su preocupación en 1966, pero el asunto fue silenciado.

Coincidiendo con los meses de verano, varios barcos («barcos de la muerte», decían los ecologistas) de Holanda, Bélgica, Suiza, Reino Unido, Luxemburgo, Alemania Occidental, Italia, Francia y Suecia llegaban con su carga radiactiva a esta zona del Atlántico Norte, una de las principales rutas de navegación muy rica en pesca, de 4.000 km cuadrados de superficie; en profundidades de entre tres y cuatro mil metros, arrojaban su envenenada carga, cerca de 142.000 toneladas de residuos con una radiactividad global estimada muy por encima del millón de curios.

Estados Unidos había abandonado esta práctica en 1970, al comprobar que no era tan segura como se pensaba, y cuatro años más tarde lo hicieron Suecia, Francia, Italia y Alemania Occidental. El Reino Unido puso especial empeño en seguir adelante. El célebre comandante Cousteau denunció fugas en los bidones al cabo de veinte años, cuando su resistencia estaba calculada para al menos un siglo. En 1979, la televisión holandesa y Greenpeace filmaron un vertido comprobando que, en efecto, algunos bidones se abrían al simple contacto con el agua. «Sin duda podemos asegurar

–concluye Ramón Varela– que la duración de los bidones es muchísimo menor que la radiactividad que encierran»[134].

Hasta la primera mitad de los setenta, estas operaciones se realizaron con absoluta impunidad. Un reportaje de la revista alemana *Stern* llamó la atención sobre ellas y en 1974, Francisco Bermejo, profesor de la Universidad de Santiago de Compostela y fundador de ADEGA, habló por vez primera del asunto en Galicia. Las protestas ecologistas comenzaron en 1978 cuando una lancha neumática del *Rainbow Warrior* se introdujo bajo la plataforma del *Gem*, uno de los «barcos de la muerte», y fue aplastada por un bidón de residuos. Un año después, es detenido el activista de Greenpeace, Rémi Parmentier, pero hasta 1981 el conflicto no llega a la opinión pública. Galicia lleva el peso de la protesta protagonizada por ADEGA y Greenpeace fundamentalmente. Ese año, el *Sirius* interrumpe su viaje por avería y los ecologistas deciden fletar el *Xurelo,* en no muy buenas condiciones, para acercarse a la zona donde pudieron comprobar, impotentes, un nuevo vertido el 18 de septiembre. A partir de aquí, la Fosa Atlántica se convierte en una causa de todos los gallegos, incluyendo decenas de ayuntamientos (Coruña, Fene, O Grove, etc.), partidos políticos, sindicatos, cofradías de pescadores y numerosas entidades ciudadanas.

El PSOE y el Parlamento gallego piden explicaciones al Gobierno de UCD. En 1982, seis miembros de Greenpeace abordan de nuevo al *Gem* que, pesar de todo, realiza el vertido previsto; el Gobierno británico pide el procesamiento de los ecologistas. Entonces, el Ayuntamiento de La Coruña fleta el *Arosa I* con periodistas, ecologistas y políticos a bordo. El viaje es una asamblea permanente. Mientras el Gobierno anuncia acciones jurídicas internacionales, se producen encierros en treinta ayuntamientos de Galicia, ecologistas gallegos son detenidos en Bélgica por impedir el paso a un tren con residuos radiactivos y el *Sirius* trata de localizar al carguero *Scheldebor* con un cargamento procedente de Suiza y Bélgica. Finalmente, el *Arosa I* regresa a puerto el 6 de septiembre y poco después, el *Sirius* aborda a otro barco. En la operación resulta herido un activista y deciden suspender las acciones el 17 de septiembre.

La polémica alcanza su punto culminante en 1983 coincidiendo con la VII reunión del Convenio de Londres sobre vertidos radiactivos al mar. Este Convenio, firmado en 1972, prohíbe arrojar al mar residuos de alta actividad, pero no de baja y media. En Madrid, más de 4.000 personas protestan a finales de junio contra los vertidos y un autobús renqueante parte desde Galicia a Londres el día 30 para llevar allí su protesta. La policía británica detiene a diecinueve activistas, liberados el 8 de julio, justo el día en que Galicia se paraliza en una jornada de protesta sin precedentes con la participación de miles de personas: paros, manifestaciones, cierre de bares y comercios, apagones generalizados, toque de sirenas en los puertos y hasta las emisoras de radio interrumpen su programación para emitir sonidos del mar.

En Madrid, varias decenas de personas simulan el vertido de residuos en la Cibeles y el Retiro. En Holanda, miembros de Greenpeace y ADEGA logran encadenarse a las grúas del *Rinjborg*. Tras permanecer varios días detenidos en alta mar, llegan a puerto, donde son recibidos como héroes por emigrantes gallegos y ecologistas holandeses. El 11 de julio, se convoca una jornada internacional de protesta y miles de manifestantes salen a la calle en Galicia, Madrid, Bilbao, Alicante o Sevilla. Ese mismo día tenía previsto salir hacia la Fosa Atlántica el buque británico *Atlantic Fisher* con 4.000 toneladas de residuos, pero no puede hacerlo porque los sindicatos de marineros están en huelga. Casualmente, su líder era John Prescott, futuro viceprimer ministro del Gobierno de Tony Blair, cuya posición ha sido fundamental en la reunión de ministros de medio ambiente celebrada en la Expo de Lisboa (julio, 1998) donde se tomó la decisión de no hundir plataformas petrolíferas en el fondo del mar, una batalla de resonancia internacional cuando Greenpeace impidió en 1995 que la Shell hundiera la célebre plataforma *Brent Spar.*

La Convención de Londres aprueba en 1983 una moratoria que no acepta Gran Bretaña. Margaret Thatcher habla incluso de utilizar a la Armada para proteger sus buques. La impulsiva «dama de hierro» está sola, pero ordena un nuevo vertido, el último aunque el más importante, ese mismo año. Hay otra Convención en 1984 a la que es invitada una delegación de ADEGA por parte del Gobierno español. Luego se arrepiente porque «no es el momento de presionar demasiado en plena negociación para nuestro ingreso en la CEE». La Convención de 1985 aprueba la propuesta española de moratoria indefinida que será definitiva a partir de 1993. La de la Fosa Atlántica ha sido una de las victorias más importantes del ecologismo español y sus aliados que, en esta ocasión, fueron muchos miles de personas.

Los ecologistas canarios también han sido particularmente beligerantes en esta protesta, pues los expertos nucleares habían estudiado otra alternativa no menos peligrosa que consistía en inyectar una especie de «supositorios» bajo el lecho marino. Una amplia zona entre las islas Azores y las Canarias, no muy lejos de la isla del Hierro, había sido elegida para el experimento que, por fortuna, nunca llegó a efectuarse. ASCAN y el Movimiento Ecologista del Valle de Orotava-Amigos de la Tierra (MEVO-AT), llevan el peso de la protesta.

El cementerio de El Cabril

Ganada la batalla del mar, el almacenamiento de residuos radiactivos en tierra es el objetivo prioritario de los ecologistas. Una vez decretada por el gobierno socialista la moratoria nuclear, disminuyen las movilizaciones, aunque ello no suponga la aceptación del estatus energético. De hecho, la entrada en funcionamiento de las tres últimas centrales, Ascó II (1985), Vandellós II (1987) y Trillo I (1988) es recibida con sucesivas protestas. Los ecologistas exigen el cierre de todas ellas aun sabiendo las dificultades para alterar el parque nuclear consolidado, diez grupos en total. Los permanentes rumores y presiones sobre una posible reconsideración en el caso de Valdecaballeros no llegan a cumplirse. Los residuos son, por tanto, el centro de batalla, el punto más vulnerable del sector nuclear. La Empresa Nacional de Residuos Radiactivos (ENRESA), creada en 1984, es ahora el enemigo a batir.

El almacén de El Cabril o «cementerio», como gustan decir los ecologistas y los medios de comunicación, está situado en la Sierra Albarrana de Córdoba, cerca de los municipios de Fuente Obejuna y Hornachuelos. Ése era el nombre de una mina de uranio que comenzó a explotarse poco después de la Guerra Civil hasta 1959. Una vez cerrada, la JEN utilizó la mina Beta, en la misma zona, como almacén improvisado de residuos radiactivos. En 1961, un camión transportó allí, en absoluto secreto, los residuos que se habían ido almacenando, con total descuido, en la mina de «El Lobo» (Badajoz).

Cuando ENRESA asume la gestión de El Cabril, había habido varias denuncias sobre el estado de corrosión de los bidones. Aunque siempre hubo especulaciones sobre la verdadera naturaleza de algunos residuos de El Cabril, la ley sólo contempla los de baja y media actividad. Tras el cierre de Vandellós I, las nueve centrales nucleares en funcionamiento generan 260 metros cúbicos anuales, a los que deben añadirse los procedentes de hospitales y otras instalaciones radiactivas.

En marzo de 1987, el ministro de Industria y Energía autoriza el transporte de 5.000 bidones procedentes de Zorita y Garoña realizado con retraso y sigilo ante la expectación mediática. Un comunicado firmado en Burgos el 23 de julio de

1987 por la Coordinadora contra Garoña, el Colectivo Ecologista de Burgos y AEDENAT denuncia este transporte «que supone el riesgo de accidente por las carreteras que ha de transcurrir...». Ante la saturación de residuos en las centrales nucleares y la falta de una solución técnica viable y segura, las organizaciones firmantes «hacen una llamada a la racionalidad y solicitan que se paralicen todas aquellas actividades generadoras de residuos radiactivos, mientras no exista una solución para ellos». En el verano de 1996, en plena operación salida de vacaciones, CODA y AEDENAT reparten folletos en puntos estratégicos de las carreteras más concurridas:

¡Atención! La Dirección General de Transportes Radiactivos le comunica que en este momento usted puede estar cruzándose con un transporte de ¡¡ SUSTANCIAS RADIACTIVAS!! altamente peligroso para las personas y el medio ambiente. Le rogamos que extreme las precauciones para evitar posibles y lamentables siniestros.

En 1987, es aprobado el Primer Plan General de Residuos Radiactivos. Ante la política de hechos consumados, el Ayuntamiento de Hornachuelos convoca el 21 de diciembre huelga general y una manifestación a la que acuden más de 3.000 personas: «Cabril no, Parque sí», «Cada región que se lleve sus bidones», «Hornachuelos-orgullo; Cabril-vergüenza», «Nunca más Chernobil. Fuera El Cabril».

Pocos días después nace en Córdoba la Coordinadora anti-Cabril. El Parlamento andaluz rechaza también el cementerio y cuando en junio de 1988 ENRESA solicita permiso para construir la nueva instalación, en Hornachuelos primero y luego por toda Andalucía, abundan las protestas. Los ánimos amainan tras una Orden del Ministerio de Industria que aprueba indemnizaciones millonarias, casi por encima de los presupuestos municipales, para los pueblos del entorno: Hornachuelos, Fuente Obejuna, Navas Concepción y Alanis. Los ecologistas dicen que es una forma legal de comprar voluntades.

Las sucesivas ampliaciones de El Cabril alimentan nuevas movilizaciones. El II Plan General de Residuos Radiactivos (1989) contempla el aumento de su capacidad a 60.000 metros cúbicos y la construcción de una planta de caracterización con instalaciones para incinerar, compactar y solidificar residuos. El carácter «provisional» de El Cabril se convierte en permanente ante la dificultad de ENRESA para encontrar otra ubicación. Los ecologistas insisten en los riesgos derivados del transporte en camiones (300 al año), de la manipulación de residuos por parte de los trabajadores, de la sismicidad de la zona o del eventual choque de un avión contra las instalaciones.

El 19 de noviembre de 1989, numerosos colectivos convocan otra manifestación exigiendo el desmantelamiento de El Cabril. La convocatoria expone siete argumentos: 1) Porque la existencia del cementerio de basura radiactiva es consecuencia del actual sistema energético desarrollado en las tres últimas décadas, que juega con el futuro de la Humanidad, sin garantía de seguridad y control... 2) Por el peligro que supone para los habitantes de la zona y toda Andalucía, ya por las condiciones geológicas como por posibles accidentes. 3) Porque el cementerio supondrá el deterioro económico de la zona y frustra expectativas de desarrollo basadas en los recursos turísticos, agroalimentarios y mineros. 4) Por el deterioro de uno de los bosques mediterráneos mejor conservados de Europa. 5) Porque la ubicación del cementerio acentúa la situación de marginación y tercermundismo en que se encuentra Andalucía. 6) Porque unos cuantos puestos de trabajo y unas pesetas no pueden comprar el riesgo que estas instalaciones suponen para la salud y la vida de las actuales y futuras generaciones. 7) Porque nos vemos obligados a poner de manifiesto, una vez más, el desprecio del gobierno central hacia las instituciones andaluzas, haciendo caso omiso del Parlamento Andaluz.

No menos importante ha sido la batalla legal basada en precisiones semánticas sobre los términos «radiactivo» y «nuclear» que la Ley de 1964 no aclara suficientemente. AEDENAT jugó un papel decisivo en este asunto. El Tribunal Superior de Justicia de Madrid falla el 25 de junio de 1996 un recurso presentado por esa organización ocho años atrás ordenando el cierre de El Cabril por estimar que está autorizado para guardar residuos radiactivos pero no nucleares. El cierre afectaría a todas las instalaciones anteriores a 1992 (las tres naves iniciales), cuando queda regulada su situación legal, tras una ampliación. El Gobierno afirma que todo está correcto y recurre al Tribunal Supremo. La victoria de AEDENAT es sobre todo moral. El propio Ayuntamiento de Hornachuelos había logrado años antes una sentencia similar que no tuvo consecuencias. La ampliación de 1994 será igualmente contestada. La CEPA lleva la voz cantante.

Del IPES a los pararrayos radiactivos

Solucionado el almacenamiento de residuos radiactivos de baja y media actividad, aunque de manera polémica, ENRESA aborda el problema más peliagudo: ¿qué hacer con los de alta actividad (siglos de vida) producidos por las centrales nucleares? Hasta el momento, esos residuos están en piscinas dentro de las centrales, pero algunas como Trillo, a pesar de ser la más moderna, ya están saturadas. Las alternativas, a la espera de nuevos desarrollos tecnológicos, son tres: dejarlos donde están, incluso cuando dejen de funcionar las centrales; un Almacén Temporal Centralizado (ATC); y, a largo plazo, un Almacén Geológico Profundo (AGP) donde los residuos dormirán el sueño eterno por los siglos de los siglos. Una ponencia del Senado (1998) no se atrevió a elegir una opción definitiva. Nadie quiere asumir inevitables costes políticos. El PSOE, que en el Gobierno defendió el AGP, ahora lo rechaza. Los ecologistas insisten: cierre escalonado de las centrales y, a partir de ahí, negociación.

ENRESA ha propugnado siempre, salvo en el período presidido por Alejandro Pina, la conveniencia de un AGP, dando los primeros pasos en 1987 con el Proyecto Instalación Piloto Experimental Subterránea (IPES), un laboratorio subterráneo de investigación que pretendía construir en la localidad de Aldeadávila (Salamanca). ENRESA nunca reconoció que ése fuera el almacén definitivo, pero ecologistas y vecinos de la zona estaban convencidos de lo contrario. La protesta, dirigida fundamentalmente por el Comité Antinuclear de Salamanca, se extendió a Zamora y Portugal donde se oyeron las primeras voces de alarma alentadas por Os Verdes. Unos treinta pueblos del oeste de Salamanca y numerosas asociaciones apoyaron la protesta. «Nunca en Salamanca había habido un movimiento similar», resalta la prensa.

La retención de un diputado socialista, liberado el 3 de abril de 1987, fue el hecho más sobresaliente. El 26 de ese mismo mes, 15.000 personas rechazan el IPES mientras la crispación social alcanza cotas preocupantes: «Contra el laboratorio nuclear, si no nos apoya ETA sacamos las escopetas», dice una pintada en clara referencia a Lemóniz. En un peligroso acto de mimetismo, el 10 de septiembre salta por los aires una torreta de Iberduero y, al día siguiente, vecinos de Aldeadávila impiden su reparación. La batalla dura diez intensos meses, de enero a octubre de 1987, con un movimiento antinuclear recrecido tras el accidente de Chernobil. A finales de septiembre, son ocupados más de veinte ayuntamientos de la comarca de Los Arribes del Duero. Finalmente, el Consejo de Ministros del 17 de octubre paraliza el proyecto por «problemas de financiación», según explicó el ministro Javier Solana.

Cuando los medios de comunicación desvelan en 1988 otro plan de ENRESA para construir al lado de la central de Trillo (Guadalajara) un Almacén Temporal Centralizado

(ATC), la reacción de ecologistas y habitantes del entorno tampoco se hizo esperar. Manifestaciones, enfrentamientos con la policía y la beligerancia del propio Ayuntamiento. Tratándose de un «cementerio», argumentan con toda coherencia: «Que cada central entierre a sus propios muertos». Desde entonces, Trillo ha estado en el centro de la polémica ante la urgencia de construir una instalación provisional (silos en superficie) para sus propios residuos y la sospecha de que, con ese pretexto, se haga un almacén definitivo o casi para los residuos de todas las centrales.

Entre 1990 y 1995, ENRESA y el CIEMAT desarrollan otro proyecto en un macizo granítico de El Berrocal, próximo a Nombela (Toledo), que también genera rechazos sociales, a pesar de que esos dos organismos, junto al Consejo de Seguridad Nuclear (CSN), la llamada «trinidad» nuclear, desmienten reiteradamente cualquier otro destino. Los ecologistas no cejan en su empeño, sin embargo, hasta que es abandonado:

Nunca quisieron dar garantía de que en esa zona no iría el almacén definitivo y, por tanto seguimos mosqueados –dice Carlos Bravo–. Cualquier tipo de almacén que no vaya acompañado de un cese de producción de residuos no será aceptado por los ecologistas. Ni en profundidad ni en superficie [135].

No menos conflictivo fue el asunto de los pararrayos radiactivos. Tras un informe del CSN cuestionando su eficacia respecto a los convencionales y los posibles riesgos derivados de la cápsula de americio que contienen, el Gobierno aprueba un decreto en 1986 ordenando su retirada o su declaración como instalación radiactiva. La medida es bien acogida por AEDENAT, aunque señala el peligro de que empresas particulares sean las encargadas de esa retirada:

AEDENAT ya sugirió en su día –dice un comunicado de julio de 1986– la necesidad de que fuera la propia Administración, a través de ENRESA, quien gestionara y sufragara los gastos derivados de la retirada de dichos aparatos. El consumidor no tiene que pagar errores legales de una Administración excesivamente tolerante con la industria nuclear.

En efecto, inmediatamente aparecen una serie de empresas ofreciendo sus servicios. Una de las más contestadas, Lainsa, propone construir un almacén en Quart de Poblet (Valencia) rechazado por toda la población. En Asturias, otra empresa ofrece sus servicios por 60.000 pesetas. A partir de 1988, ENRESA asume el problema y trata de poner en marcha un plan para la retirada de los aproximadamente 27.000 aparatos repartidos por toda España, pero no puede cumplirlo ante la negativa de numerosos municipios a albergar un almacén, a pesar de la sustanciosa indemnización. En unos casos toma ENRESA la iniciativa y en otros son los propios alcaldes quienes ofrecen terrenos para su construcción pero, ante la reacción social, dan marcha atrás.

Bocigas (Valladolid), Aldaya (Alicante), Huete y Vellisca (Cuenca), Sayatón (Guadalajara), Fuensanta (Albacete), Palma de Mallorca y otras poblaciones se negaron, aunque el conflicto más largo y virulento fue el de Domeño y la comarca de Los Serranos, también en Valencia. A lo largo de 1989-1990, hubo varias huelgas y manifestaciones con numerosos heridos, a causa de los enfrentamientos policiales, hasta que lograron paralizar el proyecto. Plantea entonces ENRESA llevar los pararrayos a la siniestrada central nuclear de Vandellós I. Recordando viejos tiempos, los vecinos de L'Ametlla denuncian el caso en Bruselas y convocan un referéndum cuyo resultado es desfavorable a la propuesta. Tampoco es aceptada la alternativa de El Cabril.

La alarma social crece y los medios de comunicación publican noticias sorprendentes e injustificadas. El alcalde de Rute cierra el Ayuntamiento hasta que ENRESA retire el pararrayos e incluso hablan de casos de leucemia en un colegio de Morón (Sevilla). Varios colegios suspenden las clases por la misma causa. Por otra parte, los ecologistas denuncian diferentes almacenes provisionales utilizados por ENRESA (CIEMAT, ISODER, etc.) e incluso a empresas, como ENSIDESA, que retiran sus propios aparatos. No hilaron muy fino los ecologistas en este caso. Sin otra alternativa, ENRESA decide desmontarlos y enviar el americio a una empresa británica para su reciclado.

Paralelamente, cobra fuerza otro conflicto relacionado con las investigaciones geológicas que ENRESA lleva a cabo por varios lugares de España con el fin de seleccionar terrenos para el AGP, el almacén definitivo bajo tierra que guardaría los residuos de alta actividad de todas las centrales nucleares hacia el año 2020. El proyecto tiene dos fases: un Inventario Nacional de Formaciones Favorables (IFA) y un Estudio de Áreas Favorables de Alta (AFA). Las organizaciones ecologistas nacionales y locales dan la voz de alarma en cuanto ven a algún sospechoso con afán investigador, mientras los medios de comunicación especulan sobre los candidatos con mayores posibilidades. Pero fue en Córdoba donde la protesta adquirió una dimensión insólita. Ante los continuos rumores que señalaban El Cabril como el lugar idóneo para el almacén definitivo, la presencia de técnicos de ENRESA por el valle de los Pedroches generaliza la inquietud plasmada en una Plataforma Antinuclear de la Zona Norte de Córdoba.

Esta Plataforma declaró el 10 de marzo Día de los Pedroches y Alto Guadiato. En 1996, se manifestaron unas 8.000 personas, al año siguiente más de 10.000 y, en marzo de 1998, cerca de 20.000, según los organizadores. La estrategia ecologista responde perfectamente a sus propósitos. La vía más directa para cerrar las centrales nucleares es atacar el problema de los residuos, su punto más vulnerable, aunque no el único.

El «*Chernobil*» español

La historia internacional de la energía nuclear está plagada de sucesos, pero ha habido dos especialmente graves. El primero ocurrió en la central de Harrisburg (Three Mile Island, EEUU) el 28 de marzo de 1979, con sucesivos episodios en las semanas siguientes y graves consecuencias en el entorno. Este accidente tuvo gran repercusión en España dando argumentos al movimiento antinuclear en plena ebullición. Tanto la Generalitat de Cataluña como el Gobierno Vasco enviaron expertos a la zona. Harrisburg pesó, sin duda alguna, en decisiones posteriores de la Administración española.

Más grave aún fue el accidente en la central de Chernobil (Ucrania) ocurrido el 26 de abril de 1986. La nube radiactiva generada tras dos fortísimas explosiones afectó a buena parte del continente europeo. «Era la primera vez –advierte Santiago Vilanova– que Europa sentía el miedo nuclear» [136]. Paradójicamente, 1986 había sido declarado Año Europeo del Medio Ambiente. A partir de esa fecha, la atención de los medios de comunicación hacia el sector nuclear es mucho más eficiente y en algunos casos beligerante. Bajo el supuesto de que los ecologistas, con fama de «rojos», son más benevolentes en este caso que acelera el derrumbe del imperio soviético, *La Vanguardia* se pregunta:

¿Dónde están los pacifistas? ¿Y los ecologistas? ¿Y todos cuantos tienen una sensibilidad tan fina cuando se trata de denunciar los efectos catastróficos de la energía nuclear controlada o descontrolada? [137]

A estas alturas, no había entendido *La Vanguardia* que la bandera antinuclear ha ondeado siempre por encima de simpatías políticas.

La misma sospecha surge años después al comparar la virulencia de las protestas contra las pruebas nucleares francesas en el Pacífico respecto a las de China. Pero los ecologistas criticaron el accidente de Chernobil y, en el caso de España, fueron los primeros en difundir informaciones sobre su posible incidencia en algunas zonas del Mediterráneo. La conmemoración del aniversario de Chernobil, año tras año, es ya un ritual del ecologismo español. El 26 de abril de 1992, un comunicado de AEDENAT recuerda estas cifras coincidiendo con el octavo aniversario: 8.000 muertos, cientos de miles de cánceres en las próximas décadas, 30 km en torno a la central inhabitables, 590.000 Has. de tierras de cultivo perdidas, controles radiológicos en un área de 100.000 km^2 donde viven casi cinco millones de personas y unos costes estimados de 38 billones de pesetas. También cada verano, desde 1986, el recuerdo de Chernobil está presente a través de decenas de niños enfermos invitados a nuestro país por familias y organizaciones humanitarias.

El 1 de junio de 1986, poco después del accidente, miles de personas se manifiestan en Barcelona. Una de las pancartas dice: «Ayer Harrisburg, hoy Chernobil, mañana Ascó o Vandellós». Poco se equivocaron, desgraciadamente. A los dos meses de Chernobil, la central de Ascó II, casi recién inaugurada, sufrió un grave accidente y el 26 de agosto fue cerrada por decisión del CSN. Pero el suceso más grave, conocido precisamente como el «Chernobil español», ocurrió el 19 de octubre de 1989 en Vandellós I (Tarragona). Sobre las diez de la noche, suena la sirena de emergencia. El ruido ensordecedor, «disparo» en el argot técnico, que paralizó la planta nuclear pudo escucharse minutos antes en varios kilómetros a la redonda. La avería se produjo en la turbina 2 y, a consecuencia del incendio de varias toneladas de aceite, un humo espeso salía al exterior invadiendo también las dependencias de la central. Dos de los cuatro turbosoplantes, imprescindibles para la refrigeración, no funcionan, mientras algunas instalaciones están inundadas con varios millones de litros de agua. La máxima tragedia estuvo a punto de producirse. El accidente será calificado por el CSN con un nivel 3, según la escala que valora este tipo de sucesos del 1 al 7.

La comunicación de la central con las autoridades y organismos correspondientes se retrasó más de lo debido; los planes de emergencia interior y exterior brillaron por su ausencia, así como las medidas de seguridad de los trabajadores. Por primera vez el CSN, presidido por Donato Fuejo, se enfrenta con un coraje inhabitual a la dirección de la central y posteriormente a todo el sector eléctrico. Sin embargo, acabará involucrado en la polémica al conocerse que Vandellós I no había aplicado las reformas impuestas tras el accidente de Chernobil.

El 26 de noviembre, salen de nuevo a las calles de Barcelona miles de personas (entre 35.000 y 100.000, según las fuentes) para pedir la clausura de la central. El informe preliminar del CSN, entregado por esos días al Ministerio de Industria, propone el cierre provisional. A partir de ahí, el movimiento ecologista despliega todos sus esfuerzos para conseguir que sea definitivo. Incluso expertos nucleares se manifiestan en tal sentido debido al enorme coste de la reparación. El suspense se mantiene durante varios meses. El sector nuclear e Hifrensa, la empresa propietaria, no tiran la toalla, al menos ante la opinión pública. Quieren evitar el riesgo de que los antinucleares se apunten el tanto y un posible efecto dominó. La decisión llegará, por fin, en julio de 1990. ENRESA comenzó en 1998 las obras de desmantelamiento que se prolongarán por un largo período. Vandellós I es todavía un mausoleo cuyos restos (de baja y media actividad) acabarán en El Cabril.

«Vivir sin nucleares»

El caso de Vandellós I reaviva la polémica nuclear, como es lógico. El 27 de septiembre de 1990, AEDENAT y otros doscientos grupos pacifistas y ecologistas promueven la Comisión Promotora de la Iniciativa Legislativa Popular Antinuclear, el «único mecanismo de democracia directa en el

Estado español», apoyada con una intensa campaña bajo el eslogan «Vivir sin nucleares». El texto de la propuesta dice:

Se renuncia a la producción e importación de electricidad de origen nuclear... No se iniciará la construcción de ninguna nueva central... Se renuncia a obtener electricidad en aquellas plantas sometidas actualmente a moratoria... Queda prohibida la importación, exportación y tránsito de sustancias nucleares... [138]

Una vez aceptada la Iniciativa por la Mesa del Congreso, comienza en el mes de diciembre la recogida de las 500.000 firmas necesarias que no logran reunir los promotores en el plazo legal establecido hasta el 30 de mayo de 1991. La solicitud de una prórroga de tres meses es denegada y los recursos ante el Defensor del Pueblo y el Tribunal Constitucional tampoco surten efecto. La Iniciativa fracasa como tal, pero contribuye a mantener encendida la llama antinuclear.

El acoso continúa con nuevas campañas para exigir el cierre de las centrales de primera generación. Una vez clausurada Vandellós I, quedan Garoña y Zorita. La renovación de la tapa de la vasija del reactor de Zorita (1992), con más de doscientas grietas, abre expectativas esperanzadoras para los ecologistas dado el alto coste económico de la operación:

No tiene sentido –dice un comunicado– gastar las enormes cantidades necesarias para mantenerla en funcionamiento, inversiones que serían mucho más provechosas dedicadas al desarrollo de la comarca mediante proyectos respetuosos con el medio ambiente. Por otra parte, la central ha cumplido 25 años, que es el período de amortización de toda instalación de generación eléctrica, con lo que nadie perdería dinero con el cierre [139].

Zorita no se cierra, entre otras razones, porque para el sector eléctrico, el CSN y ENRESA es aún más complicado gestionar una central cerrada. Por otra parte, han continuado las marchas sobre Garoña. En 1992, se denuncia una supuesta nube radiactiva detectada en 1975 por un avión provisto de aparatos especiales. En 1994, Greenpeace difunde un demoledor informe titulado *Santa María de Garoña, la central de las mil y una grietas*. En 1996, los ecologistas califican de «atropello y derroche económico» los cambios de los generadores de vapor en las centrales de Ascó y Almaraz, mientras los medios de comunicación difunden informaciones sobre el elevado número de casos de cáncer y otras anomalías físicas entre la población de Almaraz. Las denuncias culminan con la campaña «Cerrar Almaraz» promovida por Greenpeace, ADENEX y otros grupos. Trillo y Cofrentes también están en el ojo del huracán antinuclear. El desmantelamiento de Vandellós I es motivo de nuevas críticas sobre los costes diferidos de la energía nuclear, así como los infradotados Planes de Emergencia, cuestionados también por la Asociación de Municipios Afectados por Centrales Nucleares (AMAC), o el funcionamiento de la Red de Vigilancia Radiológica (REVIRA). Estas acciones no han impedido una serie de reformas técnicas para alargar la vida útil de las centrales de primera y segunda generación.

Todo ello sin olvidar otros frentes como el transporte por mar de residuos radiactivos. El seguimiento por parte de Greenpeace de los buques *Pacific Pintail* (1995), *Akatsuki Maru* (1996) o *Pacific Teal* (1997), que realizaron largas travesías de Japón a Francia y viceversa con materiales nucleares, ha tenido gran repercusión.

Ni siquiera cuando el sector nuclear se presenta en los noventa como eficaz remedio contra el cambio climático al no emitir CO_2, logra los efectos deseados. Desde el punto de vista de la opinión pública, la batalla está perdida desde hace tiempo. Tampoco la energía de fusión, supuestamente menos problemática, ha logrado mayores adhesiones. El «Amplificador de energía o reactor limpio» ideado por el premio Nobel italiano, Carlo Rubbia, y por el que mostró interés en 1997 el Gobierno de Aragón, ha sido descalificado sin contemplaciones. En la Universidad Internacional Menéndez

Pelayo de Santander tuvo lugar en el verano de 1997 un enfrentamiento dialéctico entre Rubbia y el dirigente de Greenpeace, Xavier Pastor, que por poco no llega a mayores:

Este proyecto es una variante de una antigua idea de los años cincuenta, hábilmente tratada ahora por Rubbia ante los medios de comunicación como alternativa revolucionaria: la del reactor de torio-uranio [140].

Por último, los ecologistas han dado escasa credibilidad a los organismos encargados de la seguridad nuclear, teóricamente independientes. A lo ya dicho sobre ENRESA, cabe añadir el contencioso histórico con el Consejo de Seguridad Nuclear, a quien los ecologistas consideran cómplice del sector. Además de sus polémicas actuaciones, el hecho de que entre sus miembros haya habido siempre personas vinculadas a las compañías eléctricas ha agravado las sospechas. La polémica con el CSN viene desde su creación, pues su primer presidente, José María Pascual, procede de la tan denostada Junta de Energía Nuclear.

Algunos sucesos ocurridos en laboratorios que trabajan con material radiactivo han servido también de pretexto para las críticas ecologistas, así como el control de los aparatos de rayos X en hospitales y centros médicos o la avería en el Acelerador Clínico de Zaragoza (1990) que provocó la muerte casi inmediata de veintisiete personas enfermas de cáncer; o el caso más reciente de las chatarras radiactivas en los Altos Hornos de Acerinox (Cádiz, 1998) que han terminado en acusaciones y reproches al CSN.

En cuanto al Centro de Investigaciones Energéticas, Medioambientales y Tecnológicas (CIEMAT), creado sobre las cenizas de la antigua JEN, nunca logró recomponer su imagen:

Durante la transición política, la JEN fue perdiendo apoyo administrativo porque era el blanco de la lucha contra la energía nuclear. Y, aunque este organismo se había ido vaciando de contenido con la transferencia del ciclo del combustible a ENUSA (1971), la seguridad y protección radiológica al CSN (1980) y la gestión de los residuos radiactivos a ENRESA (1984), no amainaron las críticas, en particular contra el Reactor JEN-1, símbolo de las aplicaciones nucleares en el país... el punto final a la situación de deterioro fue puesto en 1983 con la clausura del reactor JEN-1 y los Laboratorios de Producción y Distribución de Isótopos. De este modo quedaba la JEN prácticamente «desnuclearizada» y se estaba en condiciones propicias para que la Ley sobre la Promoción y Coordinación de la Investigación Científica y Técnica (1986) procediera al cambio de las siglas JEN por las de CIEMAT... [141]

El CIEMAT permanece en las demonizadas instalaciones de la JEN y son los propios trabajadores, especialmente el sindicato minoritario CGT, quienes desvelan algunas irregularidades en relación con la seguridad. Uno de los casos más polémicos fue la muerte por leucemia del trabajador Vicente Díaz Maroto, enfermo desde 1981 por contaminación radiactiva pero que siguió en su puesto hasta 1986. Su viuda lleva al asunto a los tribunales por considerar que la muerte fue por causas laborales, pero éstos fallan en su contra. También llega a los tribunales el caso del trabajador José Manuel Mata. Sometido a análisis rutinarios en marzo de 1993, se le detectan muestras de contaminación por inhalación de Cobalto-60, precisamente en la instalación del escape radiactivo de 1971. Un acuerdo entre el CIEMAT y el trabajador zanja la polémica. En esos años, un estudio epidemiológico revela índices de muerte por cáncer entre el personal de la JEN y la minería del uranio, un 29 por ciento superiores a la media nacional.

No tuvo menor alcance la denuncia sobre el plutonio almacenado en el CIEMAT procedente de los reactores experimentales. El Parlamento toma cartas en el asunto y el presidente del CSN, Donato Fuejo, explica:

Nosotros nunca hemos contabilizado el plutonio que contenía el combustible que ha salido del CIEMAT con destino a Bélgica... pero hoy realmente en el CIEMAT no hay plutonio...

En esa misma sesión, el diputado popular Felipe Camisón, pregunta por el almacenamiento en el CIEMAT de 22 barras de la central de Zorita que contenían uranio. En 1993, el sindicato CGT revela la existencia de tubos con arcillas contaminadas encontrados debajo de una mesa. Y, aún en 1998, Greenpeace descubre un documento del Departamento de Energía de EEUU que anuncia un nuevo traslado de uranio desde España. En realidad, los elementos de uranio de esos mismos reactores experimentales habían sido vendidos años atrás a EEUU, pero quedó en el CIEMAT otro elemento diferente que había sido utilizado en un experimento. La credibilidad de unos y otros es cuestionada de nuevo al recordar que el presidente del CSN había negado la existencia de uranio en el CIEMAT.

Este organismo, lugar de paso y estancia de materiales radiactivos, no logra levantar cabeza y hace tiempo que se especula con su disolución.

Tras la victoria socialista de 1982, es nombrado director de la JEN, Gonzalo Madrid que, según el testimonio de personas cercanas, se queda literalmente aterrado de lo que vio allí. En efecto, la seguridad brillaba por su ausencia. Aún está pendiente la descontaminación de algunas instalaciones, pero nadie toma la iniciativa. ¿Qué hacer con los residuos?

«¡OTAN no, bases fuera!»

El ecologismo español nunca perdió de vista la confusión de intereses civiles y militares en el origen de la era atómica, denunciando cualquier intento posterior de marcar distancias. En cierto sentido, puede decirse que el pacifismo es una prolongación del movimiento antinuclear y viceversa:

El enfoque de la energía nuclear limitado a los peligros del medio ambiente fue particularmente característico de los movimientos americanos y británicos –señala Luis Lemkov–; en cambio, en Francia, Alemania, España e Italia, la crítica de la energía nuclear fue más amplia, incluyendo en ella la proliferación de armas nucleares[142].

En efecto, el rechazo a las centrales nucleares, el antimilitarismo, la oposición a la OTAN y a las bases norteamericanas forman parte de un objetivo global. El desembarco ecologista en el amplio movimiento social contra la OTAN, a partir de 1981, era inevitable y predecible. Como señala Pedro Costa, la polémica sobre la OTAN coge a los ecologistas con la opción hecha y argumentada:

Si se combaten los riesgos de la energía nuclear y la tecnología sofisticada y militarista, ¿no se han de aborrecer el armamentismo, las bombas nucleares y las tensiones internacionales? La OTAN es indeseable y, además evitable...[143]

El pacifismo español tiene, sin embargo, su propia trayectoria ideológica y organizativa, marcada también por experiencias ajenas que van desde la Campaña por el Desarme Nuclear (CDC), iniciada en Gran Bretaña en 1958, al movimiento de protesta contra la guerra de Vietnam. Coincidiendo prácticamente con el nacimiento del ecologismo, había dado sus primeros pasos en España el Movimiento de Objeción de Conciencia con José Luis Beúnza y Gonzalo Arias, cuyos valientes testimonios quedaron recogidos en *Los encartelados,* un libro emblemático cuyo título hace referencia a las primeras protestas, que consistían en colgarse carteles con las consignas pacifistas.

El I Encuentro Estatal de Organizaciones Pacifistas (Zaragoza, 1983) había sido acordado en el transcurso de una reunión en Berlín. Dos años después, el II Encuentro del Movimiento por la Paz del Estado Español, que tuvo lugar en Barcelona entre el 16 y el 19 de marzo, reivindica una personalidad propia:

A veces nos permitimos incluso, no sin cierta arrogancia hispánica, –dice una de las intervenciones– señalar nuestra «superioridad» por el hecho de que nos planteamos la salida de la OTAN a diferencia de esos europeos que «sólo» luchan contra los misiles [144].

No faltan críticas en ese encuentro a la izquierda parlamentaria y extraparlamentaria por calificar de reformistas a Los Verdes europeos

por aquello de que no se plantean la lucha consecuente (léase violenta) por la revolución (socialista) bajo la dirección de la clase (obrera) para instaurar la dictadura (del proletariado) y no se organizan como mandan los cánones del centralismo (democrático) [145].

Pues bien, estos partidos precisamente llevarán la voz cantante en la campaña anti-OTAN, donde los pacifistas como tal y hasta los ecologistas, quedan un tanto difuminados. Años después, tras la derrota en el referéndum de 1986, la caída del Muro de Berlín y el fin de la Guerra Fría se genera una nueva dinámica y el pacifismo recupera, en cierto modo, sus orígenes. La objeción de conciencia, la desobediencia civil, la devolución de cartillas militares, la insumisión o la objeción fiscal fueron banderas propias apoyadas con mayor o menor convicción por los partidos políticos. Aun teñido de inevitables oportunismos, el movimiento de objeción de conciencia y de insumisión contribuyó decisivamente a la reforma del Servicio Militar.

La protesta contra la OTAN dio sus primeros pasos en 1981 con la decisión del Gobierno de Calvo Sotelo, inmediatamente después del golpe de Tejero, de solicitar el ingreso de nuestro país, coincidiendo con la locura armamentista («la guerra de las galaxias») del presidente de Estados Unidos, Ronald Reagan, y el despliegue de los euromisiles. La Plataforma Cívica para la salida de España de la OTAN, bajo el liderazgo del Partido Comunista de España (PCE) y la Coordinadora Estatal de Organizaciones Pacifistas (CEOP), donde conviven ecologistas, objetores, cristianos de base y partidos extraparlamentarios, llevan el peso de la campaña que protagonizó probablemente las mayores movilizaciones de masas en la historia de nuestro país. El escritor Antonio Gala era la figura visible de la Plataforma y Carlos Otamendi de la CEOP.

Pero ya antes de su constitución había habido manifestaciones importantes. El no a la OTAN y el cierre de las bases norteamericanas (Torrejón, Zaragoza, Rota y Morón) formaban parte del mismo objetivo. Desde 1980, al menos una vez al año, se organizaban marchas de protesta sobre cada una de ellas. En enero de 1981, 10.000 personas protagonizan la I Marcha sobre Torrejón; en octubre, el Congreso aprueba el ingreso de España en la OTAN y el PCE entrega en el Palacio de la Moncloa 500.000 firmas; el 15 de noviembre, 250.000 manifestantes dicen no a la OTAN, mientras Felipe González exige un referéndum; el 2 de diciembre, el Gobierno presenta en Bruselas la solicitud de adhesión y, una semana más tarde, es el PSOE quien entrega en Moncloa 600.000 firmas. La victoria socialista de 1982 y la calculada ambigüedad de la campaña «OTAN, de entrada no» dan un vuelco a la situación, pero el rechazo social va en aumento. En marzo de 1983, hay una nueva Marcha sobre Torrejón, mientras en Barcelona, Madrid y otras ciudades salen a la calle miles de personas. Otro tanto ocurre en el mes de octubre. Vinculando en cierto modo la permanencia en la OTAN con el ingreso en la CEE (también criticado por ecologistas y pacifistas), Felipe González expone en el Congreso su célebre Decálogo: no a la integración en la estructura militar, revisión del Tratado de Amistad y Cooperación con EEUU, rechazo de la presencia en territorio español de armas atómicas, etc.

La respuesta al Decálogo tiene forma de cadenas humanas por toda España. En marzo de 1985, más de 100.000 personas acuden a Torrejón y, en octubre, la CEOP presenta un

Contradecálogo para la salida de España de la OTAN. El 12 de marzo de 1986 es la fecha del tan reivindicado referéndum, que gana el Gobierno por algo más del 52 por ciento de los votos. Antonio Gala, portavoz de la Plataforma, lamenta especialmente «la actitud de mi Andalucía, que siendo la más amenazada en Morón, Rota, Palomares y tácitamente en el resto de sus costas, se desbordó en el sí» [146].

Perdida la batalla de la OTAN, continúa la campaña «Bases fuera». En junio de 1986, 5.000 personas protestan en Zaragoza y, en septiembre, comienzan las negociaciones para el nuevo Convenio con EEUU. En febrero de 1987, miles de manifestantes exigen en Madrid la denuncia del Tratado y en marzo, coincidiendo con el primer aniversario del referéndum, hay una nueva concentración en Torrejón. El abandono de Torrejón y Zaragoza deriva los esfuerzos eco-pacifistas hacia las bases de Morón y Rota. Todavía en 1996, se celebró una marcha a Rota bajo el lema «Rompe los muros». Cuando en 1997, los doce últimos militares norteamericanos dejan la base de Torrejón, señala *La Vanguardia:*

Quienes en la década de los ochenta protagonizaron decenas de marchas a Torrejón... se han quedado definitivamente sin motivo para unas protestas, que ya forman parte de la arqueología pacifista [147].

Habrá otras causas. La guerra del Golfo (agosto,1990), considerada como la más destructiva y trascendente de la historia moderna, es el primer conflicto armado donde los problemas ambientales cobran una consideración importante (ecocidio), con el incendio de los pozos de petróleo y el uso de sofisticado armamento, más allá del célebre cormorán embadurnado que pertenecía a otra «guerra». La postura del Gobierno español, aliado con los intereses de Estados Unidos, alienta intentos de recuperar el movimiento pacifista que, en ningún caso, supera glorias pasadas.

Pacifistas, ecologistas y otras organizaciones como Médicos para la Prevención de la Guerra Nuclear han situado las cuestiones de la guerra entre sus objetivos prioritarios. Las consecuencias de la guerra química y bacteriológica, la exitosa campaña contra las minas antipersona o los problemas de los residuos procedentes del desmantelamiento de misiles y otras instalaciones militares son asuntos prioritarios de los noventa englobados en ese nuevo concepto de ecoseguridad del que comenzó a hablarse a partir de 1982:

El planteamiento de la ecoseguridad –señala Vicenç Fisas– equivale a redefinir el concepto clásico de seguridad, restándole buena parte de su componente militar (ahora dominante) y sumándole el componente ecológico [148].

La reconversión de la OTAN en esa dirección ha sido propuesta desde diversos sectores y no es ajena a ella la frecuente participación de los ejércitos en misiones de paz tan oportunistamente, a veces, rentabilizadas por los gobiernos.

Cabe destacar, por último, las denuncias sobre la entrada en puertos españoles de buques nucleares. En 1964 y 1967, el buque nuclear *Savannah* visitó varios puertos con el compromiso por parte de EEUU de asumir todas las responsabilidades por posibles daños mediante un seguro de quinientos millones de dólares. En 1972, no se permitió la entrada en el puerto de Cádiz del buque nuclear alemán *Otto Hahn* por no aceptar el gobierno alemán un seguro por esa misma cantidad.

Ahora, sin embargo, a pesar del Decálogo de Felipe González, los buques nucleares frecuentan nuestros puertos sin mayores dificultades. A principios de los noventa, la CEPA advirtió del accidente de un buque nuclear británico en el puerto militar de Gibraltar, denunciando la «violación flagrante del referéndum OTAN de 1986» y exigiendo estudios radiológicos y planes de emergencia nuclear para las bahías de Cádiz y Algeciras. Recuerda finalmente la CEPA accidentes ocurridos en las costas andaluzas en octubre de 1984 y mayo de 1988.

En respuesta a una pregunta del diputado de IU Felipe Alcaraz, el Gobierno de José María Aznar reconoce en 1998 que, en los últimos años, entraron 32 buques de propulsión nuclear en los puertos autorizados: 21 en Rota, 4 en Cartagena y 7 en Palma de Mallorca. Greenpeace se dirigió en abril de 1998 al Gobierno de la Generalitat y a los ayuntamientos de Tarragona, Barcelona y Valencia para que rechacen la entrada en sus puertos de buques nucleares pertenecientes a la VI Flota americana o a cualquier otro país. La organización ecologista ha sugerido también al Gobierno español que en la próxima negociación con Estados Unidos rechace estos compromisos: «Los beneficios económicos generados por las escalas portuarias no justifican un riesgo tan alto», concluye Greenpeace.

5. Espacios y especies: salvar la naturaleza

Coto de Doñana
reza por tu salvación
que el hombre se propone
tu destrucción.
«Doñana». VAINICA DOBLE

La explosión conservacionista

Los problemas ambientales nacen, se reproducen y casi nunca mueren, pero en cada momento ha habido referentes fundamentales. Si en los setenta fue la contaminación atmosférica y la energía nuclear, en los ochenta hay una espectacular eclosión a favor de la naturaleza, de la protección de espacios naturales y especies animales en peligro de extinción.

La celebración, por vez primera, del Año Europeo de la Conservación de la Naturaleza (1970) supuso un estímulo al proteccionismo incipiente, aunque sus ecos llegaran un tanto apagados a España. Cuando volvió a celebrarse, al cabo de veinticinco años, el balance era más alentador. La creación del ICONA (1971), un año antes de la Cumbre de Estocolmo, abrió un nuevo frente de lucha en el ecologismo por sus políticas disparatadas, a pesar de algunas iniciativas aperturistas como en el caso de Daimiel, el Decreto de 1973 que protege un total de 58 especies de fauna o la Ley de Espacios Protegidos de 1975, testamento proteccionista del franquismo. Todavía en 1980, tras un primer intento conciliador, veinticuatro organizaciones ecologistas declaran al ICONA «enemigo público».

El proteccionismo abarca numerosos frentes: mamíferos, aves, peces, plantas, árboles, territorios o paisajes. Francisco Bernis toma la iniciativa advirtiendo ya en 1956 del peligro de extinción del acebo. El biólogo Javier Castroviejo sigue sus pasos en 1970 al señalar la importancia de esta planta en la alimentación del urogallo. Entre 1982 y 1985, se aprobaron 142 disposiciones legales para la protección de otras tantas especies vegetales, llamando luego la atención sobre las plantas medicinales, los musgos en regresión, o los bosques de pinsapo. Los intentos anteriores de publicar una enciclopedia de la flora española fructifican en 1979 cuando un grupo de investigadores del Real Jardín Botánico de Madrid, animado por Santiago Castroviejo y el Instituto Pirenaico de Ecología de Jaca, comienza los trabajos para realizar tan magna obra, cuyo primer volumen vio la luz en 1986.

La presentación en Madrid de la Estrategia Mundial de la Conservación, elaborada por la Unión Internacional para la Conservación de la Naturaleza (UICN), el Programa de Naciones Unidas para el Medio Ambiente (PNUMA) y el WWF, marca otro hito. Félix Rodríguez de la Fuente fue el anfitrión en este acto presidido por los reyes de España. En 1991, los mismos organismos presentan el documento «Cuidar la Tierra. Estrategia para la vida».

En 1982, entra en vigor en España el Convenio para la Protección de los Humedales de Importancia Internacional, especialmente para las aves acuáticas, conocido como el Convenio de Ramsar (1971), por la ciudad iraní donde se aprobó. Las estimaciones de esas fechas dan por perdidas el 70 por ciento de las zonas húmedas de nuestro país. En 1996, el Convenio de Ramsar acoge 900 zonas húmedas de las que 39 son españolas, aunque un estudio de Amigos de la Tierra señala que al menos 74 de nuestros humedales deberían ser calificados de importancia internacional.

Entre las muchas agresiones sufridas por estos espacios malditos asociados a determinadas enfermedades (la Ley

Cambó de 1918 favoreció su desecación), destacan la laguna
de la Nava (Palencia), el «mar de Castilla», cuya lámina de
agua llegó a ocupar en años lluviosos unas 5.000 Has.; la
de Antela (Orense) con 5.000 Has.; la mítica laguna de
la Janda (Cádiz), la más grande de España, además de las
de Rusánchez y El Calderón (Sevilla). La recuperación de la
laguna de la Nava es un símbolo de los defensores de los humedales. La iniciativa partió de la Asociación para la Recuperación de los Hábitats Naturales con la ayuda del Fondo
Patrimonio Natural Europeo, del Ayuntamiento de Fuentes
de Nava, la Junta de Castilla-León, que pagó las indemnizaciones, y la Confederación Hidrográfica del Ebro, que derivó el agua necesaria desde el Canal de Castilla. Se han logrado recuperar 65 Has. fijas ampliadas en los meses lluviosos
sobre una superficie de 260 Has. Tan sólo en los primeros
cinco meses de funcionamiento se observaron 48 especies
de aves. Actualmente, en la Nava existe una buena representación de aves acuáticas que nidifican o visitan la Península
Ibérica, además de otras especies.

Las charcas más simples –escribe el naturalista Joaquín Araújo– su-
peran en productividad biológica a cualquiera de los ecosistemas
terrestres, incluidos los agrícolas... Ninguna otra de las muchas
campañas que han intentado movilizar a la opinión pública han alcanzado la trascendencia de las que se han realizado en torno a los
enclaves como las marismas béticas, es decir, Doñana, el delta del
Ebro, Villafáfila, Daimiel y el conjunto lagunar de la Mancha, además de la Albufera de Valencia, el Grao, Fuente de Piedra, Gallocanta, etc. [149].

A estos nombres movilizadores cabe añadir la Albufera
de Alcudia, cuya protección fue apoyada en 1978 por 50.000
firmas; las salinas de Ibiza, San Pedro del Pinatar, Calpe o
Santa Pola; las marismas del Odiel, diezmadas por residuos,
instalaciones industriales o plantaciones de eucalipto; la desembocadura del río Miño, con veintiséis especies de fauna;

la marisma de Baldaio, reivindicada por ADEGA y el «Grupo Darwin»; la laguna de Fuente de Piedra, zona clave para la nidificación del flamenco, sobre cuya importancia ornitológica llamó la atención José Antonio Valverde en 1958. ANDALUS y otros grupos pidieron su protección en 1983. En mayo de 1987, 5.000 parejas de flamencos la abandonan por falta de agua.

ANSE denunció desde su fundación las agresiones al Mar Menor, la mayor laguna litoral española y principal zona húmeda de Murcia, con una superficie próxima a las 15.000 Has. El Mar Menor ha sido uno de los espacios más transformados por el desarrollo turístico a partir de los sesenta. Todavía en 1996, ANSE pidió la paralización de nuevos proyectos en la ribera de la laguna o en el tramo norte de La Manga.

El delta del Ebro (Tarragona) es la segunda zona húmeda de España en permanente estado de regresión por la escasa aportación de áridos. De los veinte millones de toneladas anuales, actualmente sólo recibe dos. En 1977, comienzan las primeras denuncias sobre su degradación y en 1983, tras la desecación ilegal de la laguna del Canal Vell, la Generalitat de Cataluña crea el Parque Natural del delta del Ebro; tan sólo una cuarta parte de su extensión mantiene el estado natural. La presión humana, el turismo o los pesticidas agrícolas son los principales problemas de este espacio que en 1962 fue catalogado de importancia internacional.

El delta del Llobregat (Barcelona), también perdió miles de Has. por la progresiva industrialización y construcción de infraestructuras, como el propio aeropuerto de la ciudad condal. Pero acaso la batalla más emblemática en Cataluña haya sido la del actual Parque Natural de los Aigüamolls del Ampurdán (Gerona). Cuando Jordi Sargatall descubre este espacio en 1972 queda entusiasmado. Poco después escribe un artículo en la revista *Presencia* titulado «Los últimos aigüamolls del Ampurdán en peligro». Lo que en principio fue una pelea personal obtuvo luego el apoyo de

DEPANA y otros colectivos, además de un manifiesto firmado por 30.000 personas. En el verano de 1977, Sargatall y un
grupo de ecologistas ocupan la zona para protestar contra la
empresa Port Llevant que pretendía construir una urbanización para 60.000 personas en los aigüamolls del Muga y el
Fluvià. En esta zona húmeda del bajo Ter, entre Rosas y la Escala, no invernaban entonces más de 400 patos; actualmente
hay más de 20.000 aves, recuperando la fauna de siglos atrás.
En 1996, comienza un programa de reintroducción de la nutria. Los Grupos Nutria, además de recuperar la propia especie, tienen como objetivo el cuidado de los ríos.

No son menos importantes las sucesivas protestas contra
la contaminación de las rías, espacios privilegiados para la
avifauna. Entre otras, la ría de Gernika-Mundaka (Vizcaya),
calificada por el biólogo Francisco Pineda como la Doñana
del Norte y reconocida por la Unesco como Reserva de la
Biosfera de Urdaibai. Su degradación acelerada se agravó en
los años setenta por vertidos industriales. Las presiones de
los ecologistas obligaron al Gobierno vasco a encargar un
estudio a la Sociedad Aranzadi, en el que se indica la conveniencia de su protección. Las rías de Bilbao, Plencia, Lekeitio, etc. merecen también la atención de los ecologistas
vascos.

En Galicia, las rías de Arosa, Ortigueira, Ribadeo, Pontevedra, La Coruña, Ferrol, Vigo, Redondela, etc. han sufrido
constantes agresiones por vertidos e instalaciones industriales. En Asturias, ANA denuncia en 1976 la degradación de
las rías del Eo, Villaviciosa, Navia y Avilés. Otros espacios
costeros fueron reivindicados, desde las islas Medas o Columbretes a las dunas de Oyambre o las marismas de Santoña, dos espacios peleados por los ecologistas cántabros, con
el protagonismo de la Asociación para la Defensa de los
Recursos Naturales de Cantabria (ARCA). Las protestas
de 1985 contra la instalación de un cámping en las dunas de
Oyambre provocan graves enfrentamientos policiales de-

nunciados ante el Defensor del Pueblo. En cuanto a las marismas de Santoña, merecieron en 1991 una de las más importantes llamadas de atención por parte de la Unión Europea que obliga al Gobierno a su recuperación. En 1987, ARCA y SEO llevan el caso ante el Tribunal de Justicia de Luxemburgo que seis años después condena a España por permitir la degradación de ese espacio y no declararlo Zona de Especial Protección para las Aves (ZEPA). Ésta fue la primera condena a un Estado miembro de la CEE en los trece años que entonces tenía de vigencia la Directiva de Aves.

Cada una de esas zonas es importante por sí misma y por su ubicación estratégica en las rutas de aves acuáticas, con especial interés por aquéllas que afectan a la ruta de ida y vuelta hacia África. Las tres rutas migratorias principales son: la oriental, que bordea todo el perímetro costero mediterráneo; la occidental, que abarca el litoral cantábrico, gallego y portugués; y una tercera, con ramas laterales, que atraviesa la Península por su eje central, entre la frontera francesa y el delta del Ebro.

Además de las zonas húmedas, otros espacios merecen la atención de los ecologistas y su posterior protección: las sierras de los Ancares y el Caurel, antiguas reservas de caza que separan Galicia del Bierzo leonés; cabo de Gata-Níjar, reivindicado en 1988 por un manifiesto de intelectuales y escritores; Muniellos, el bosque encantando de Asturias, hoy reserva biológica amenazada por carreteras y furtivos; el Valle del Jerte y la Garganta del Infierno en Cáceres; el Alto Tajo, acosado por explotaciones mineras y minicentrales; las fragas del Eume, defendidas también en otro manifiesto firmado por cuarenta profesores de la Universidad de Santiago de Compostela y la Asamblea de Grupos Naturalistas de Galicia (AGENG).

En 1983, tan sólo había en España nueve Parques Nacionales, siete Parques Naturales y siete Parajes Naturales, según las figuras proteccionistas establecidas por la Ley de

1975. Doce años después, estaban catalogados 465 espacios protegidos con una superficie total de tres millones de Has., cerca del 6 por ciento del territorio. La cifra ha aumentado posteriormente y no es exagerado afirmar que cada uno de ellos ha supuesto una o mil batallas por parte de las organizaciones ecologistas, aunque no todos hayan alcanzado la misma resonancia social y mediática. Doñana, la Albufera de Valencia, los Picos de Europa, Cabañeros o Tablas de Daimiel han sido causas globales asumidas por la totalidad del movimiento ecologista. De igual modo, en el caso de la fauna, el lobo, el oso pardo, el asturcón, el águila imperial, el urogallo, el lince o las ballenas también han acaparado una atención permanente por encima de otras especies no menos importantes. Siempre ha habido indicadores que han marcado la pauta. Sin olvidar iniciativas de recuperación de especies domésticas tan cercanas como el burro, la oveja ansotana o la gallina del Sobrarbe. La incorporación de España a la Unión Europea (1985) y la Ley 4/89 de 27 de marzo de Conservación de los Espacios Naturales y la Flora y Fauna Silvestres, la «constitución» del conservacionismo, han sido dos revulsivos importantes.

«¡Salvemos Doñana!»

Considerados como las joyas de la Corona, los Parques Nacionales han sido objeto de una atención, acaso desmesurada en ocasiones, por parte de los ecologistas, aunque no todos por igual. Los Parques canarios (Teide, Caldera de Taburiente, Timanfaya y Garajonay) fueron declarados sin excesivas batallas y, aun no estando exentos de problemas (avalanchas turísticas, explotaciones mineras, teleféricos, gestión del agua, incendios, etc), han mantenido equilibrios razonables. En cuanto al Parque Nacional de Aigüestortes y Lago de Sant Maurici, cuya gestión fue asumida por la Generalitat de Cataluña en 1988, para reincorporarse de nuevo a la red con un estatus especial tras la reforma de la Ley de Conservación en 1997, cabe destacar la polémica a raíz de un intento del gobierno catalán para reducir su franja protectora:

Es indignante recordar –dice en 1990 el vicepresidente de DEPANA– que la Generalitat, en una aplicación puntillosa de sus competencias, consiguiera arrebatar la gestión del Parque al ICONA alegando su voluntad de proteger mejor el patrimonio natural de Cataluña [150].

Fue el biólogo Javier Castroviejo quien señaló con razón que Doñana ha marcado decisivamente la historia del ecologismo español. Este espacio admirado en medio mundo estuvo en el candelero muchos años antes de su declaración como Parque Nacional en 1969. Doñana es aparentemente nuestro Parque más conflictivo, presa tantas veces de la demagogia política y ecologista, donde los aspectos proteccionistas han tenido tanto peso como los conflictos socioeconómicos planteados por los pueblos próximos.

Desde 1624, cuando el rey Felipe IV realizó su primera visita a Doñana, todos los monarcas españoles han gozado sus esplendorosos paisajes y su riqueza cinegética. El Coto de Doña Ana, como entonces decían, fue el mayor cazadero de Europa y a él acudían potentados, ornitólogos y naturalistas de numerosos países desde el siglo XIX. Aunque, tal como ya se ha contado, la iniciativa de crear el Parque Nacional nació de un reducido grupo de personas (Valverde, Bernis, los González-Gordon), pronto se convertirá en bandera del conservacionismo nacional e internacional.

Los principales problemas de Doñana han estado más fuera que dentro del espacio protegido. La desecación de las marismas a partir de 1870, las repoblaciones forestales (en el siglo XVIII se introduce el pino), el furtivismo de caza y pesca o el coleccionismo de animales que hoy lucen en museos extranjeros marcan el inicio de una serie de agresiones que terminan, por ahora, en las minas de Aznalcóllar, un accidente que ha tocado el corazón y hasta la última víscera de Doñana.

En los primeros años setenta, el Plan Almonte-Marismas impulsado por el IRYDA (Instituto para la Reforma y Desarrollo Agrarios), cuya política fue tan cuestionada como la del ICONA, propone la conversión en tierras de cultivo de cerca de 50.000 Has. en el entorno del Parque (luego quedarán reducidas a la mitad) con los inevitables impactos derivados del regadío, en una zona siempre escasa de recursos hídricos, o del uso de pesticidas y fertilizantes. El propio duque de Calabria, en nombre de ADENA, escribe al ministro de Agricultura Allende y García Báxter, para que, sin cuestionar el Plan, se fije una franja de seguridad. En esa misma carta muestra su preocupación por la anunciada construcción de la carretera costera (Huelva-Cádiz) y la urbanización de Matalascañas, apenas contestada durante su construcción: «Es una pena que no pueda pararse de alguna forma», apunta prudentemente el duque ecologista. A pesar de todo, el propio ICONA señala en un informe:

Queremos hacer constar que, al proponer soluciones, no apoya el ICONA una postura de conservacionistas en contra de un proyecto del IRYDA, sino que, ante una alternativa política difícil para el Ministerio, estima que no es momento oportuno de una oposición frontal a unas modas ecologistas, apoyadas por otros Ministerios y los medios de información...[151]

El sector arrocero (3.000 familias) tercia también en el asunto señalando que su actividad no perjudica a las aves y que no hay precedentes de muertes por comer en los arrozales. Los hechos no tardan en desmentir tan optimista diagnóstico. Desde la declaración de Parque Nacional hubo masivas mortandades, las más importantes en 1973, 1978 y 1986. Esta última fue la más polémica. El asunto acaba con el procesamiento de 32 arroceros, acusados de utilizar Folidol M-35, un producto prohibido en zonas húmedas, y dos altos cargos de la Junta de Andalucía. La sentencia de 21 de diciembre de 1992 absuelve a los implicados pero hace algunas observaciones sobre la confusa gestión de José María Blanc, proteccionista desde la iniciativa privada; una de sus fincas próximas al Parque será anegada por los residuos tóxicos de Aznalcóllar. La apelación de la acusación particular representada por CODA y ANDALUS fue desestimada. Del debate en el Parlamento queda aquella lapidaria frase de Alfonso Guerra, en ese momento vicepresidente del Gobierno y presidente del Patronato de Doñana: «Señorías, de patos no tienen ustedes ni zorra idea».

Ni siquiera algunos hidrogeólogos críticos con su gestión han entendido el complejo mecanismo del agua en Doñana, objeto de denuncias constantes que no terminan tras el Informe Hollis (1989) «sobre las consecuencias de la extracción de aguas subterráneas para el futuro a largo plazo del Parque Nacional de Doñana». Las aguas profundas del acuífero 27 nunca han desvelado del todo sus misterios.

Doñana es un suceso permanente y hasta el comisario europeo para el Medio Ambiente, Ripa di Meana, declara en 1990: «No se pueden cerrar los ojos a la catástrofe de Doñana». La intervención del Comisario señala la internacionalización del conflicto denunciado una y otra vez en Bruselas. Todo ello culmina en la espectacular movilización de 1990 al grito unánime de «¡Salvemos Doñana!». La gota que colma el vaso es el proyecto urbanístico Costa Doñana («Costra Doñana», dicen los ecologistas): 32.000 plazas con zonas deportivas, campos de golf, etc. Pero en este caso, el pueblo de Almonte, en permanente conflicto con el Parque, hace causa común con los promotores. Severo Ochoa, Ramón Margalef, Camilo José Cela, Miguel Delibes, Fernando Savater, Rafaela Aparicio o Marujita Díaz son algunos de los firmantes del manifiesto que trata de parar semejante tropelía. La

Coordinadora Salvemos Doñana, constituida por más de 150 siglas de todo el país, dirige la protesta.

La existencia de un Parque Nacional –dice uno de sus escritos – no significa un freno al desarrollo de un pueblo y, por tanto, no debe ser compensado con una serie de medidas propias de planteamientos desarrollistas al estilo de los años setenta que tantos desafueros y barbaridades urbanísticas han provocado en el litoral mediterráneo. No se puede vender Doñana para el turismo playero que genera muy pocos puestos de trabajo y todos ellos coyunturales... [152]

El 10 y 11 de febrero se celebra en Matalascañas (Huelva) el I Encuentro de Asociaciones Ecologistas de Andalucía con la asistencia de cincuenta grupos que deciden sumarse a las movilizaciones contra Costa Doñana. El día 17, decenas de ecologistas se manifiestan ante la Consejería de Obras Públicas de la Junta de Andalucía y piden la dimisión del consejero, Jaime Montaner. Tanto la Junta como el Gobierno central están más próximos a los promotores urbanísticos que a los ecologistas, aunque el director del ICONA, Santiago Marraco, amenaza en *El Independiente*: «Ni una gota de agua para Costa Doñana». El 18 de marzo de 1990, más de 10.000 personas de España y del extranjero se concentran ante las puertas del Parque. Luego lo harán los vecinos de Almonte, con su alcalde al frente, el socialista Rafael Domingo Díaz. Un bando municipal expresa sus sentimientos:

Salvemos Doñana de esos falsos profetas venidos de fuera, algunos extranjeros, que en su tierra no han dejado nada de vida salvaje y tienen magníficas autopistas iluminadas por energía atómica. Falsos, porque en su país no se atreven, no osan enfrentarse a los grandes capitales y bancos que blanquean el dinero de la muerte, de la droga. Y vienen aquí para que seamos la antesala de Zambia y así tener palmeros, camareros y guardas baratos... [153]

El proyecto fracasa y toma el nombre de Dunas de Almonte, no menos polémico. Iniciativas posteriores, como la de Alfonso de Hohenhole en Sanlúcar de Barrameda, provocan la segunda edición del manifiesto *Salvemos Doñana*. El Plan de Desarrollo Sostenible, con una inversión de 60.000 millones de pesetas gestionados por la Fundación Doñana XXI y apoyado por las administraciones españolas y la Unión Europea, no ha cegado los afanes desarrollistas. Tampoco han faltado críticas a algunos aspectos de ese Plan puesto en peligro por la catástrofe de Aznalcóllar que ha matado patos en Doñana y también expectativas.

Las Tablas de Daimiel se secan

Doñana es referencia constante pero no la primera, pues antes se libró otra batalla en Las Tablas de Daimiel (Ciudad Real), una zona húmeda que había nacido como Parque Nacional (1973) tocada de muerte, hasta el punto de que en 1995 se plantea retirarle esa categoría y también la de Reserva de la Biosfera. Las Tablas de Daimiel, cazadero predilecto del general Franco, y las más de sesenta lagunas endorreicas de su entorno conforman la gran Zona Húmeda de la Mancha, la más importante de la España interior. La desmedida explotación del acuífero 23 a partir de los años cuarenta, puso en serio peligro su supervivencia. Empresarios valencianos introdujeron en 1948 cultivos de arroz sustituidos luego por maíz o remolacha, grandes consumidores de agua. Se perforan cientos de pozos, legales unos, ilegales los más, hasta el punto de que en 1978 fueron registrados 325. «Daimiel puede y debe ser una huerta», defienden los agricultores.

Cuando en 1966 se declara la Reserva Nacional de Caza de Las Tablas, personas influyentes piden al ministro de Agricultura que no prohíba las desecaciones, justificadas también por razones sanitarias. El 24 de febrero de 1968, el Ministerio de Obras Públicas aprueba el *Proyecto de Saneamiento y Desecación de La Mancha* (23.000 Has.), para canalizar los ríos Guadiana, Cigüela y Záncara en una extensión de 140 kilómetros. La Agrupación Sindical de Colonización de las márgenes de los ríos pone en marcha sus planes tan eficientemente que las 25.377 Has. inundables de 1967 habían sido reducidas en 1981 en una tercera parte. Las desecaciones van al mismo ritmo que la sobreexplotación del acuífero y a ello se añaden los efectos de sucesivas sequías, de manera que la zona húmeda disminuye y, desde los años setenta, debe ser alimentada artificialmente.

El 5 de noviembre de 1971, ADENA da la voz de alarma. Nombres de prestigio como Francisco Bernis, Félix Rodríguez de la Fuente, el profesor González Bernáldez, el biólogo del ICONA Cosme Morillo y Jaime de Foxá convocan una rueda de prensa para oponerse a los proyectos de canalización de los ríos mencionados. ADENA, que había hecho sus pinitos contestatarios en Doñana, entrega a los medios de comunicación un informe en el que califica a Las Tablas como una zona húmeda esteparia de importancia única en Europa:

Pese a la salinidad de una buena parte de las tierras y la ínfima calidad de casi todas ellas, se pretende obtener un rendimiento de mil millones de pesetas anuales... Ello implica la desaparición del masiegal, la ruina absoluta de decenas de millares de patos de diferentes especies... y otras interesantísimas especies palustres que, eliminando este enclave, abandonarán definitivamente el corazón de la Península Ibérica, ya que no quedan en las inmediaciones zonas húmedas capaces de soportar tan densa población ornítica [154].

Como en Doñana, se requiere la intervención del Jefe del Estado. El encargado de tan delicada inciativa es el príncipe Bernardo de los Países Bajos, presidente del WWF:

Las Tablas de Daimiel –dice la carta dirigida a Franco– están incluidas en la lista de los Pantanos de Europa y del África del Norte de importancia internacional y forman parte integral del Proyecto MAR... Me informan que las obras de desecación se están llevando a cabo sin ningún estudio preliminar... Hoy día estos estudios son un requisito previo esencial. En estas circunstancias me dirijo a usted para que pueda apoyar nuestros esfuerzos que tienden a suspender el proyecto en curso de ejecución y a fomentar un estudio básico ecológico y económico antes de que se causen mayores perjuicios[155].

El ministro de Agricultura responde a la carta con esta indicación del secretario de Franco:

Me dice Su Excelencia que éste es un asunto ya resuelto, puesto que ha decidido destinar el 50 por ciento de la superficie a terreno cultivable y el otro 50 por ciento a los fines de la preservación...[156]

Una decisión salomónica. También los agricultores exigen el favor de Franco por medio de una patética carta fechada el 19 de octubre de 1972:

Cuando ya empezábamos a ver nuestras tierras en condiciones de dar buenos frutos para nuestra Patria y paliar nuestra pobreza, leemos en la Prensa que unos señores, que desde luego no tienen que vivir del trabajo de la tierra, defienden la teoría de que no son procedentes las obras de desecación, ya que, según ellos, es más importante dedicar la zona a criar patos, sin tener en cuenta a nuestro juicio que los intereses humanos deben ser preferentes[157].

De nuevo el conflicto entre conservación y economía («Entre el campesino y el pato, me quedo con el primero», dirá Felipe González en los noventa) parece insoluble. «¡Daimieleños, si el agua está más baja en los pozos, no es por la canalización del río Guadiana y sus afluentes!», advierte un cartel de la época. La prensa se vuelca en el asunto que constituye el primer impacto mediático conseguido por los conservacionistas. Daimiel es también la primera apuesta protectora del ICONA. A partir de mayo de 1973, fecha de declaración de Parque Nacional, la falta de agua condiciona dramáticamente su gestión. El Plan de Regeneración Hídrica, no menos polémico que el de Doñana, lo mantiene artificialmente con aportes incluso del trasvase Tajo-Segura. A mediados de los noventa, con ayuda de la Unión Europea, se pone en marcha un plan para la retirada de regadíos de discreto éxito. Llegan también abundantes lluvias que alientan espejismos, pues el acuífero dañado necesitaría varios diluvios para su recarga. Las culpas están repartidas. Juan Serna y Mario Gaviria defienden a los agricultores:

Los agricultores manchegos a los que el Estado no hacía regadíos públicos y veían pasar los trasvases de agua por su región hacia otras con más fuerza política, decidieron apuntarse a la modernidad con sus ahorros (unos diez mil millones de pesetas habrán invertido en material hidráulico), y ese manto de agua que creían ilimitado se vuelve hoy contra ellos avocándoles a una reconversión para la que tampoco hay alternativa por parte de la Administración[158].

La historia interminable de los Picos de Europa

El carácter recurrente de los conflictos ecológicos asoma con toda su crudeza en el Parque Nacional de Covadonga, luego de los Picos de Europa. Ya en 1915, ante los rumores de su creación, viajó a Madrid una comisión representando a más de 2.000 agricultores y ganaderos preocupados por los efectos que pudiera tener en sus actividades. Si Pedro Pidal peleó contra las minas de Buferrera abastecidas de agua del propio lago Enol, los ecologistas siguen sus pasos años después hasta conseguir cerrarlas en 1981, previa indemnización del Estado. Cuando ANA inicia las primeras campañas contra los teleféricos (1973), poco podía sospechar que veinticuatro años más tarde sería aprobado un funicular a Bulnes, y hasta se habla de un tren desde Covadonga a los Lagos. Las duras peleas en los ochenta para impedir la etapa más espectacular (la subida a los Lagos) de la Vuelta Ciclista a España quedan en pura anécdota ante los problemas actuales.

Más de 4.000 firmas avalaban un escrito de ANA al ministro de Agricultura en 1973 denunciando la actividad minera, la construcción de minicentrales, las talas de hayedos en el bosque de Pome, la caza furtiva, las batidas espontáneas contra el lobo, la edificación ilegal de cabañas residenciales, el descontrol de miles de visitantes por el desfiladero del Cares, etc. Pedro Pidal decía que el turismo (nueve millones de visitas anuales reciben actualmente los Parques Nacionales) resarciría a los pueblos del entorno de otras molestias, pero sólo se ha conseguido en parte. El victimismo y la demagogia puso el resto, ya que las aportaciones millonarias desde los ochenta a cargo del desarrollo sostenible, no han mejorado las relaciones con los pueblos. «En 73 años no hemos recibido del Parque ni una peseta, tan sólo una máquina quitanieves», lamenta el alcalde de Valdeón en 1992 [159], mientras los concejales socialistas le recuerdan obras en caminos, escuelas, etc., que ese año habían dado trabajo a 35 personas. El ICONA repartió en el entorno de los Parques durante 1993 una subvención de 112 millones e invirtió 600 en instalaciones para uso público muy criticadas por los ecologistas.

Los problemas aumentan cuando el 11 de mayo de 1995 el Congreso de los Diputados aprueba la Ley de Declaración del Parque Nacional de los Picos de Europa, el primero que abarca territorio de tres comunidades autónomas, Asturias, Cantabria y Castilla-León. La inclusión de varios núcleos de población dentro de la zona protegida y las pretensiones de Castilla-León sobre todo de permitir la caza provocan conflictos políticos aun en 1997-98, cuando las tres comunidades son gobernadas por el Partido Popular. ANA, URZ y colectivos de montañeros insisten en acabar con la permanente provisionalidad.

El Parque Nacional de Ordesa (Huesca), coétaneo de Picos, alabado por Víctor Hugo o el explorador Lucien Briet, representa la otra cara de la moneda. Nunca han faltado conflictos en relación con carreteras, avalanchas turísticas, la práctica desaparición del bucardo o las construcciones hidroeléctricas, pero siempre tuvo una aceptación social razonable. En 1921, Pedro Pidal protestó al ministro de Fomento contra una concesión de agua a la Sociedad Anónima Energía e Industrias Aragonesas: «Un santo Cristo con un par de pistolas, señor ministro, hace mejor maridaje que un Parque Nacional con un salto de agua...» [160].

El Salto del Bellós, promovido por la empresa Hidronitro con una concesión de 1971 en el inigualable paraje de Añisclo, moviliza a ecologistas y buena parte de la sociedad aragonesa, con el protagonismo de Peña Guara y el Comité de defensa de Añisclo, formado en 1982 por el Ayuntamiento de Zaragoza, el Club Alpino Universitario, la SEO, ALBE, la Asociación Naturalista de Aragón, Colegio Oficial de Biólogos, Grupo Entomológico de Zaragoza y el Centro Excursionista de Alta Montaña. El grito de «¡¡SOS AÑISCLO!!» resuena por todo Aragón. Una proposición no de ley aprobada por la Comisión de Agricultura del Congreso pocos meses después pone fin a esta intensa y modélica movilización.

Ordesa ha recibido numerosos galardones internacionales y es objeto también de un sueño hasta ahora incumplido. Bajo el lema «Dos países, un Parque», Pedro Pidal defendió en 1917 la creación del Parque Internacional de los Pirineos, a caballo entre España y Francia. El profesor Martínez de Pisón y muchos grupos ecologistas persiguen todavía en ese objetivo con escaso éxito. El 24 de septiembre de 1988, ambos países dieron un paso simbólico:

...más allá de los hombres y las rayas, el Parque Nacional de los Pirineos de Francia y el Parque Nacional de Ordesa y Monte Perdido de España deciden suscribir una Carta de Cooperación con el fin de aunar trabajos y esfuerzos en aras de la conservación de un legado común, en la misma medida que común habrá de ser nuestro destino, inseparable de estas montañas y de sus hombres desde siempre [161].

Cabrera: no a las maniobras militares

Las protestas contra los campos de tiro fueron objetivo preferente de ecologistas y pacifistas. El hecho de que algunos de ellos, como Las Bardenas Reales (Navarra), fueran utilizados por el Ejército norteamericano, hace aún más patente ese rechazo. El 9 de septiembre de 1977, un avión Supersaeta C-108 del Ejército del Aire se estrella en el campo de tiro de Las Bardenas, uno de los parajes más insólitos de España. Desde 1970, habían ocurrido diez accidentes similares de aviones españoles y norteamericanos con el resultado trágico de doce pilotos muertos; en más de una ocasión, los agricultores se encontraron con proyectiles perdidos.

El uso militar de Las Bardenas, un territorio de 47.000 Has. propiedad de veintidós pueblos que lo habían adquirido en 1705 por 12.000 pesos, comenzó en 1951 por iniciativa del ministro del Aire, José Daniel Lacalle. El Ejército pagó 20.000 pesetas anuales por el alquiler durante veinte años prorrogables por otros veinticinco. El contrato finaliza en el 2001 sin que el Ejército haya encontrado alternativas, después del cierre del polígono de tiro de Caudé (Teruel).

En 1981, más de 6.000 Has. del Teleno (León) son expropiadas para un campo de tiro. Desde entonces, las organizaciones ecologistas locales vienen denunciando el impacto de las maniobras por explosiones, apertura de pistas, trastornos en la cría de aves y riesgos de incendios (6.000 Has. ardieron en 1998 por esa causa). En 1982, los afectados retiran sus fondos de los bancos como protesta y en 1987 los ecologistas organizan una acampada, repetida en años posteriores, exigiendo la creación del Parque Natural de la Maragatería, una comarca situada al oeste de León, de transición entre la vegetación mediterránea y atlántica con más de cien endemismos locales e ibéricos.

Borrar por decreto a la Maragatería del inventario de la etnología universal, exterminar las raíces de un pueblo milenario, es un atentado muy grave –escribe Ernesto Escapa en un artículo por el que fue procesado–. Ese pueblo que supo mantener su identidad frente a tantos asedios colonizadores, desde los romanos hasta los señoritos astorganos, no puede convertirse en la primera víctima de la OTAN del Tío Tom [162].

Las islas Columbretes, a 35 millas de la costa de Castellón, también fueron elegidas en los setenta como campo de tiro de las Fuerzas Aéreas españolas y norteamericanas hasta que las protestas de ecologistas valencianos y otras organizaciones estatales lograron su protección en 1988. Entre sus valores naturales destacan las colonias de la gaviota Andouin y el halcón Eleonor.

En 1986, comienza una campaña contra el campo de tiro de Begues (Barcelona) y dos años más tarde, se denuncia el uso del aeródromo militar de Alfés (Lérida), único reducto estepario en la zona. El Ministerio de Defensa suspende incluso un festival aéreo para no dañar a una colonia de alondra Dupont. No será el Ejército precisamente de los negociadores más duros. En los noventa se producen protestas contra la instalación de radares en El Hierro, el Pico de Mulhacén (Granada) y el Pico Montero en el Parque Natural de los Alcornocales (Cádiz). En marzo de 1998, cientos de personas se manifestaron en Albacete contra un posible campo de tiro del Ejército del Aire en Chinchilla.

Más importantes fueron los conflictos de Cabrera, Cabañeros y Anchuras. Para los ecologistas, el Parque Nacional de Cabrera (1991) tiene el indudable mérito de haber sido el primero declarado por la presión directa en la calle. Tal honor hubo de compartirlo luego con Cabañeros. Cabrera fue una pelea colectiva con el especial esfuerzo del Grupo Ornitológico Balear (GOB) y Greenpeace. También ADENA defendió este espacio descubierto por Rodríguez de la Fuente a instancias del naturalista Joaquín Araújo. Rodríguez de la Fuente presidió la Comisión para la Conservación de Cabrera creada por Fomento del Turismo de Mallorca en 1970.

Esta isla, señalada por Plinio como refugio de piratas, fue cárcel de los soldados franceses derrotados en Bailén y, a finales del siglo XIX, se extendió la idea de convertirla en colonia penitenciaria.

El archipiélago de Cabrera tuvo siempre especial atractivo para los militares y fue guarnición estable desde 1916. Durante la II Guerra Mundial permanecieron allí varios batallones convirtiéndose luego en campo de maniobras militares del Ejército español. Tras diferentes donaciones y peripecias sucesorias, Cabrera acabó en manos de Jacinto Feliu i Ferrà en 1890, y sus herederos trataron de recuperarla. Con cierta razón decía el Ministerio de Defensa que la presencia militar salvó a Cabrera, pues ya en 1963 hubo intentos de cederla al Ministerio de Información y Turismo por trescientos millones de pesetas.

Coincidiendo con las primeras reivindicaciones, el Ejército realiza unas maniobras a gran escala (Operación Libélula) y, a partir de entonces, se suceden otras hasta que en 1986, cuando se llevaron a cabo las últimas, el GOB, Greenpeace y miles de ciudadanos dieron una respuesta contundente. La noticia de estas maniobras llegan al *Sirius* en Civitavecchia (Italia), donde protestaba contra un cargamento de residuos radiactivos con destino a Inglaterra. En junio recala en el puerto de Barcelona con la intención de pararlas. El día 13, parte hacia Cabrera escoltado por un buque de la Armada. Días antes, voluntarios de Greenpeace y el GOB habían desplegado una inmensa pancarta en la muralla de Palma.

Cada verano –denuncia el presidente de Greenpeace, Xavier Pastor– durante la época más delicada para el ecosistema, cuando las aves marinas se encuentran en temporada de reproducción y cuando la sequedad del terreno lo hace más vulnerable al fuego y la erosión, 1.500 soldados ocupaban la isla de Cabrera... Estaban apoyados por media docena de helicópteros y, a veces, por aviones de caza de la base aérea de Manises... Varios buques de la Marina utilizaban también como blanco esos pequeños islotes donde se concentran algunas de las más importantes colonias de aves marinas de todo el Mediterráneo... [163].

El Ministerio de Defensa decide entonces suspender las maniobras hasta conocer un informe del Consejo Superior de Investigaciones Científicas (CSIC). En el mes de octubre de 1986, un grupo de científicos trabaja sobre el terreno para pronunciarse al poco tiempo, con cierta ambigüedad, por la conveniencia de declararlo Parque Nacional, opinión compartida por el propio ICONA. En enero de 1989, Defensa publica un *Informe sobre Cabrera* minimizando posibles impactos y pasa la decisión final al Gobierno preocupado por el rechazo al Ejército, argumento decisivo también en el caso de Cabañeros. Cuando el *Sirius* interrumpe estas últimas maniobras introduciéndose en zona prohibida, un portavoz de la organización matiza que su acción no debe ser interpretada como una actitud antimilitarista. Marina Rosell y María del Mar Bonet ponen música a esta protesta con un disco a beneficio de las escuálidas arcas ecologistas. En 1987, el buque *Moby Dick* evita un nuevo intento de maniobras. Más de 10.000 personas piden en Palma el Parque Nacional y manifestaciones similares tienen lugar en años sucesivos.

Ecologistas y simpatizantes de la causa envían al Palacio de la Moncloa tarjetas con el siguiente texto:

El archipiélago de Cabrera reúne valores naturales dignos de la máxima protección. Sin embargo, cada año se celebran en estas islas maniobras militares con fuego real que dañan sensiblemente este ecosistema. Por ello solicito la supresión definitiva de las maniobras y la declaración del archipiélago de Cabrera y aguas circundantes como Parque Nacional Marítimo-Terrestre.

El Partido Socialista de Mallorca, a pesar de las constantes interferencias de Defensa, presenta en el Parlamento autónomo una proposición de Ley favorable al Parque aprobada por unanimidad y remitida posteriormente al Parlamento nacional. En 1989, se hace público también un manifiesto firmado por científicos, naturalistas e incluso funcionarios del ICONA. Un año después, los ministerios de Defensa y Agricultura desbloquean el asunto y el 29 de mayo de 1990 el Congreso admite a trámite, por unanimidad, la proposición de Ley del Parlamento balear que, como peculiaridad, contempla una dirección adjunta del Ministerio de Defensa. La colaboración entre gestores militares y civiles no provoca problemas, pero sí los dueños de embarcaciones recreativas opuestos a las restricciones de navegación. El Ministerio de Agricultura hace frente a los «yateros» exigiendo la autorización correspondiente para navegar en zona protegida. En plena polémica, Greenpeace realiza una limpieza de los fondos marinos. Parte de las toneladas de basura corresponden a las yates. Al año de su creación, Cabrera es visitada por 40.000 personas.

Cabañeros: «Aquí, Radio Phoracanta»

Las batallas de Cabrera y Cabañeros se superponen acentuando la sensación de acoso al Ejército a la que tan sensible era el Gobierno. Cuando España ingresa en la OTAN, el propio ICONA, tan contradictorio, sugiere la idoneidad de Cabañeros, en los Montes de Toledo (Ciudad Real), como campo de tiro, susceptible de ser utilizado por la OTAN, para mayor ira de los ecologistas. En una primera etapa, se movilizan grupos locales. Al admitir Defensa en el Senado (1982) los trámites de adquisición de 16.500 Has., matizando la compatibilidad del campo de tiro con los objetivos conservacionistas, la protesta alcanza relieve nacional. En marzo de 1983, desde el Parlamento de Navarra llega el rumor de que el campo de tiro de Las Bardenas será cerrado para abrir otro en los Montes de Toledo e inmediatamente el Gobernador Civil de Ciudad Real mantiene una reunión en Alcoba

con varios alcaldes de la zona. Luego, en el «teleclub», los vecinos acogen con disgusto la propuesta. En abril, la Coordinadora de Alcoba de los Montes para la Defensa de Cabañeros reúne a 5.000 personas frente al Gobierno Civil. Al día
siguiente, ADENA difunde un comunicado sugiriendo alternativas en zonas desérticas. La Federación de Amigos de
la Tierra y grupos de diez países europeos y americanos envían notas de protesta al Gobierno. Comienza la ofensiva.

El periodista-ecologista Benigno Varillas y pocos más
fundan el grupo Phoracanta, nombre de un insecto que causa estragos en el eucalipto; el 12 de mayo de 1983, instalan
un campamento en Cabañeros con refuerzos de AEPDEN.
Atentos a los impactos mediáticos, distribuyen fotografías
de la zona y empapelan Madrid con un cartel en el que dos
buitres negros permanecen agachados mientras les sobrevuela un avión: «La defensa de España empieza por la naturaleza». La emisora pública Radio 3 retransmite la ocupación realizada desde un bar, aunque simulaban encontrarse
en plena naturaleza:

Aquí Radio Phoracanta, emitiendo desde la profundidad del bosque de Cabañeros. Hemos ocupado esta finca para impedir que se
convierta en campo de tiro. Necesitamos ayuda. Únete a nosotros.

Una proposición de ley para declarar Cabañeros Parque
Nacional es defendida en el Congreso por Santiago Carrillo
con escaso éxito. Durante ese verano de 1983, cientos de personas apoyan a Phoracanta y a la CODA, hasta que el presidente de Castilla-La Mancha entra en competencia:

La protección de Cabañeros se presentó como un imperativo desde
el primer día de mi responsabilidad política en Castilla-La Mancha.
Una pancarta con el lema «Bono, salva Cabañeros» estaba desplegada en la iglesia de San Pedro Mártir el día de la constitución de las
Cortes Regionales, el 31 de mayo de 1983, una semana después de
mi investidura... [164]

Bono protagoniza la primera batalla ecopolítica importante de nuestro país enfrentado a un Gobierno de su propio partido y advierte de su dimisión a Felipe González si Cabañeros es finalmente un campo de tiro. Más allá de supuestos oportunismos en su alianza con los ecologistas, el propio Bono da la clave que explica también el posterior conflicto de las hoces del Cabriel:

Ya sabía, en el momento de asumir esa responsabilidad, que me enfrentaba al reto de impulsar una conciencia regional en un momento de construcción del Estado de las Autonomías y que era necesario recuperar y valorar nuestra identidad, de forma integradora y solidaria, sin bucear en los anales de la Historia para buscar excusas diferenciadoras respecto al resto de España [165].

Defensa sigue adelante y el 14 de octubre de 1983 reconoce por vez primera la compra de varias fincas. Dos años después, el asunto es declarado materia reservada. La victoria gubernamental en el referéndum de la OTAN aumenta los temores de los ecologistas, aunque durante el desarrollo de esta agria e intensa campaña Cabañeros no tuvo especial presencia. Artistas e intelectuales, como en casos anteriores, asumen la causa en un manifiesto y el presidente González abre ciertas esperanzas al declarar: «A mí me haría ilusión que Cabañeros fuera Parque Natural». Bono interpreta la frase como respuesta a su amenaza de dimisión.

Paralelamente, aparecen informaciones sobre posibles alternativas (El Bonillo, Huete, Cíjara), mientras 150 ayuntamientos de Castilla-La Mancha y más de 100 científicos firman sendos manifiestos a favor de Cabañeros. En marzo de 1988, ADENA entrega en el Ministerio de Defensa 6.150 cartas exigiendo al ministro Serra su protección. La declaración del Parque Natural de Cabañeros (25.615 Has.) por un Decreto del Gobierno de Castilla-La Mancha de 11 de julio de 1988 introduce otra dinámica y Defensa permuta parte de sus fincas en Cabañeros por otras relativamente próximas en Anchuras.

El 12 de enero de 1993, el gobierno de Castilla-La Mancha propone la creación del Parque Nacional, aprobado finalmente en el Parlamento el 21 de noviembre de 1995. Como dato significativo, se recuerda que en los setenta había en Europa tan sólo cincuenta parejas de águila imperial de las cuáles diez estaban en Doñana y cuarenta en Cabañeros. Las poblaciones del entorno encajan bien la iniciativa. En la fiesta inaugural, una espectacular bandada de buitres sobrevuela a los invitados mientras se plantan ocho árboles, uno por cada ayuntamiento, al igual que Alfonso XIII hiciera en Covadonga muchos años antes. El 15 de febrero de 1999, la ministra de Medio Ambiente, Isabel Tocino, firmó el convenio por el que el Ministerio de Defensa traspasa a Parques Nacionales 8.303 hectáreas de fincas dentro del Parque Nacional de Cabañeros a cambio de 957 millones de pesetas.

La satisfacción por el Parque Nacional de Cabañeros alimenta sueños de proteger la inmensa mancha de bosque mediterráneo que desde allí se prolonga hasta el Parque Natural de Monfragüe (Cáceres), otro espacio que mereció no pocos esfuerzos, aunque en buena parte fuera mérito personal de Jesús Garzón, nombre fundamental del ecologismo español. Las presas de Torrejón y de Alcántara que anegaron parajes exhuberantes, los aterrazamientos con maquinaria pesada para cultivos de eucalipto, los encinares reconvertidos en dehesa, la cercana central nuclear de Almaraz y hasta el proyecto de construir una papelera acechan a Monfragüe.

Jesús Garzón publicó en 1974 un informe con varias propuestas, entre ellas la creación de una estación biológica. En 1979 es declarado Parque Natural. Según el propio Garzón, «fue salvado por suscripción pública», es decir, con dinero particular que permitió, como en Doñana, arrendar varias fincas por tres millones de pesetas anuales. Esas fincas fueron el punto de partida del Parque, una de las batallas más hermosas del ecologismo español donde la acción individual, al igual que otras veces, derivó en tarea colectiva.

De Cabañeros el conflicto pasa a Anchuras. Tras la permuta de terrenos, en agosto de 1988 el Ministerio declara una extensión de algo más de 4.000 Has. de interés para la Defensa. Muchos tratan de rebajar la importancia ecológica de Anchuras y el propio Bono es menos beligerante, pero el Ayuntamiento no quiere el campo de tiro. Cuando Santiago Martín, joven alcalde independiente recién elegido, es avisado del proyecto por las autoridades, reúne a los apenas quinientos habitantes del pueblo y, a partir de ahí, con importantes ayudas exteriores, comienza una larga batalla. La Mesa para la Defensa de Anchuras pide su declaración como Parque Natural y plantea el asunto a Bruselas. A la vez, el Tribunal Constitucional niega al Gobierno de Castilla-La Mancha capacidad para proteger ese espacio y ADENEX recuerda a Defensa que el impacto de un buitre contra un avión puede ser tan peligroso como un proyectil.

El conflicto, de baja intensidad en los últimos años, termina el 24 de septiembre de 1996 cuando la ministra de Medio Ambiente, Isabel Tocino, anuncia que «Anchuras no tendrá campo de tiro» y, al día siguiente, el presidente Aznar respalda sus palabras. Ambos desmienten recientes declaraciones del ministro Eduardo Serra en el sentido de que el Gobierno mantendría Anchuras como zona de interés para la defensa. La decisión fue celebrada convenientemente. El Consejo de Ministros de 8 de mayo de 1998 derogó el Real Decreto de diez años atrás.

De El Pardo a Gredos

Antes que Cabañeros y Cabrera ya había sido planteada por los ecologistas la declaración del Monte de El Pardo como Parque Nacional. Este encinar de singular belleza, situado en el extremo norte de Madrid, es el bosque de llanura mejor conservado de toda la cuenca mediterránea. El oso y el madroño, símbolos de la capital, tienen en él su origen.

Amurallado por una tapia de piedra desde el siglo XVIII, en su interior está el Palacio de la Zarzuela, residencia oficial de los reyes. En cierto modo, Cabañeros frustró las expectativas de El Pardo, aunque la Ley de Conservación de 1989 no impida incluir en el Catálogo de Parques Nacionales varios espacios representativos de un mismo ecosistema.

La protección de El Pardo provoca los desvelos de AEPDEN desde su constitución. Cuando en 1979 surgen preocupantes proyectos urbanísticos, los ecologistas solicitan ayuda al diputado y primer teniente de alcalde de Madrid, Ramón Tamames, y crean una Comisión de trabajo dirigida por el ecólogo Fernando González Bernáldez en la que participan también las universidades madrileñas, ICONA, ADELPHA, etc. En 1981, esta Comisión entrega al presidente de las Cortes, Landelino Lavilla, el texto de una proposición de ley defendida en el Congreso por el Grupo Mixto y apoyada por PCE y PSOE, pero no por UCD, que tiene la mayoría. Dos años después, con el Gobierno socialista, el PCE presenta una segunda proposición de ley elaborada por la Federación de Amigos de la Tierra, que también puso especial empeño en que El Pardo fuera Parque Nacional. Los votos del PSOE y Alianza Popular lo impiden en esta ocasión.

El Monte de El Pardo, gestionado por el Patrimonio Nacional, sufre permanentes amenazas. En su interior hubo campos de tiro, fue Coto Nacional de caza y víctima frecuente de furtivos desalmados. Rodeado por carreteras (la M-40 le dio el último mordisco), vías de ferrocarril, urbanizaciones, industrias, el aeropuerto de Barajas y la propia ciudad, su supervivencia es casi un milagro. En 1990, se constituye la Plataforma para la Defensa del Monte de El Pardo y dos años más tarde, Amigos de la Tierra e IU protagonizan un tercer intento que tampoco triunfa. Al mismo tiempo, los ecologistas plantean la necesidad de proteger otros espacios de la provincia de Madrid como La Pedriza, Peñalara y la Cuenca Alta del Manzanares, Parque Regional desde 1985 con una extensión inicial de 36.000 Has., luego ampliada. Poco después, es declarado el Parque Natural de la Cumbre, Circo y Lagunas de Peñalara (1990), otro espacio asediado por sucesivas agresiones (como la estación de esquí de Valcotos, que será desmantelada por decisión de la Consejería de Medio Ambiente de la Comunidad de Madrid) denunciadas por AEORMA a partir de 1972.

De Madrid partió también la campaña para declarar el Parque Nacional de Gredos ante el peligro de la fiebre urbanizadora. Las 8.654 viviendas secundarias registradas en 1970, se multiplican por cuatro en 1981. Un grupo de profesores formula la propuesta en julio de 1975. Cuando dos años más tarde los alcaldes de la zona aprueban el plan de ordenación urbana de la sierra de Gredos, se suceden las denuncias y los ecologistas implican en la operación al presidente del Gobierno, Adolfo Suárez. Más de 6.000 firmas enviadas al rey, exigen de nuevo que Gredos sea Parque Nacional. Hasta barricadas llegan a organizarse en Madrid en una intensa jornada de protesta convocada por AEPDEN y GATO. En 1989, la Junta de Castilla y León aprueba un Decreto estableciendo su protección preventiva.

Gredos constituye un caso singular pues, a pesar de haber sido uno de los primeros espacios protegidos (Coto Real en 1905), aún no ha logrado la máxima protección. En 1990, la Asociación para la Defensa de los Ecosistemas Abulenses (ADECAB) presenta en el Congreso una solicitud en tal sentido, con el respaldo de otros grupos: Cantueso, Gredos Verde, Coordinadora Extremeña de Protección Ambiental, AVAJE, Gredos Sur, etc. En 1992, estos y otros colectivos de Extremadura y Castilla y León promueven una campaña a favor del Parque Nacional.

Desde 1917, cuando se hizo la primera propuesta, también Sierra Nevada (Granada) aspira a convertirse en Parque Nacional. Declarado como tal en 1989 y Reserva de la Biosfera en 1986, este espacio fue objeto de numerosas denuncias en relación con urbanizaciones, la estación de esquí y las avalanchas turísticas de invierno. La celebración de los

Mundiales de Esquí (1996), tras el aplazamiento de un año por falta de nieve, fue duramente criticada por el impacto de las nuevas infraestructuras: aparcamientos, ampliación de pistas y remontes, nieve artificial, etc. A mediados de julio de 1992, unas doscientas personas pertenecientes a una veintena de grupos acampan en Sierra Nevada bajo el lema «No al Mundial». El 17 de diciembre de 1998, este espacio visitado desde el siglo XVIII por los más destacados botánicos europeos y españoles, fue declarado finalmente Parque Nacional con el voto unánime del Congreso. Habían pasado 81 años desde que se hiciera la primera propuesta.

En 1994, la CODA propone una Red Federal de Parques Nacionales. A los ya declarados añade el Delta del Ebro, Lagunas de Villafáfila, Laguna de Gallocanta, Sierra Morena y Alcudia, Montes de Toledo, Monfragüe y Villuercas, Monte de El Pardo, Alcornocales, Arlanza, Gredos, Sierras de Cazorla, Segura y las Villas, Sierra de Alcaraz, Sierra Nevada, Grazalema, Sanabria, Beceite, Foz de Arbayún, Alto Tajo, Cabo de Gata-Níjar, Islas Sisargas y Costa de la Muerte, Islas Chafarinas, Islotes y acantilados de Famara, Pirineos y Arribes del Duero. En total, 2.700.000 Has. de territorio protegido. Por esas mismas fechas, Amigos de la Tierra hace una propuesta similar, incluyendo algún otro espacio. El amparo legal, sin embargo, no es la panacea y el movimiento conservacionista está más atento ahora a la gestión integral del territorio que a la declaración de islas ecológicas, para evitar así un argumento perverso que justifica agresiones en los territorios sin protección. No es casual la importancia que los ecologistas dan a instrumentos legales como la Ley del Suelo.

La Albufera y El Saler

Aun siendo la tercera zona húmeda más importante de España, la Albufera (a 15 kms. de Valencia) no aspiraba a Parque

Nacional cuando sus defensores trataron de ponerla a salvo de multitud de agresiones. Tras algunos escarceos anteriores, las protestas para proteger La Albufera y también El Saler comienzan a finales de los sesenta, dando lugar a la movilización ciudadana que posiblemente haya sido más importante en la historia del conservacionismo a favor de un espacio natural. En la causa general por La Albufera adquiere una dimensión inusitada el conflicto del monte de la Dehesa o dehesa de El Saler, una playa con pinares y sistemas dunares, donde se ponen en marcha disparatados planes urbanísticos. «El Saler per al poble», gritan los valencianos, y ése es también el título de un documento de AEORMA-País Valenciá (1975).

Los dos espacios, propiedad de Jaime I desde la conquista de Valencia, son cedidos al Ayuntamiento por el rey Alfonso XIII en 1911 por poco más de un millón (1.062.980,40) de pesetas cuyo pago finalizó en 1950. Las condiciones están bien claras en el texto legal de cesión:

> El Ayuntamiento de Valencia se obliga a conservar el arbolado de la Dehesa y la integridad de su suelo, el cual no podrá tener otra ocupación o destino agrícola más que el de monte... [166]

Los primeros pasos en dirección contraria se dan en 1958 con el cámping de El Saler. En 1962, la sociedad TEVASA y el Banco Urquijo presentan un plan para la urbanización de la Dehesa, además de otros muchos proyectos. En 1966, la Real Sociedad Española de Historia Natural expresa su inquietud

> por la suerte que pueda correr este lugar incomparable, ante el anuncio de una serie de complejos edificables, algunos de asombrosa envergadura [167].

Ese mismo año es inaugurado el Parador Nacional Luis Vives. En 1970, Rodríguez de la Fuente hace referencia en su programa de TVE a la «triste situación de La Albufera y El Saler», mientras el Ayuntamiento critica las informaciones alarmistas. En una entrevista en *Las Provincias* (1970), el alcalde de Valencia valora la intervención de Rodríguez de la Fuente, cuya figura, por cierto, tratan de aprovechar posteriormente otros promotores turísticos:

Yo estoy convencido de que a ADENA le mueven intereses altruistas; pero creo que tiene un punto de vista demasiado elevado para ver bien claro los problemas de cada localidad. Creo que los señores de ADENA no saben los problemas que tiene el Ayuntamiento de Valencia... [168]

La polémica salta a la prensa nacional. En 1973, ICONA señala que ha desaparecido un 30 por ciento de la superficie forestal. El Colegio de Arquitectos organiza en 1974 una exposición reivindicativa:

El Saler era el único parque natural público accesible para la mayoría –dice uno de los paneles– ... pero el Ayuntamiento lo ha vendido, sustituyéndolo al disfrute público, parcelando para usos privados, rompiendo el equilibrio ecológico, creando un «ghetto» en la zona popular, vendiendo a un precio irrisorio, obteniendo setecientos millones de déficit.

En el período de información pública, se presentan 12 kilos de documentos, 35 impugnaciones, 5.000 escritos de todo tipo y más de 15.000 firmas en contra. En 1976, diversos colectivos piden la cesión como bien público de estos dos espacios y un año después se da a conocer el listado de las 325 empresas que vierten a La Albufera. Hasta la primera corporación democrática no se toman medidas correctoras. A partir de 1981, hay numerosos incendios en El Saler y, al año siguiente, Acció Ecologista rechaza la celebración de un concierto de rock, prohibido finalmente por el Gobierno Civil.

El 8 de julio de 1986 es declarado el Parque Natural de La Albufera y, poco después, son protegidos el Peñón de Ifach, El Montgó, y el Carrascar de la Fuente Roja, espacios muy peleados por los ecologistas valencianos, al igual que las islas Columbretes, Parque Natural desde 1988. Luego, el Prado pantanoso de Cabanes-Torreblanca, el embalse del Fondo, las Salinas de Santa Pola, el Desierto de las Palmas, el Palmeral de Elche o la isla de Tabarca (reserva marina), la laguna de El Hondo y el marjal de Pego-Oliva. Estos dos últimos espacios han provocado numerosas denuncias en los noventa. El marjal de Pego-Oliva, Parque Natural desde 1994, a caballo entre los municipios del mismo nombre, es el segundo humedal más importante de la Comunidad Valenciana. Acció Ecologista-Agró denunció en 1996 ante la Fiscalía del Tribunal Superior de Justicia de Valencia la extensión de los cultivos de arroz y nuevas amenazas urbanísticas. Por otra parte, El Hondo (Alicante), una antigua laguna cuya desecación comenzó en el siglo XVIII, ha sufrido masivas mortandades de aves.

«Dragonera para los dragones»

Las urbanizaciones y, en menor medida, los campos de golf y otras instalaciones de ocio suponen una agresión constante a los espacios naturales. La batalla por Dragonera no fue tan popular como la de El Saler y La Albufera, pero sí provocó considerables impactos mediáticos. Esta bella isla, próxima a la costa oeste de Mallorca, fue invadida por una pacífica legión de jóvenes ácratas al conocerse un ambicioso proyecto urbanístico promovido por PAMESA, del que participaba el antiguo propietario de la isla, Juan Flexas, que la había vendido por trescientos millones de pesetas. PAMESA proyectó allí tres aldeas turísticas y varios grupos de chalets para un total de 4.000 personas. Con el fin de paliar las críticas, hizo ofertas absolutamente inéditas: electrificación por cable desde Mallorca, tratamiento de las aguas residuales utilizadas para riego, transporte eléctrico dentro de la urbanización y un helicóptero para las evacuaciones urgentes.

«Salvar Dragonera» y «Dragonera pels dragons» fueron las consignas escuchadas en toda España cuando en el mes de julio de 1977, un grupo desconocido hasta entonces, «Tierra y Libertad», invade la isla. En días sucesivos se suman nuevos colectivos hasta un total de doscientas personas. La ocupación duró casi dos semanas y su final coincide con una masiva manifestación en Palma de Mallorca. En 1978, es aprobado el Plan Parcial por el Ayuntamiento de Andratx y los ecologistas llevan el caso ante la Audiencia Nacional avalados por más de 4.000 firmas. En 1981, la Comisión Pro Defensa de Dragonera presenta un nuevo recurso y al año siguiente se paraliza el proyecto. Dragonera se hizo canción en la voz de María del Mar Bonet.

El catálogo de protestas contra urbanizaciones en espacios de interés natural sería interminable. En 1978, otro grupo de jóvenes ocupa un islote de Ibiza; al año siguiente se paraliza un proyecto urbanístico en la cala de Mondragó (Mallorca); en 1981, ecologistas canarios tratan de salvar las dunas de Corralejo (Fuerteventura); en 1989, vecinos de Benichatel (Alicante) salen a la calle, mientras miles de personas realizan una cadena humana para salvar el Moncayo de la especulación; otro tanto ocurre en Barbate (Cádiz), en Isla Canela (Huelva), en Mazarrón (Murcia), en el valle del Jerte (Cáceres), en el Peñón de Ifach (Alicante), en la isla del Hierro, en Menorca, en Llanes (Asturias), etc. Cuando el Gobierno balear anuncia en 1998 una moratoria en la construcción de nuevas plazas hoteleras, en cierto modo y aun sin proponérselo, justifica todas estas luchas. Más de 30.000 personas se manifestaron en Palma de Mallorca el 12 de noviembre de 1998 reclamando la paralización de las urbanizaciones: «No más urbanizaciones; prou (basta ya) de destruir Mallorca», dice una gran pancarta. Efectivamente, en algún momento hay que decir basta, aunque sea con veinte años de retraso. Los campos de golf (más de doscientos), grandes consumidores de agua, son otro frente abierto por el ecologismo de los noventa.

En defensa de los paisajes tradicionales

El catálogo de agresiones a los paisajes tradicionales españoles, vírgenes o humanizados, es inabarcable. En 1997 y 1998, a propósito del largo y proceloso debate sobre la Organización Común del Mercado (OCM) del aceite de oliva, los argumentos conservacionistas adquieren un peso específico importante. Una resolución demasiado desfavorable para España, decían los sindicatos agrarios y el propio Ministerio de Agricultura, supondría la desaparición de miles de olivos con su correspondiente impacto ambiental en tierras escasamente aptas para otros cultivos. Pero lo cierto es que, con o sin el visto bueno de Bruselas, las transformaciones agrarias del territorio nunca tuvieron demasiado en cuenta estas cuestiones. Sólo los ecologistas denuncian que algunos de esos miles de Has. de olivos defendidas ahora con uñas y dientes fueron poco antes hermosos encinares arrancados sin contemplaciones ante las suculentas ayudas de Bruselas. Aunque sólo trascendió el caso de un famoso financiero, otros muchos agricultores, grandes y pequeños, lo hicieron.

En febrero de 1988, hubo ya una importante polémica sobre el arranque de olivos en Jaén para dedicar el terreno a otros cultivos, calculándose la desaparición de tres millones de árboles. Entonces se difundió el «Manifiesto científico de defensa del olivar andaluz» (1984). Algo parecido sucede con el viñedo, llegando a proponerse incluso la cosecha en verde (no aprovechar el fruto) antes que arrancar la única vegetación que sostiene miles de Has. de suelo en nuestro país. Para el período 1994-99, la Comisión Europea destinó 70.000 millones de pesetas a medidas agroambientales, pero en la Política Agrícola Común (PAC) predominan más los criterios de mercado que los ecológicos.

Estos cultivos, junto a la dehesa, conforman buena parte del paisaje tradicional español. La crisis de la dehesa por las nuevas formas agrícolas y ganaderas supone una de las pérdidas más importantes de nuestro patrimonio ecológico. En Extremadura, por ejemplo, la dehesa ocupaba en 1971 el 60 por ciento de la superficie de Badajoz y el 35 por ciento de la de Cáceres. Casi la mitad de Extremadura. ADENEX lanza en 1980 una campaña en su defensa. Desde 1950 hasta esa fecha, la región perdió más de diez millones de encinas. En 1977, los planes de regadío en la provincia de Cáceres amenazan más de 100.000 Has. de alcornocales, robledales y encinares.

Los paisajes esteparios de Castilla y León, Aragón y otras zonas de España nunca gozaron de excesivas simpatías populares acaso por su difícil comprensión. El papel de la SEO y otras organizaciones en la divulgación de sus riquísimos valores naturales fue decisivo. Aunque desde su nacimiento la SEO prestó atención especial a las estepas, en 1992 lanza una intensa campaña para destacar su importancia en la conservación de algunas aves. Las reservas de Las Amoladeras (Almería) y de El Planerón (Belchite), en este caso con la colaboración entusiasta del Ayuntamiento, son resultados concretos de dicha campaña, uno de los primeros intentos de implicar a los agricultores en la conservación a cambio de ayudas económicas de la Unión Europea. Los Llanos de Cáceres y La Serena (Extremadura), Tierra de Campos, Villafáfila y Madrigal-Peñaranda (Castilla y León), Las Bardenas Reales (Navarra) y Talamanca-Camarma (Madrid), todas ellas áreas de gran importancia para la avifauna esteparia, fueron seleccionadas para este programa que tuvo excelentes resultados. Tan sólo en Castilla y León, la Unión Europea aprobó un plan zonal que cubría más de 1,6 millones de Has. de zonas de avutarda.

Un parque nacional del ecosistema estepario es todavía un objetivo pendiente. Monegros es el candidato más firme para disgusto de quienes pretenden convertirlo en zona de regadíos, como demuestran estas pintadas en las paredes de un edificio derruido en medio de tan espectacular paisaje: «Regadíos-trabajo y vida. Parque-ruina» o «IU, y ecologistas, sois los judas de Monegros y de Aragón».

A pesar de que los estudios científicos compatibilizan el riego y la conservación, como desarrollo sostenible, algunos sectores han cargado de demagogia el diálogo, llevándolo casi a la violencia,

denuncia César Pedrocchi [169].

El escaso aprecio por este paisaje, sin embargo, ha perdurado hasta tiempos bien recientes. A finales de los setenta, se arrendaron por un millón de pesetas los términos municipales de Candasnos, Peñalba y Bujaraloz a una empresa italiana que fletaba vuelos chárter especiales para cazadores que disparaban sin escrúpulos contra todo lo que se movía. La labor de los científicos irá poniendo las cosas en su sitio. El profesor Javier Blasco, enamorado de Monegros, descubrió 132 especies nuevas para la ciencia endémicas de Los Monegros.

Con la intención de recuperar nuestros paisajes tradicionales, CODA, ADENA y SEO ponen en marcha campañas a favor de los bosques de ribera, otro ecosistema sin representación en el Catálogo de Parques Nacionales, degradados por cultivos, infraestructuras, extracciones de áridos, rentables plantaciones de chopos y otras actividades que no respetan el terreno (las orillas de los ríos) perteneciente al dominio público.

El WWF-ADENA llama la atención, en fin, sobre la importancia de la agricultura extensiva en Europa. Un informe difundido el 21 de marzo de 1995 señala que en España existen al menos diez millones de Has. de pastizales extensivos y cuatro millones de Has. de barbechos:

Entre otras muchas cosas, esto nos indica la gran importancia de la agricultura extensiva para la supervivencia de nuestro mundo rural, que seguramente tiene más oportunidades a través de estos sistemas milenarios que merced a los sueños supertecnificados que han conducido a la Política Agrícola Común a un callejón sin salida.

Las vías pecuarias: «¡a desalambrar!»

Las vías pecuarias también conforman nuestro paisaje tradicional desde hace siglos. La campaña para su recuperación (125.000 kilómetros de longitud y 450.000 Has. de extensión) alcanza en los noventa una dimensión popular insólita gracias al Proyecto 2001 impulsado por el Fondo Patrimonio Natural Europeo desde 1994. A partir de esa fecha y hasta el 2001, pretende establecer una cabaña ganadera trashumante en cada una de las principales vías pecuarias. Como en tiempos remotos, los ganaderos trasladan sus rebaños a los pastos del Norte durante el verano y emprenden el camino de vuelta en el otoño. No es probable que esta reconstrucción un tanto artificiosa de la trashumancia permanezca por mucho tiempo (nadie quiere ser pastor), pero gracias al Proyecto 2001, la mayoría de españoles han oído hablar por vez primera de estos caminos que, según su dimensión, tienen diferentes nombres (cañadas, cordeles, veredas) y que hoy pueden cumplir otros fines como franjas de conexión entre el mundo urbano y el medio rural, entre espacios naturales y, por supuesto, como elemento clave del turismo rural.

Antes de esta iniciativa, la Fundación para el Estudio y la Protección del Medio Ambiente (FEPMA) realizó un censo en colaboración con el ICONA que puso al día el estado de este patrimonio natural y cultural. Recuperar estas vías verdes no es fácil, sin embargo, ya que durante siglos han sido usurpadas para construir viviendas, gasolineras, vías de ferrocarril (el AVE ocupó parte de la Cañada Real Segoviana), carreteras e incluso aeropuertos (Barajas), o simplemente se han añadido a fincas particulares de manera impune. Algunos de estos robacaminos son ahora furibundos enemigos de los ecologistas y no tienen pudor en denunciarles (varios han sido juzgados y condenados) por invasión de propiedad cuando cortan vallados y cadenas para dejar libre su tránsito.

Es conocido el caso de Manuel Gómez Laguna, cabrero de Medina Sidonia, citado numerosas veces en los juzgados por cortar alambradas ilegales. O el de José Domínguez, pastor y cantaor flamenco conocido precisamente por «El Cabrero»:

Han arado casi todas las veredas –denunció en cierta ocasión– y las han dejado con las anchuras de un tractor. Ya no tenemos por dónde ir. Y por no estar tantas veces en el banquillo de los acusados pues decidí quedarme con un ciento de cabezas [170].

Hasta ENRESA fue acusada por los ecologistas cuando cortó el Cordel de Galiana para impedir el paso al laboratorio subterráneo de El Berrocal donde realizaba diversos experimentos. Y la Coordinadora Extremeña de Protección Ambiental denunció en junio de 1993 la organización de la IV Ruta de la Trashumancia en la que no participan ovejas sino vehículos todoterreno (los 4 × 4 causantes de tantas tropelías).

Andalucía es la comunidad autónoma con una red más amplia (30.877 kms.). Entre otras muchas acciones para reivindicar los viejos caminos de La Mesta, se llevaron a cabo en estos últimos años invasiones de fincas y cortes de alambradas. «A desalambrar», convoca la CEPA el 12 de marzo de 1995 en El Pedroso, un municipio de la sierra norte sevillana donde la ocupación de las vías pecuarias alcanza el 90 por ciento.

Pinos y eucaliptos: ¿un caso de racismo vegetal?

La dehesa y otros paisajes tradicionales sufren también importantes agresiones con los cultivos de pino y eucalipto que el sector papelero, con el apoyo de la Administración y de muchos propietarios privados, extiende por buena parte de España sin especiales miramientos. De los algo más de 30.000 kilómetros cuadrados repoblados en el período 1940-1981, el 97 por ciento se hizo con pino y eucalipto.

Las críticas ecologistas abarcan tres aspectos importantes: el impacto de esos cultivos, realizados muchas veces tras implacables talas de bosques autóctonos, su incidencia en la propagación de incendios forestales e, indirectamente, la contaminación de la industria papelera. Para denunciar los métodos agresivos del ICONA, los ecologistas llevan a cabo varios encadenamientos. Uno de las más sonados fue el caso de Palancares (Guadalajara). En octubre de 1987, vecinos y ecologistas se encadenan a máquinas del ICONA que aterrazaban laderas de matorral para plantar pinos. Los protagonistas fueron denunciados por coacción y absueltos en 1995. En 1992, se repite una acción similar contra maquinaria de la empresa pública TRAGSA. La protesta duró 39 días sin que hubiera detenciones. Después de una contundente acción ante la delegación de la Consejería de Agricultura de Guadalajara, las obras son abandonadas. Comienza entonces un proceso judicial de cinco años. En febrero de 1997, la Audiencia Provincial de Guadalajara condena a 32 personas al pago de una multa de 25.000 pesetas cada una y a indemnizar a la Junta de Castilla y La Mancha con cinco millones.

En 1976, el ICONA encargó un informe a SADEI, un centro de estudios de Oviedo, sobre los incendios forestales en el norte de España cuyos resultados apenas se difundieron al concluir que buena parte de esos incendios eran provocados por agricultores o ganaderos en venganza por las repoblaciones de pinos y eucaliptos iniciadas en los años cuarenta, muchas veces en montes comunales. Después de la Guerra Civil, los ayuntamientos registraron esos bienes comunales como propios sin conocimiento público y establecieron consorcios con el Patrimonio Forestal del Estado para su repoblación.

Ya en 1968, vecinos de Cuerries y Arenas de Beloncio, dos aldeas asturianas del municipio de Piloña, arrancan en una noche 6.000 pinos recién plantados y luego les prenden fuego. Poco después, realizan una nueva repoblación que fue respetada pero, al cabo de pocos años, hubo decenas de incendios por toda la zona. «Que no se hagan ilusiones, que de aquí no van a sacar ni un pino», dice una de las frases recogidas en el informe. Buena prueba de la animosidad contra la administración forestal es el peculiar recibimiento de un agricultor a un encuestador de SADEI: «Si usted es de la forestal y viene a plantar esto, le mato».

En 1974, el pueblo de Gúlana (Pontevedra) arranca miles de eucaliptos; en 1978, ocurre otro tanto en Gerona, y en 1988 los vecinos de Tazones (Asturias) arrasan en una noche 50.000 plantones. Existen muchos casos más en Asturias y en Galicia sobre todo. Los ingenieros forestales hablan de «racismo vegetal», pero el problema es más de fondo pues, impactos ecológicos aparte, las repoblaciones productivistas allanan derechos y tradiciones.

El número cero de la revista *ADEGA* (1984), de la asociación del mismo nombre, señala que los incendios forestales son el problema ecológico más grave de Galicia y recuerda que desde comienzos de los años setenta ardió en esa Comunidad una superficie superior a la provincia de Pontevedra. Entre otras medidas, propone la devolución de los montes a los vecinos (un millón de Has.) y la repoblación con especies nobles. «O monte e noso» es la consigna gritada por miles de gallegos durante estos años. Coincidiendo con las protestas contra la autopista del Atlántico, más de 150 parroquias gallegas forman la Coordinadora de Montes Comunales (1977). La revista *El Ecologista* aborda el problema en un reportaje titulado «Un comunalismo destruido por Franco» [171]. ADEGA, que denuncia agresiones constantes contra los bosques, como en el caso de las Fragas do Eume, presenta en el Parlamento autónomo (1989) una Iniciativa Popular Legislativa, avalada por miles de firmas, sobre los Bosques de la Comunidad gallega. El control de los incendios mejoró en los últimos años, con la excepción desastrosa de 1998, pero no así la política forestal.

Las denuncias sobre la implicación en algunos incendios de supuestos intereses urbanísticos, madereros o de las propias empresas encargadas de la extinción son frecuentes. Según Greenpeace, entre 1984 y 1993, el 15 por ciento de la madera extraída de los bosques españoles procede de zonas incendiadas, pero sin duda la mayor parte de los incendios se deben a la desidia ciudadana y a la escasa investigación judicial. Las estadísticas oficiales a partir de 1961 indican un aumento progresivo. Mientras los partidos políticos asumen tópicamente que la desertificación es nuestro principal problema ecológico, nadie parece dispuesto a remediarlo. De los ambiciosos planes repobladores del franquismo, causa parcial de estos males, hemos pasado al olvido total del bosque por parte de los gobiernos democráticos.

Pero no sólo fue la cornisa cantábrica. En 1974, las repoblaciones de rápido crecimiento ocupan 160.000 Has. en Extremadura. En Huelva se arrancan en pocos años 200.000 Has. de alcornoques para sustituirlos por eucalipto. Parte de las marismas del Odiel, concretamente las lagunas del Abalario, fueron destinadas también a ese fin. Los ecologistas nunca se opusieron a cultivos forestales de estas especies siempre y cuando se llevaran a cabo en condiciones aceptables y, en ningún caso, arrasando bosques autóctonos. Hasta

Muniellos (Asturias) y buena parte de Doñana estuvieron a punto de convertirse en eucaliptales.

El respeto y la recuperación del bosque ha sido una constante de la cultura ecologista, hasta la fecha con poco éxito. En 1996, la Asociación para la Recuperación del Bosque Autóctono (ARBA), apoyada por numerosos colectivos y profesores universitarios, presenta el «Manifiesto para la recuperación de los bosques»:

La política de reforestación realizada por anteriores administraciones ha favorecido la expansión de cultivos forestales monótonos y monoespecíficos, fundamentalmente de coníferas y eucaliptos, que ha provocado una pérdida paulatina y constante de diversidad biológica... El empleo de maquinaria pesada y las técnicas de preparación del terreno (aterrazamientos) han ocasionado una enorme erosión, destrucción de la estructura del suelo, pérdida de fertilidad... Por ello entendemos que la política de reforestación ha de contemplar con carácter prioritario la propagación de especies autóctonas de cada lugar y la restauración del paisaje...

La «Radiografía de los bosques españoles» presentada por Greenpeace en marzo de 1997, el Día Forestal Mundial, señala que tan sólo 88.850 Has. del territorio español están ocupadas por bosques viejos o seminaturales y que, entre 1986 y 1995, los incendios arrasaron casi un millón de hectáreas de superficie arbolada. Por otra parte, destaca las 547.000 Has. de eucalipto y las 300.000 de pino radiata,

especies exóticas explotadas en condiciones similares a los cultivos agrícolas que nunca podrán ser consideradas como bosques, como no lo son los cultivos de almendros o de algarrobos.

Según este informe, el 24 por ciento de los árboles sufre graves daños con una defoliación superior al 25 por ciento y las extracciones de madera se han multiplicado por cuatro en los últimos cuarenta años, de 3,5 millones de metros cúbicos en los cincuenta a más de 13 en los noventa.

Alimañeros y bicheros

Si la gestión de los bosques fue causa de enfrentamientos permanentes entre ecologistas y administraciones en los últimos treinta años, cabe decir lo mismo respecto a la fauna, objeto de atrocidades sin cuento, desde el productivismo forestal a determinados usos agrícolas y ganaderos, el asalto urbanístico, la caza y, hasta hace no mucho tiempo, la incultura alimañera. La suma de estas y otras agresiones ha colocado al borde de la extinción a numerosas especies animales. Las Juntas de Extinción de Animales Dañinos declaraban orgullosas que, entre 1953 y 1969, habían pagado numerosas gratificaciones a alimañeros por la muerte de miles de aves de presa y otras especies consideradas dañinas para los cultivos, los animales domésticos o la caza.

Del alimañero se pasa en los setenta al «bichero», apelativo cariñoso para llamar a esos cientos de personas, profesionales o aficionados, que dedican su tiempo a tareas de observación, estudio y protección de la fauna. Es, sin duda, una de las aportaciones más cualificadas del ecologismo-conservacionismo con la influencia decisiva, en este caso sí, de Rodríguez de la Fuente. La conciencia sobre el peligro de extinción de algunas especies animales, con mayor incidencia en aquellas de interés cinegético, viene de siglos anteriores y ya se ha dicho que la protección de la cabra hispánica o del rebeco alentó la creación de los primeros Parques Nacionales.

El urogallo (de nuevo en peligro) ocupa los primeros desvelos en los setenta, extendidos progresivamente hacia otras especies, aunque ninguna fue objeto de tanta atención como el lobo, el lince, el oso pardo y el águila imperial.

Considerado como alimaña, la persecución del lobo ha llegado hasta el ensañamiento. De ocupar la casi totalidad del territorio, sus poblaciones principales han quedado relegadas al norte de la Península, Castilla y León, Galicia y Asturias fundamentalmente. El escritor Camilo José Cela lo cita entre las tres vergüenzas nacionales, además del analfabetismo y Las Hurdes. Si el censo de 1988 estima una población entre los 1.500 y 2.000 ejemplares, no es probable que haya aumentado en años posteriores. El biólogo Juan Carlos Blanco, coautor de ese censo, calcula un 30 por ciento de muertes anuales por furtivismo y batidas legales o paralegales. Los grupos ecologistas siempre han defendido la misma estrategia: pago inmediato de daños por parte de las administraciones. En pocas ocasiones se ha logrado. La construcción de infraestructuras no ha tenido menor incidencia en zonas loberas de manera que, en el mejor de los casos, el número de lobos permanece estable desde ese primer censo. La CODA, ERVA, CICONIA y otros grupos ecologistas solicitan en 1997 la inclusión del lobo ibérico en el Catálogo Nacional de Especies Amenazadas con la categoría de vulnerable y advierten del peligro de extinción de las poblaciones de Extremadura, Castilla-La Mancha y Andalucía.

Símbolo del conservacionismo de los noventa, no ha tenido el lince tan mala imagen como el lobo, pero su población tampoco ha ido a mejor. Los disparos y el uso de cepos o lazos son la principal causa de mortalidad, según la CODA, que puso en marcha hace años el «Proyecto Lince». Los trabajos realizados por Miguel Delibes en la Estación Biológica de Doñana, donde hay frecuentes casos de muerte por atropellamiento, indican que apenas quedan en España entre quinientos y ochocientos linces repartidos entre diez o doce poblaciones separadas entre sí, lo que les hace más vulnerables. El 90 por ciento de los linces ha desaparecido en los últimos cuarenta años, de ahí su declaración como el felino más amenazado del planeta. Peor suerte ha corrido el bucardo o cabra pirenaica, cuya población, diezmada ya por cazadores ingleses en la primera mitad de este siglo, se da prácticamente por extinguida.

El interés protector abarca otras especies menos llamativas. La CODA y la Asociación Herpetológica Española realizaron un estudio en 1995 sobre la incidencia de la desaparición de charcas por vertidos de residuos en la reproducción de anfibios. En este aspecto, han destacado los trabajos del Fondo Ferreret para recuperar al sapillo balear o ferreret, especie endémica de las islas Baleares.

El primer Inventario Nacional de Cetáceos presentado en 1998, después de seis años de trabajo, registra veintisiete especies diferentes, algunas amenazadas como el delfín listado, común y mular en el Mediterráneo o la marsopa en el Atlántico. Los expertos han diseñado algunas zonas especiales para preservar estas especies de la pesca y la contaminación, sus principales amenazas. Las concentraciones de organoclorados (DDT y PCB) influyeron en las grandes mortandades de delfín listado en el Mediterráneo (1990). A partir de 1989, la foca monje llama la atención de la sociedad española cuando el Ejército de Tierra lleva a cabo una operación en las islas Chafarinas para salvar al único ejemplar que habitaba sus aguas, bautizado con el nombre de Peluso.

En relación con la fauna, las campañas contra el uso de pieles para prendas de abrigo han tenido gran difusión y no pocos simpatizantes. En este caso se entremezclan aspectos conservacionistas y éticos que rechazan comportamientos crueles con los animales. Las pioneras Sociedades Protectoras de Animales y Plantas ya pelearon por estas cuestiones hace cuarenta años. Sin embargo, no ha sido ésta una causa predominante en el ecologismo más combativo. Otros colectivos, como la Asociación Nacional para la Defensa de los Animales (ANDA), la han asumido con mayor convicción alentados por organismos internacionales como UNESCO y Naciones Unidas. El abandono de animales, las corridas de toros, ciertos festejos populares y, por supuesto, la caza y la pesca son sus frentes principales. La Asociación para un Trato Ético con los Animales (ATEA), señala que cada temporada son abatidos en España treinta millones de animales por los cazadores (1.250.000) y los pescadores (600.000):

Los animales, al igual que las personas –dice un comunicado de 1997–, son seres sensibles y con derechos, no meros objetos que pueden ser tiroteados, heridos y muertos sin remordimiento. La caza y la pesca deportivas, por el contrario, fomentan la idea de que los animales existen para nuestro uso y disfrute y perpetúan la agresión a seres inocentes que no nos han hecho nada.

A esta sensibilidad responde la «pesca sin muerte» promovida desde organizaciones como la Asociación para la Mejora de los Salmónidos (AEMS), preocupada por la salud de nuestros ríos.

Osos S.O.S

Ningún otro proyecto conservacionista ha alcanzado la difusión y complicidad social como el del oso pardo. Ni el lobo, ni el lince, ni siquiera el águila imperial. Miles de escolares se han familiarizado con sus problemas en los colegios y los medios de comunicación colaboraron gratuitamente en una campaña publicitaria sin precedentes con el eslogan que da título a este epígrafe. Anteriormente, la Fundación Oso Pardo (1992) había desarrollado el «Proyecto Huella» con el mismo objetivo.

Ha habido en estos años diversas iniciativas, no siempre coincidentes, con ayudas económicas millonarias (mil millones hasta 1997) de las administraciones españolas y del programa «Life» de la Unión Europea. Quizás la labor más conocida sea la que el Fondo para la Protección de los Animales Salvajes (FAPAS) viene desarrollando en Asturias desde 1982 con la colaboración de 17.000 socios de toda España. En ese año, según estimaciones del propio FAPAS, el número de osos en la Cordillera Cantábrica, último reducto importante, era de apenas sesenta ejemplares.

Modificar la actitud de rechazo generalizado en las poblaciones próximas a zonas oseras fue el primer objetivo del FAPAS y para ello logró agilizar los pagos de indemnizaciones por daños en cultivos y colmenas. También llevó a cabo plantaciones de maíz y de frutales («Frutos para el oso») para garantizar la alimentación de esta especie cuyo hábitat ha sido profundamente alterado. La lucha contra el furtivismo, en colaboración con el SEPRONA (Servicio de Protección de la Naturaleza de la Guardia Civil) y las sociedades de cazadores, fue otro elemento decisivo, aunque todavía hoy no es raro encontrar trampas.

En 1986, el FAPAS localiza varias pieles en el taller de un taxidermista que delatan una red de furtivos. En 1989, fueron detenidos dos furtivos en Cangas de Narcea (Asturias) por matar dos osos. El 12 de junio de ese año, la Guardia Civil lleva a cabo una operación en ocho localidades de la zona con el siguiente resultado: cuatro pieles de osos con cabeza, cuatro urogallos disecados, seis rebecos, una marta congelada, etc. El caso sale a la luz cuando una persona anónima entrega al FAPAS dos oseznos de cinco meses cuya madre podría haber sido víctima de esos desaprensivos. Los oseznos, ya adultos, han vuelto a Asturias después de su cría en cautividad. En 1991, se desmontó otra mafia de furtivos en las comarcas del Sil y Villablino (León).

Pero el caso más sonado y sangrante ocurrió en 1988 cuando un cazador dio muerte a «El Rubio», un oso de dieciocho años controlado por investigadores de la Universidad de León. El cazador llevó el oso muerto a Brañosera (Palencia) donde fue recibido poco menos que como un héroe. La Guardia Civil no pidió mayores explicaciones permitiéndole consumir la carne. El FAPAS llevó el caso a los tribunales iniciando un proceso que dura siete años y supuso dos millones de pesetas de gastos. Alegando defensa propia, el cazador fue absuelto por el Juzgado de Primera Instancia de Palencia y el Tribunal Supremo ratificó la sentencia en 1994.

En 1998, se cumplieron quince años del programa del FAPAS. Su director, Roberto Hartasánchez, escribe en el boletín de la organización:

Creo que el aspecto más importante que ha conseguido el FAPAS ha sido demostrar a la sociedad en general la necesidad de proteger esta especie olvidada y a punto de extinguirse hace 15 años. Hoy los osos son para todos un símbolo de la conservación de la naturaleza[172].

Los programas conservacionistas manejan cientos de millones de pesetas que no siempre han sido bien utilizados. Hartasánchez ha denunciado inversiones para la compra de fincas donde ya no habitaba el oso y señala el peligro de ciertos clanes científicos que tienden a «apropiarse» de las especies con las que trabajan. Algún ejemplar ha muerto, por cierto, a consecuencia de la inexperiencia de algunos científicos.

La conservación –remata Hartasánchez en declaraciones a RNE (1998)– se está convirtiendo en un negocio del que viven con grandes lujos determinados grupos y personas... A veces, se priorizan aspectos biológicos de la especie pero no logran evitar los problemas.

En marzo de 1998, expertos de todo el mundo convocados en Fuentes Carrionas (Palencia) por la Fundación Oso Pardo, dirigida por Guillermo Palomero, evalúan la eficacia de los estudios genéticos señalando el riesgo de consanguinidad en las poblaciones del Cantábrico provocado por ciertas infraestructuras que impiden la comunicación entre ellas:

Para una efectiva recuperación del oso pardo en España –dicen las conclusiones– es esencial que disminuya la actual tasa de mortalidad y que se produzca un crecimiento del número de individuos de ambas poblaciones del Cantábrico (oriental y occidental) para que se pongan de nuevo en contacto y así restablecer la variabilidad genética. Paralelamente, se deben aplicar medidas de manejo del hábitat que permitan a los osos atravesar la barrera que supone la autopista que divide los dos núcleos[173].

A pesar de tantos esfuerzos, y tras el dudoso éxito del programa de introducción del oso pardo en el Pirineo catalán, donde existe un amplio rechazo social expresado incluso en las urnas, la población osera actual se estima en ochenta ejemplares, una cifra insuficiente para garantizar su supervivencia. Las zonas oseras de Asturias, Cantabria, León, Palencia y Lugo se han convertido en santuarios conservacionistas que no todos están dispuestos a respetar.

Los «pajareros» de la SEO

Las aves han estado en el principio de casi todo. A ellas dedicaron su atención los primeros naturalistas españoles como lo demuestra la temprana creación de la SEO y su revista *Ardeola*, cuyo primer número incluye un trabajo de Francisco Bernis titulado «Prontuario de la avifauna española», de gran repercusión, al igual que otro publicado en el número dos bajo el título «Bases para un proyecto de clasificación legal de las aves de España».

La SEO crea el Centro de Migración de Aves (CMA) en 1957, para realizar las primeras campañas de anillamientos y en 1972 un grupo de ornitólogos, zoólogos y conservacionista funda el Grupo Español de Migración de Rapaces (GEMRA), que realiza los primeros censos de aves acuáticas, cigüeñas, buitres, grullas, etc., e hizo un seguimiento de las rutas migratorias en el Estrecho de Gibraltar. A partir de 1978, los anilladores celebran encuentros bianuales para intercambiar experiencias y conocimientos. A mediados de los noventa, unas quinientas personas con carnet realizan aproximadamente 100.000 anillamientos cada año. La SEO forma parte desde 1963 del Consejo Internacional para la Conservación de las Aves (ICBP en sus siglas inglesas) que en 1993 se convierte en BirdLife. Desde entonces, pasa a llamarse SEO-BirdLife. En 1985 se había integrado en la CODA, pero cuando esta organización amplió sus intereses hacia otros campos, se independizó de nuevo manteniendo sus vinculaciones internacionales.

La SEO colabora en la defensa de numerosos espacios de importancia para la avifauna y realiza campañas de divulgación de las estepas ibéricas, además del inventario de Áreas Importantes para las Aves (1990) en el que identifica casi cuatrocientos espacios en toda la geografía nacional. El milano real, las grullas, la avutarda, la cerceta pardilla, la cigüeña blanca y negra, las palomas de la laurisilva, la hubara canaria, la malvasía (en 1983 nace en Córdoba una asociación dedicada a esta especie) han merecido programas y campañas específicas. Es interesante el caso del aguilucho cenizo, que nidifica en los campos de cereal, cuya población está saliendo a flote gracias a la colaboración de naturalistas y agricultores.

Pero, en el caso de la avifauna, ninguna otra especie ha suscitado tanto interés como el águila imperial, rey de los cielos y objeto de numerosas investigaciones con inversiones también millonarias. En 1983, ecologistas andaluces denuncian en el Parlamento Europeo la práctica desaparición del quebrantahuesos que, junto a otras aves carroñeras, merece la atención de los conservacionistas. En el primer congreso dedicado a estas aves en 1996 se constatan los avances registrados en los últimos años: 10.500 parejas reproductoras de buitre leonado, 1.023 de buitre negro, 1.000 alimoches y 66 quebrantahuesos. A pesar de todo, estas aves siguen amenazadas por canteras, carreteras, pantanos, tendidos eléctricos, venenos, pesticidas, turismo incontrolado, etc. En el II Congreso, los expertos plantean la conveniencia de crear la Comisión Nacional de Especies Amenazadas y llaman la atención de la Diputación de Navarra para que sea rigurosa respecto a las denuncias de supuestos ataques anómalos de buitres a ganado vivo registrados en esa región.

El impacto de tendidos eléctricos por choque o electrocución ha sido denunciado constantemente por los conservacionistas. Unas cuarenta especies de aves sufren de manera particular ese impacto. El 75 por ciento de las muertes de ejemplares de águila imperial o de águila perdicera se deben a esta causa. La CODA pone en marcha en 1993 un Programa de seguimiento. En menor medida, se detectan otros impactos como el de las cuerdas de atar pacas de paja en los pollos de cigüeña que mueren por ahogamiento.

Además de la caza legal o furtiva y del uso de cepos o lazos, los cebos envenenados constituyen uno de los principales peligros para la fauna. El ICONA permitió el uso de estos cebos de manera indiscriminada en favor de las especies cinegéticas. Cuando decide prohibirlos en 1984, algunos jefes provinciales llamaban a la sede central para preguntar «si la cosa va en serio». En 1989, dos miembros de ADENA, Carlos Aguilera y el actual presidente, Juan Carlos del Olmo, siguen los movimientos de vendedores y compradores. Con los datos en la mano, ADENA acude al juzgado de guardia y el caso sale a la luz pública. La empresa TEVASA de Madrid fabricó miles de huevos envenenados con la implicación de más de trescientos dueños de cotos. En los primeros meses de 1989, se habían colocado no menos de un millón de huevos mortíferos en numerosos cotos de caza españoles.

El problema volvió a plantearse con gran virulencia en los noventa. El creciente número de casos de muerte por cebos envenenados ha puesto en peligro la supervivencia de algunas especies. «Estrategia para envenenar España», denuncia el boletín *FAPAS* en febrero de 1997:

En España existen numerosas granjas de cría tanto de aves como de mamíferos, que han dado origen a una modalidad de caza industrial, basada en la suelta de esos animales. Tanto los propietarios de terrenos como los cazadores de esa modalidad pretenden impulsar de nuevo la colocación de venenos de forma que se eliminen todos aquellos posibles enemigos de unas especies criadas en cautividad y que carecen de capacidad natural de defensa.

En 1997, ADENA-WWF, SEOBirdLife, CODA, SECEM, FAPAS, Fundación para la Conservación del Buitre Negro,

GREFA y Fundación para la Conservación del Quebrantahuesos constituyen la Plataforma Programa Antídoto.

Otra causa de mortalidad no menos importante en las aves es el plumbismo, considerado como una de las amenazas más graves de los ecosistemas acuáticos y objeto de atención prioritaria de las organizaciones conservacionistas en la década de los noventa. Cada año se depositan en esos ecosistemas unos 30.000 millones de perdigones que suponen aproximadamente 5.000 toneladas de plomo. La Albufera de Valencia y el Delta del Ebro son las zonas más afectadas. Las últimas cifras difundidas por CODA y CEPA denuncian 100.000 ejemplares al año envenenados por ingestión de plomo procedente de los perdigones y pesos de pesca, de los que mueren la mitad (patos, cisnes y ánsares fundamentalmente), aunque también ha habido casos en aves de presa (águila imperial, águila real o buitre leonado) e incluso en tortugas o ganado vacuno. El riesgo alcanza al ser humano como consumidor de esos animales. Administración, cazadores y ecologistas han acercado posiciones para sustituir los perdigones de plomo por otros de acero, estaño o molibdeno, menos perjudiciales.

Por último, las reformas introducidas en la Ley de Conservación en 1997 que permiten la contrapasa (caza de especies migratorias en paso prenupcial) y rechazan la obligatoriedad de los exámenes de cazador y pescador son duramente criticadas y denunciadas en Bruselas por los conservacionistas.

6. Por tierra, mar y aire

Padre
decidme qué
le han hecho al río
que ya no canta.
«Padre». JOAN MANUEL SERRAT

Lorea y los Traperos de Emaús

La crítica profundamente ideológica al modelo de desarrollo industrial de los sesenta y setenta se ha ido difuminando para centrarse en aspectos parciales relacionados con la contaminación por residuos de tierra, mar y aire. No ha sido aceptado sin más el modelo vencedor (ni el ecologismo ha logrado sobreponerse al pensamiento único, aun siendo uno de sus principales fustigadores), pero, obligados por las circunstancias los ecologistas han cambiado su estrategia. La calamitosa gestión de las administraciones españolas en los últimos treinta años fracasa en muchos frentes, pero en ninguno tanto como en el de los residuos, especialmente los industriales. En relación con este asunto, el protagonismo de Greenpeace es apabullante, y justo es decir que ha sido la organización con más aportaciones teóricas y prácticas.

Aparte de la Ley Básica de Residuos Tóxicos y Peligrosos (1986) y otras tímidas iniciativas, como el Inventario de Residuos que nunca llega a realizarse por la negativa de las empresas a declarar su producción (dos millones de toneladas/año de residuos tóxicos y peligrosos, estima la Administración en los ochenta, cifra muy por debajo de la realidad), el Plan Nacional de Residuos (1989-1993) supone el primer acercamiento al problema. Pues bien, el responsable del MOPTMA, José Borrell, reconoce en 1993 que dicho Plan fracasó estrepitosamente. La propuesta de construir tres incineradoras era inadmisible para los ecologistas. Lo mismo ocurre con el siguiente Plan (1994-1998), a pesar de algún cambio de matiz. Las primeras movilizaciones contra los proyectos de incineración aconsejan al Gobierno construir esas plantas dentro de las propias industrias, pero ni aun así hubo consenso.

Antes de abordar el enorme problema de los residuos industriales, el movimiento ecologista comienza por lo más próximo, la basura doméstica, cuya producción aumenta por encima del desarrollo económico. Aunque la cultura del reciclaje tiene antecedentes en la España de la miseria (chatarreros, traperos, etc.), el ecologismo aporta una nueva dimensión en la que trata de implicar a los ciudadanos. La experiencia más importante surge en Navarra de la mano del colectivo «Lorea» ('flor', en euskera) con un lema absolutamente innovador: «Ni verter, ni quemar, recuperar». Alfonso del Val, personaje fundamental en esta y otras experiencias, recuerda en *El libro del reciclaje* [174] que, durante cinco años, cuarenta personas «militantes de la basura», trabajaron con entusiasmo y escasos medios.

En agosto de 1981, la Diputación Foral de Navarra saca a concurso varios programas de recogida selectiva de papel y vidrio. Lorea consigue la concesión de Antsoain con una subvención de apenas dos millones de pesetas para gastos, impuestos y el sueldo de ocho personas. Cuenta para ello con la inestimable ayuda de los Traperos de Emaús, asociación fundada en Francia (1955) por Henri-Antoine Groouès, más conocido como el Abate Pierre, que trabajan en Navarra y otras zonas de España con jóvenes disminuidos físicos o marginados. Una de sus actividades más rentables es la restauración de muebles desechados. En 1983, comienza la experiencia en Pamplona con la difusión de folletos que destacan mensajes directos y prácticos: las importaciones españolas de desperdicios de papel suponen 2.700 millones de pesetas. De ahí el lema elegido: «La basura es un tesoro».

Lorea realiza también un análisis de la basura sobre un total de 900 kilos de bolsas: plástico (25,5), polietileno (18,6), PVC (3,3), poliestireno, polipropileno y otros (3,6), metales (13,5), papel y cartón húmedos (20), goma y cuero (5), vidrio (5), trapos (3,3), materia orgánica (14) y otros (13,7). Finalmente, gana un nuevo concurso en 1985 en competencia con una empresa del INI y FOCSA, actual líder del sector. En 1990, se organiza la Mancomunidad de Montejurra con la participación de un ingeniero de Lorea convirtiéndose en referencia para toda España. Éstos son, pues, los orígenes de la cultura del reciclaje. Los populares iglúes para papel y vidrio o la Ley de Envases en vigor desde el 1 de mayo de 1998 tienen tan humildes antecedentes.

Contra los vertederos

Los ciudadanos han estado más activos para protestar contra cualquier instalación de tratamiento de basuras que en la denuncia y rechazo de los miles de vertederos incontrolados por todo el país. En los ochenta hay numerosos conflictos. En Tenerife se enfrentan policías y vecinos por la instalación de un vertedero controlado y el alcalde de la Laguna se declara en huelga de hambre. En Gerena (Sevilla) hubo una huelga general. En San Fernando de Henares (Madrid), los vecinos boicotean la inauguración de un depósito de residuos industriales. En 1988, surge el escándalo de la empresa Celmar Española de Vizcaya que vierte clandestinamente residuos de un pesticida tóxico en Palencia. Casos similares son descubiertos en Soria. En 1989, varios alcaldes de Burgos denuncian la quema incontrolada de residuos tóxicos procedentes del País Vasco desde doce años atrás. Ese mismo año se descubren ochenta bidones con productos tóxicos enterrados en una cantera de Santa Eufemia (Córdoba) y bidones de cianuro abandonados por la empresa Trionito en una mina de Huelva. Sería interminable la relación de sucesos.

Precisamente en Navarra se libró una de las batallas más importantes cuando en 1988 la Mancomunidad de Aguas de Pamplona aprueba la construcción de un centro de tratamiento de basuras en la localidad de Góngora, en el valle de Aranguren, con poco más de 1.300 habitantes. La Comisión Antivertedero, con el párroco Jesús Equiza («el cura del vertedero» le llaman) y el alcalde a la cabeza, protagoniza durante años manifestaciones, tractoradas, concentraciones sabatinas frente al Palacio de Gobierno, incendios de máquinas y un sinfín de acciones que no tienen apoyo político ni siquiera de HB.

El 2 de abril de 1990, un enfrentamiento entre manifestantes y la Guardia Civil termina con doce heridos y cinco detenidos, entre ellos el cura y el alcalde. En mayo suceden hechos similares y el cura Equiza recuerda al presidente Gabriel Urralburu su antigua condición de sacerdote. La protesta dura unos meses más y todavía en 1993, con la planta en funcionamiento, el alcalde, José Antonio Villamallor, afirma que las cifras oficiales de recuperación son falsas ya que están enterrando el 94 por ciento de la basura. Por esas fechas, el rechazo a un vertedero en la localidad cántabra de Zurita termina de manera más trágica. Tras los enfrentamientos con la Guardia Civil en agosto de 1990 resulta muerta una persona y otra fallece pocos días después a consecuencia de las heridas recibidas.

El Plan de Residuos de la Generalitat de Cataluña provoca no menos rechazos en la Conca del Barberá, donde preten-

de construir un vertedero controlado. En 1990, veintiún alcaldes presentan la dimisión, hay manifestaciones masivas
en la zona y en Barcelona con numerosos casos de violencia,
encierros, cortes de carreteras, interrupción de actos públicos de Jordi Pujol («el crecimiento industrial puede resentir-
se por la paralización de vertederos», advierte), y hasta llegan a acorralar en una ocasión el consejero Molins para
pedirle explicaciones. El Gobierno catalán retira finalmente
el Plan y la Coordinadora se disuelve con la promesa de que
los vertederos serán construidos en el área industrial de Barcelona. En febrero de 1991 es aprobado uno nuevo.

Ya en los setenta, Barcelona vive una encendida polémica
por el vertedero de El Garraf, a treinta kilómetros de la ciudad, donde van a parar los residuos urbanos. Uno de los
profundos valles de este espacio singular quedó material-
mente relleno de basura. Los primeros en denunciar la situación fueron los espeleólogos. A finales de 1974, poco después de su inauguración, fallece una persona en una sima
cercana al vertedero al explotar a su paso una bolsa de gas
metano originado por la descomposición de materia orgánica. A pesar de las promesas, los vertidos siguieron hasta
hace pocos años.

Hay otros muchos casos como el de Santovenia del Pisuerga (Valladolid) o el de León, pero ninguno refleja tan
gráficamente el problema como el estallido del vertedero de
Bens (La Coruña) en septiembre de 1996 que provocó la
muerte de una persona y el desalojo de viviendas, aparte de
otras molestias. El alcalde Francisco Vázquez pide la declaración de zona catastrófica. Durante veintidós años, en las
proximidades de la ciudad y al borde del mar, La Coruña y
otros municipios vertieron allí sus residuos (hasta un millón
de toneladas) sin plantearse soluciones más razonables. En
toda España, recuerdan los medios de comunicación, se tiran sin control 14 de las 45 toneladas de basura que se producen anualmente. A los pocos días del susto de Bens, el

grupo ALGAMAR denuncia grietas en el muro de contención del vertedero de Ceuta que podrían provocar un accidente similar, y anteriormente Greenpeace había acusado al
Gobierno de Gibraltar por arrojar la basura al mar.

Greenpeace ofrece asesoramiento al alcalde de La Coruña
y acude con el *Sirius* al lugar de los hechos. El 10 de octubre,
miembros de la organización depositan a la puerta del Ministerio de Medio Ambiente varios sacos de envases procedentes del vertedero de Bens:

Queremos recordarle a la ministra Isabel Tocino –dice un comunicado– su responsabilidad frente a las basuras y exigirle que la Ley de
Envases prohíba el PVC y favorezca la reducción, reutilización y reciclaje de los envases.

Plantas de tratamiento o vertederos de residuos. La batalla parece interminable. Los casos de Gibraleón y Nerva
(Huelva) son paradigmáticos. En febrero de 1988, se extiende el rumor de que la Junta de Andalucía pretende construir
en Gibraleón, población de tradición minera, un depósito
de residuos inertes procedentes de la industria de Huelva. La
Coordinadora Antivertedero acusa al alcalde de aceptar la
propuesta. En la noche del 6 de noviembre, quinientas personas salen a la calle y la policía toma el pueblo. A partir de
ahí, día tras día, hay manifestaciones diurnas y caceroladas
por la noche. Una carga de la Guardia Civil se salda con doscientos heridos el 28 de noviembre. Los balcones de las viviendas permanecen engalanados con telas blancas y un
lema: «Vertedero, no».

Idéntico proceso se produce en Nerva, el «valle del infierno» según la escritora Concha Espina, cuando la Junta decide trasladar allí el proyecto. La Plataforma Antivertedero, la
CEPA y otros colectivos, junto a partidos políticos de oposición al gobierno municipal del PSOE, comienzan a partir de
1995 las movilizaciones. En septiembre de 1996 hay una manifestación de 3.000 personas e incluso atentados contra el

domicilio del alcalde, mientras la corporación municipal vive en crisis permanente. En abril de 1997, las plataformas Anticementerio de Residuos Radiactivos (Córdoba), Antivertedero (Nerva) y contra el Cable de Tarifa (Cádiz) celebran un acto de hermanamiento. El vertedero fue inaugurado finalmente en julio de 1998 con la promesa de los vecinos de que la batalla no había terminado.

De Portmán a Aznalcóllar

Lo sucedido en apenas unos minutos tras la rotura de la balsa de lodos de las minas de Aznalcóllar (Huelva) ha venido ocurriendo en la bahía de Portmán (Cartagena), día a día, durante más de treinta años. Y no es que el hecho haya pasado del todo inadvertido, pues Portmán es uno de los símbolos más conocidos del ecologismo, pero no hubo entonces esa sensación generalizada de tragedia. El factor Doñana ha sido determinante, aunque no explique del todo la percepción tan desmedida en uno y otro caso.

La tradición minera de Portmán se remonta varios siglos atrás. De los inmensos cráteres abiertos sobre sus montañas se han extraído galena, blenda, pirita, plata y otros minerales transportados diariamente hacia las fábricas de Cartagena. En 1957, la Sociedad Minero-Metalúrgica Peñarroya, de la banca Rothschild, y la Sociedad Minera Zapata-Portmán, pusieron en marcha el lavadero «Roberto», uno de los mayores del mundo. La Orden Ministerial de 18 de febrero de 1959 permitía el vertido de lodos directamente a la bahía, unas 3.000 toneladas diarias. El permiso se amplió a treinta años en 1969, liberando a la empresa de las operaciones de dragado a cambio de una finca en el cabo de Palos y un nuevo puerto para las embarcaciones de recreo. Los recursos a los tribunales del Ayuntamiento de La Unión no prosperan, ante la indignación de los vecinos.

El asunto salta con fuerza a los medios de comunicación a mediados de los setenta y más de un periodista fue censurado por presiones directas de la empresa. En 1977, el gobernador civil de Murcia, Federico Gallo, famoso locutor de TVE, crea una comisión de estudio. Un año después, tras una asamblea en Portmán, el PSOE plantea una pregunta en el Congreso de los Diputados sobre «la toxicidad de los vertidos, incidencia de éstos en la flora y fauna marinas y las medidas que piensa adoptar el Gobierno ante la degradación de la bahía y para garantizar el trabajo de los pescadores».

El Gobierno reconoce en su respuesta la peligrosidad de tales sustancias, aunque «al estar anegada la bahía como consecuencia de los grandes volúmenes de vertido, no plantean problemas para la salud humana, toda vez que no se utiliza a efectos de turismo y recreo» [175]. No menciona, sin embargo, soluciones alternativas como la depuración y reciclaje de esos estériles de minería. Tan sólo anuncia una normativa próxima para la adaptación gradual de todas las industrias contaminantes existentes a unas exigencias mínimas razonables en materia de depuración de sus efluentes líquidos y eliminación de residuos sólidos. La respuesta lleva fecha de 10 de mayo de 1978.

Cuando le exigen medidas reductoras de impacto ambiental, Peñarroya amenaza con el cierre alegando la escasa rentabilidad de la explotación. En los años ochenta, entre 8.000 y 10.000 toneladas de mineral son tratadas diariamente por un proceso de flotación que utiliza agua de mar, cianuro sódico, ácido sulfúrico, etc. Esos productos, junto al resto de metales pesados (cadmio, zinc, mercurio, plomo, etc.) se vertían directamente al mar a través de la famosas tuberías («las chorras»), llegando a cubrir una superficie próxima a los 10 kilómetros cuadrados y una profundidad de 150 metros.

A las acciones de grupos locales como la Asociación de Naturalistas del Sureste (ANSE) o del Grupo Ecologista del Mediterráneo (GEM), se une la intervención espectacular de Greenpeace el 31 de julio de 1986 cuando intenta taponar las tuberías de vertido. Bajo una niebla espesa, el *Sirius* llega a la zona a las siete de la mañana. Varios miembros de la tripulación se dirigen a la costa en dos barcas y, a las ocho en punto, comunican telefónicamente a Peñarroya sus intenciones. Finalmente, no logran del todo el objetivo por la gran fuerza del chorro, que tiñó de gris los blanquísimos monos del comando. Mientras dura la acción, dos activistas sostienen una pancarta: «Portmán: 50.000.000 de toneladas al Mediterráneo. Stop». Poco después hace acto de presencia la Guardia Civil y un grupo de trabajadores muy beligerante con los ecologistas. Algunas cámaras de televisión caen en medio del fangal. Tres personas fueron al cuartelillo y quedaron en libertad a las pocas horas.

Ampliamente tratada por los medios de comunicación, la protesta da lugar a un largo proceso judicial, pero el 30 de marzo de 1990 se paralizan los vertidos. Comienza entonces, según los vecinos, una nueva catástrofe en la sierra con el vertido a la cantera «Tomasa». En esos momentos, la empresa Portmán-Golf es la nueva propietaria de las minas. Tras seis años de espera, Greenpeace consigue sentar en el banquillo de los acusados a cinco directivos de Peñarroya y Portmán-Golf. El 22 de julio de 1993 se da a conocer la sentencia absolutoria del Juzgado de Cartagena al estimar que dichas empresas tenían las pertinentes concesiones administrativas. Greenpeace recurre sin éxito ante la Audiencia de Murcia.

En 1995, el MOPTMA presenta una serie de alternativas para la restauración de la bahía. Una de ellas dice:

La creación de una playa estable con la línea de costa situada aproximadamente en la misma posición que tenía en 1957 requiere el dragado de unos 8 millones de metros cúbicos y la aportación de 1,5 millones de metros cúbicos de arena... [176]

Naturalmente, los miles de millones necesarios saldrán de las arcas públicas. En 1998, el Gobierno de Murcia anuncia un nuevo plan con participación de fondos de la Unión Europea. La tarea restauradora tardará unos cuantos años.

Además de los vertidos venenosos al mar, el paisaje lunar de la sierra minera, donde desaparecían montañas casi de un día para otro, nunca fue restaurado. Las escombreras (unas 300 Has.), el movimiento de camiones, el polvo, etc., han provocado infinidad de incomodidades a los vecinos. Para colmo de males, en 1985 pretenden poner en explotación una nueva cantera (Blancos III) a las mismas puertas de Llano del Beal arrasando veinticinco viviendas del pueblo. Hay acciones de protesta, cortes de carretera y el procesamiento de seis vecinos posteriormente absueltos: «El Llano quiere vivir», «No a la cantera de Peñarroya».

Pero la verdadera batalla popular, una de las más hermosas y cívicas de cuantas se han producido en los últimos treinta años, comienza el 17 de enero de 1988. Esa misma noche, los vecinos deciden montar guardia permanente en una desvencijada cabaña a las afueras del pueblo. Durante muchos meses, día y noche, un retén vigila para evitar el comienzo de las obras. Paralelamente, la Asociación de Vecinos Santa Bárbara organiza actos y manifestaciones, como la del 17 de diciembre de 1989, cuya convocatoria va encabezada por un llamamiento a la resistencia y a la solidaridad:

Desde 1957, Peñarroya venía desarrollando sus actividades en la Sierra Minera. Hicieron desaparecer el poblado de Los Blancos, degradaron la Bahía de Portmán, trituraron los montes y crearon enormes terreras y gigantescos agujeros. Su minería a cielo abierto se adueñó de toda la sierra. Cuando ve que se agotan los recursos, provoca un conflicto con los vecinos de Llano del Beal al acercar sus explotaciones al pueblo. La multinacional francesa vende a Portmán-Golf y se marcha, pero se queda con la fundición de metales... Los nuevos dueños piden la recalificación urbanística (16 millones de metros cuadrados), de forma salvaje, pretendiendo al mismo tiempo seguir con la minería en dirección al Llano. ¡Y el pueblo ha dicho basta!... [177]

En 1990, los propios vecinos comienzan la construcción de una nueva Cabaña, ya con mayúsculas, que hoy es
el centro cultural del pueblo. Las acciones de protesta se
prolongan hasta 1991. Al cumplirse el décimo aniversario, el Llano celebra en junio de 1998 una fiesta a la que
asistieron miles de personas. La historia de esos casi tres
años quedó reflejada en un diario escrito con letra primo-
rosa y peculiar estilo por Ángel Urrea. En su primera página incluye la carta dirigida al rey Juan Carlos en septiembre de 1987:

... Que con su recto proceder tramita a las autoridades competentes
para que obren en justicia por un pueblo que lo componemos el 60
por ciento de jubilados...

Y luego, enumera otros hechos: las asambleas en la iglesia, el viaje al Parlamento Europeo o a Murcia para pedir
audiencia al presidente del Gobierno autónomo que no
quería recibirlos, los numerosos enfrentamientos con la
Guardia Civil, la manifestación de la Plataforma de Solidaridad con el Llano del Beal, la plantación de mil árboles
para conmemorar el segundo aniversario de La Cabaña, la
celebración del III Encuentro de Pueblos Amenazados en
febrero de 1991... Todo ha quedado debidamente reflejado
en este diario. También los gestos de solidaridad, como la
acampada de grupos ecologistas y otros colectivos en abril
de 1988. La Cabaña es un monumento al civismo.

Mientras los vecinos del Llano celebran el final de su pesadilla, en Aznalcóllar, Aznalcázar y otros pueblos del entorno de Doñana llevan semanas de angustia ante el futuro in-
cierto que, en apenas unos segundos, les ha deparado la
firma sueca Boliden Apirsa. Esta empresa minera, que había
obtenido sustanciosas ayudas de la Administración, construyó una enorme balsa para verter los residuos resultantes
de los procesos de transformación del mineral (cobre, plo-

mo y zinc). En la madrugada del sábado 25 de abril de 1998, se produce una rotura parcial del dique de contención de la balsa provocando sucesivas oleadas de lodos tóxicos (varios millones de metros cúbicos) que arrasan el cauce del río Guadiamar y las tierras próximas de ambas orillas, unas 5.000 Has. en total, de las que 2.000 son de carácter agrícola. La ola negra llega también hasta el Parque Natural de Doñana, gestionado por la Junta de Andalucía, a las mismas puertas del Parque Nacional. Un vecino que observó el suceso dio aviso a la Guardia Civil.

«El problema creado es de primera magnitud», reconoce en su comparecencia parlamentaria del 7 de mayo la ministra Isabel Tocino. Y, en efecto, lo es porque ha arrasado miles de toneladas de cultivos y dejado inservibles, al menos por unos cuantos años, los terrenos; porque ha puesto en peligro el trabajo de cientos de personas: mineros, pescadores, hoteleros, etc.; porque ha arruinado el cauce de un río y, el aspecto más polémico, porque ha afectado de lleno al Parque Natural de Doñana, dejando en situación precaria al Parque Nacional, aunque sólo sea por la falta de aportes hídricos desde el Guadiamar. Entre el Parque Natural y el Nacional no existen fronteras salvo el improvisado muro de contención construido en las primeras horas del desastre.

Doñana ha agrandado la gravedad de los hechos. Para bien y para mal, este territorio se ha convertido en el símbolo conservacionista de nuestro país y de ahí la insistencia de la ministra Tocino en resaltar que «el corazón de Doñana había sido salvado». Ya se verá.

¿Cómo es posible que ocurran hechos como éste?, se preguntan atónitos los ciudadanos. Lo sorprendente, sin embargo, es que ante la permisividad de las administraciones y la irresponsabilidad de las empresas, no ocurran con mayor frecuencia. De hecho, pocos días después de esta catástrofe, estalló otra balsa en Cádiz sin mayores consecuencias afortunadamente. Las denuncias sobre el impacto de la minería a cielo abierto han sido frecuentes así como los riesgos derivados de balsas o de escombreras de estériles.

La estupefacción aumenta cuando la Sociedad Española de Ornitología (SEO) difunde una nota el 29 de abril recordando que diez años atrás había presentado una queja ante la Comisión Europea por «la falta de control de focos contaminantes en la periferia del Parque Nacional de Doñana», en concreto de las minas de Aznalcóllar. También en 1988 un estudio de la Universidad de Córdoba demuestra la existencia de metales pesados en los tejidos de cangrejos de las marismas del Guadalquivir. La CEPA, por su parte, denuncia en el Juzgado de Sanlúcar de Barrameda una curiosa operación. La empresa del Polo Químico Foret compraba piritas a Boliden para la fabricación de ácido sulfúrico. Los residuos resultantes, unos 300.000 kilos al año, eran enviados de nuevo a las balsas de Aznalcóllar. Finalmente, un técnico de la Junta recuerda sus propias denuncias sobre la escasa seguridad de la balsa siniestrada. Los resultados están a la vista.

Las consecuencias ecológicas, sociales y económicas de la catástrofe de Aznalcóllar se prolongarán durante mucho tiempo. Mientras los jueces determinan responsabilidades, las administraciones, protagonistas de una pelea indigna, han adelantado miles de millones de pesetas que probablemente nunca recuperen. Por lo demás, Doñana ha sufrido daños irreparables en su imagen, un intangible en el que se basa la estrategia del Plan de Desarrollo Sostenible. En contra de las apariencias, la vulnerabilidad de nuestras sociedades es cada día mayor ante un modelo de desarrollo que sigue primando la rentabilidad sobre la seguridad. Los despistes y la ignorancia a la hora de afrontar situaciones como ésta han puesto también en evidencia la prepotencia de algunos sectores técnicos y científicos que, a la hora de la verdad, no tienen tantas soluciones como aparentan.

Nerva y Niebla: *los cruceros de Tioxide*

En relación con el problema de los residuos, Huelva protagoniza otros episodios no menos lamentables. Los vertidos
en el Golfo de Cádiz de la empresa Tioxide, en el Polo Químico, por medio de los barcos *Nerva* y *Niebla* fueron objeto
de numerosas protestas. Una de las más importantes tuvo
lugar en la mañana del 13 de agosto de 1986 cuando el *Sirius*
se traslada a la zona de conflicto. A bordo de dos lanchas
neumáticas, varios miembros de la organización persiguen
al *Nerva,* escalan a cubierta y se encadenan a las válvulas y
cañerías de vertido. El presidente de Greenpeace, Xavier
Pastor, advierte por radio al capitán que se trata de una acción pacífica. El *Nerva* sigue el rumbo previsto hasta la zona
de vertido, a 35 millas de la costa onubense, frente al Parque
Nacional de Doñana. Una vez allí, para sus máquinas y espera. Así pasan varias horas sin que los ecologistas desistan. Ya
de noche, el capitán decide volver a puerto con la carga tóxica. A las dos de la madrugada, el *Nerva* trata de burlar la vigilancia de los ecologistas mientras el *Niebla* emprende otra
ruta. Ambos son interceptados de nuevo por las lanchas de
Greenpeace que logran paralizarlos durante varias horas
hasta que regresan de nuevo a puerto. Por tercer día consecutivo, no logran depositar su venenosa carga. Pero hubo
más sucesos de este tipo.

Sobre las 9 de la mañana del 29 de julio de 1987, cuatro
miembros de la Coordinadora Ecologista de Huelva llegan
al muelle Reina Sofía, donde están a punto de zarpar estos
peculiares cruceros (*Cáncer* y *Lepra* para los ecologistas). La
acción fue apoyada también por Greenpeace, que días antes
había enviado miles de postales a la Dirección General de la
Marina Mercante solicitando la anulación de los permisos
de vertidos. Mientras un grupo de pescadores cómplices
trata de impedir el acceso al muelle, los ecologistas llegan en
zodiac hasta los barcos encadenándose a las tuberías por

donde vierten diariamente, salvo fines de semana, 1.800 toneladas de residuos al fondo del mar. «¡Alto!», «Vertidos,
no», dicen las escuetas pancartas de tela blanca. La Guardia
Civil corta las cadenas al cabo de unas horas sin mayores
consecuencias, pero el 11 de julio de 1989, el Juzgado de Mo-
guer condena a los autores a una multa de 1.500 pesetas o un
día de arresto sustitutorio y al pago de una indemnización
de 553.000 pesetas a la empresa en concepto de responsabilidad civil. El recurso de apelación fue desestimado y la
Coordinadora se rebela: «Por una justicia más justa. No más
juicios a los ecologistas. No más permisos para envenenar
el mar».

Tioxide produce pigmentos de dióxido de titanio para la
fabricación de pinturas y otros materiales. Por cada tonela-
da de titanio obtenido genera ocho de residuos con alto contenido en metales pesados y ácido sulfúrico utilizado en el
tratamiento del mineral. Durante doce años, desde 1976,
vertió más de cinco millones de toneladas al mar. Con la entrada en vigor del Plan Corrector de Vertidos, Tioxide mo-
dificó su sistema de producción y fue felicitada por los ecologistas. Los residuos podían ser reciclados, pero nadie lo
había exigido hasta entonces. El 31 de mayo de 1993, el *Nerva* realiza su último servicio.

Un comunicado de la Coordinadora Ecologista de Huelva enumera hechos y agravios en marzo de 1991 ocasiona-
dos por el Polo Químico y otras empresas: contaminación
del Golfo de Cádiz; muerte de todos los organismos vivos
de la ría por el vertido de cientos de toneladas de metales
pesados desde hace veinticinco años, que en 1986 y 1987
provocaron la muerte de más de medio millón de peces, re-
pitiéndose nuevas mortandades en años sucesivos; contaminación atmosférica que hace irrespirable el aire de la ciudad, una de las más contaminadas del mundo; vertidos de
miles de toneladas de fosfoyesos que han destruido de forma irreversible las marismas del Tinto; playas contamina-

das por metales pesados y lodos; 220.000 Has. de eucalipto cultivadas por ENCE que ocupan casi la cuarta parte de la provincia; prohibición de pescar moluscos en todo el litoral por contaminación de metales pesados y del baño en numerosas playas.

Un panorama desastroso, en fin, que en parte continúa. La Coordinadora recuerda que había presentado nueve denuncias contra otras tantas empresas por delito ecológico y contra la salud pública, «que se pudren en los armarios de los juzgados desde hace más de cuatro años y que aún no han dado lugar a ningún expediente sancionador ni exigencia de responsabilidades». En efecto, los hechos demuestran mayor atención a las denuncias de las empresas contra los ecologistas que a las de éstos contra aquéllas. Decenas de ecologistas han sido condenados durante los últimos treinta años, pero sobran dedos de una mano para contar las condenas a empresas contaminadoras. El caso más sobresaliente fue el del empresario catalán Josep Puigneró, que el 17 de abril de 1997 ingresó en prisión para cumplir condena de cuatro años y dos meses impuesta por la Audiencia de Barcelona por un delito continuado contra la salud pública y el medio ambiente. La empresa Hilados y Tejidos Puigneró, en la comarca de Osona, había utilizado dos captaciones ilegales de aguas públicas del río Sorreig desde 1979. Años después puso en marcha una depuradora que siempre funcionó irregularmente no impidiendo los vertidos contaminantes a la riera Tuta y de ésta al Sorreig y al Ter. Las advertencias fueron inútiles. Puigneró entra en prisión, mientras los alcaldes de la comarca y algún sindicalista hablan de alarma social ante el futuro de la empresa. Los medios de comunicación destacan la noticia. Es la primera vez que ocurre un hecho semejante.

A pesar de todo, las empresas protestan. En 1987, la Asociación de Industrias Químicas, Energéticas y Afines exige serenidad con este comunicado amenazador:

... Si algunos de estos grupos con intereses políticos, descentrados de nuestro sistema democrático, siguen campando por sus respetos e invadiendo instalaciones y materializando acciones ilegales sin que la Administración diga ¡basta!, a la vuelta de la esquina nos podremos encontrar con sorpresas desagradables que en nada ayudan a la convivencia democrática de esta sociedad[178].

El 6 de agosto de 1989, treinta embarcaciones con quinientas personas a bordo participan en una manifestación naval que pone fin a una campaña de la Plataforma en defensa de la bahía de Cádiz. Numerosos pesqueros se suman espontáneamente a la manifestación marina, con paradas en la refinería de CEPSA, recién procesada por supuesto delito ecológico, y en la central térmica. Huelva y Cádiz concentran las protestas de los ecologistas andaluces contra el desarrollismo salvaje tan poco respetuoso con el medio ambiente como con la salud de las personas.

«¡Celulosas, fora!»

La contundente oposición a las plantas de celulosa o papeleras, a partir de los setenta, es equiparable al actual rechazo a la química del cloro, dos industrias estrechamente relacionadas que constituyen un capítulo muy especial en el difícil y oscuro mundo de los residuos. Tal oposición tuvo especial relevancia en Galicia, y de ella hizo ADEGA un objetivo prioritario con la colaboración decisiva del movimiento ciudadano. ENCE, propiedad del INI, se instaló al lado de la ciudad de Pontevedra, sobre su productiva ría, incumpliendo la normativa vigente. Ya en esta primera fase hubo enfrentamientos con la policía, detenidos y hasta algún consejo de guerra. Para colmo, en 1965 se construye al lado ELNOSA, dedicada a la producción del cloro y la sosa que ENCE necesita.

Los ecologistas gallegos desarrollan intensas campañas para exigir su traslado y oponerse también a la declaración de ese enclave como zona industrial. El 21 de mayo 1978, la contaminación de ENCE-ELNOSA es denunciada por medio centenar de médicos en un estudio sobre las causas de mortalidad en la zona en el que detectan un crecimiento progresivo de defunciones debidas a procesos de tipo respiratorio a partir de los años sesenta. Al mismo tiempo, varios trabajos científicos evidencian alteraciones en los procesos reproductivos de las especies (moluscos, crustáceos, peces) de la ría de Pontevedra en la que, entre otros venenos, se vertía mercurio. A la contaminación por tierra, mar y aire, se añade el riesgo de los tanques de cloro y de los camiones que lo transportan. En julio de 1978, fallecieron dos trabajadores al producirse una fisura en un bidón y el propio Jefe Provincial de Sanidad afirmó que, si no ponen remedio, la muerte biológica de la ría no tardaría más de siete años. «Non á morte da Ría de Pontevedra pola contaminación de Celulosas e Elnosa», «Fora Celulosas, Fora Elnosa», son consignas miles de veces gritadas y reproducidas en panfletos con el símbolo de una calavera.

En 1975, hubo protestas en Barco de Valdeorras y Orense contra el proyecto de Celulosas de Vizcaya. En febrero de ese año, más de 3.000 personas acuden a un acto informativo en el Ateneo de Orense. «Desde 1936 –destaca *Cambio 16*–, la ciudad no había registrado un acontecimiento similar» [179]. Lo mismo ocurre en febrero del año siguiente en Bergantiños, donde 10.000 personas rechazan otra planta en el municipio de Ponteceso (La Coruña). El propio alcalde de La Coruña difunde un Bando convocando a la manifestación.

«Puede arder Troya en la ría de Arosa» titula *Diario 16* el 22 de mayo de 1978. La razón es que más de 100.000 personas del entorno de la ría temen perder sus fuentes de ingresos si se instala en Dodro, una fábrica de papel.

Desde hace cuatro años –apunta Gustavo Luca de Tena– seis plantas industriales, con una producción anual calculada de 100.000 to-

neladas de pasta de papel han recorrido una docena de pueblos y aldeas de Galicia en busca de asiento. Todos se han negado [180].

La campaña arreció en los ochenta al conocerse otros seis
proyectos repartidos por toda Galicia. En 1986, nace en
Pontevedra la Asociación para la Defensa de la Ría (APDR).
Doce años después, ENCE-ELNOSA presenta en Madrid alternativas para reducir la contaminación suprimiendo el
cloro para el blanqueo de pasta de papel. Son los efectos positivos, aunque tardíos, de aquellas protestas de hace cuarenta años (las primeras registradas datan de 1958) que hoy
tienen menor virulencia.

Pero no sólo es Galicia. Los ecologistas asturianos denuncian a principios de los setenta el intento de construir una papelera en la vega de Bueño, cerca de Oviedo. En 1973, comenzó a funcionar en Navia la planta de Celulosas de Asturias S.A.
(CEASA), que provoca estragos en la ría, en los montes próximos y en la propia villa donde los malos olores hacen la vida
insoportable. Ante la promesa de puestos de trabajo y de aplicar tecnologías sofisticadas, los naviegos acogen el proyecto
sin excesivos problemas pero, apenas comienza a funcionar,
la vida piscícola en la ría disminuye drásticamente. Las denuncias de los ecologistas, a partir sobre todo de las mortandades de peces de 1976, ponen al descubierto las falsas promesas de CEASA. La batalla personal de Alfonso, humilde
pescador que soportó sobornos primero y después amenazas,
hasta el punto de que el propio Ayuntamiento sale en su defensa («cualquier extorsión o velada amenaza a este vecino
será perseguible de oficio a instancias de esta Corporación...»),
dice un comunicado) [181], consigue la simpatía de todos los asturianos. La contaminación de CEASA y las sucesivas roturas
de las tuberías que alejaban unos metros los vertidos fue noticia permanente también en la década de los ochenta.

SNIACE de Cantabria es la principal responsable de la
gravísima contaminación del río Besaya, junto a Solvay y

Asturiana de Zinc. El Besaya desemboca en la ría de San Martín, cerca de Suances, donde es habitual ver a niños bañándose entre las espumas tóxicas provocadas por esas empresas. La asociación local Movimiento Ciudadano denunció a SNIACE ante la CEE y el Defensor del Pueblo, además de organizar numerosas protestas incluso cuando la empresa, sumida luego en una profunda crisis, anuncia la construcción de un emisario submarino.

En el País Vasco, el impacto de las papeleras ha sido tremendo. Baste citar el caso de Papelera Española, en Rentería, que ha contaminado la bahía y puerto de Pasajes, aun sin utilizar cloro para el blanqueo de papel. En Huelva (de nuevo ENCE), Navarra, Extremadura o Cataluña se desarrollan protestas similares que suponen un doble rechazo: a las propias papeleras y a los cultivos forestales que las alimentan.

Además de compuestos organoclorados –señala un Informe de Greenpeace en 1992–, ENCE (Huelva) sigue vertiendo al río Tinto un volumen enorme de aguas alcalinas cargadas de materia orgánica que afecta especialmente a los fondos de la ría al ir acumulándose por la acción de las mareas. La persistencia en el medio ambiente de los compuestos organoclorados hace que sus efectos puedan ser visibles en un área de muchos kilómetros alrededor del vertido... Esta persistencia puede tener graves implicaciones para la salud humana. Por ejemplo, no hay que olvidar que la zona de la desembocadura de la ría es un área tradicionalmente marisquera... Lo mismo se puede decir en relación a los vertidos de Sarrió al río Gállego, afluente del Ebro, o de los de Scott directamente al río Ebro, que sirve para regar miles de Has. de cultivos[182].

Aunque más adelante se abordará con mayor extensión el problema del cloro, los peligros de este producto son constantemente esgrimidos por los ecologistas. Entre 1987 y 1992, hubo al menos doce escapes en ENCE (Huelva) que provocaron la hospitalización de varias personas con síntomas de asfixia. En 1991, hubo otros dos escapes en Sarrió (Zaragoza). Los vecinos denuncian que la fábrica «echa un

gas a la atmósfera a medianoche que produce picores en los
ojos y en la garganta, dolores de cabeza, náuseas, mareos y
dificultad para respirar» [183].

Greenpeace ejerce la acusación particular en contra de
esta empresa a raíz de unos vertidos a los ríos Gállego y Ebro
en 1992. La Sección Tercera de la Audiencia Provincial de
Zaragoza desestima cinco años después los recursos de apelación del grupo papelero Sarrió.

Esta sentencia –señala un comunicado de la organización el 17 abril
de 1997– debe sentar precedente y acabar con la impunidad con que
el sector papelero, generador del 27 por ciento de los residuos tóxicos en España, venía contaminando nuestros ríos, rías y mares.

La catástrofe de Seveso

La catástrofe ocurrida en la localidad italiana de Seveso el 10
de julio de 1976 por la rotura de una válvula en la empresa
ICMESA, propiedad de la multinacional suiza Hoffman-
La Roche, a consecuencia de la cual salió al exterior una
nube tóxica que, además de Seveso, alcanzó a otras poblaciones, ha marcado un hito en la batalla ecologista contra la
contaminación industrial.

Seveso está en todas partes es el título de un libro publicado
en España por un grupo de seguimiento de esta catástrofe:

Seveso –dice la nota editorial– no es un pequeño pueblo de Milán;
no, Seveso es Basauri, El Garraf, Zorita de los Canes, Villaverde
Alto, y tantos otros nombres que aún resuenan. Seveso no es un
error sino la consecuencia lógica de un modo de producción salvaje
impuesto por rutilantes vedettes del capitalismo: las empresas multinacionales. Nadie se equivoca en Seveso [184].

Dos días después del grave accidente, calificado por algunos de «nuevo Vietnam», dirigentes de la multinacional ce-

lebran una reunión en Basilea donde se debate el verdadero alcance de la tragedia. Muy pocos conocen que ICMESA produce triclorofenol (tcf) enriquecido con tetraclorodibenzodioxina (tcdd), base química de defoliantes (de ahí el recuerdo de Vietnam), herbicidas y cosméticos. La Roche ordena una investigación y el comienzo de las tareas de limpieza. El 14 de julio, los vecinos del entorno observan cómo las flores se habían secado en un radio de varios kilómetros a la vez que se produce la muerte de numerosos animales. Dos días después, los obreros de la fábrica van a la huelga mientras son hospitalizados catorce niños. El 20 de julio, se pronuncia por vez primera la palabra fatídica: dioxinas. Ése era el contenido de la nube tóxica que provocó especiales daños en niños y mujeres embarazadas.

Los habitantes más próximos al lugar del siniestro son evacuados a un recinto fuertemente vigilado por el Ejército. La primera víctima mortal es una mujer de 35 años en Cortina d'Ampezzo. El 29 de julio, estalla una bomba contra la sede de La Roche en Roma y se reconoce oficialmente la contaminación de 250 personas. La recomendación del aborto terapéutico genera un nuevo punto de discordia.

Un mes después de la tragedia, el 12 de agosto, la comisión científica nombrada por el Gobierno hace público un plan de emergencia dividiendo el territorio en varias zonas según su afección: en la Zona A, evacuación total y destrucción de la vegetación; en la Zona B, destrucción de la vegetación y control sanitario. En total, 5.000 personas deben someterse a control durante al menos cinco años. Los daños materiales se cifran en sesenta billones de liras. Los científicos estiman que se han liberado a la atmósfera 130 kilos de dioxinas y los medios de comunicación recuerdan que, durante la Primera Guerra Mundial, miles de soldados del ejército aliado murieron al inhalar cloro utilizado por los alemanes.

El 13 agosto se difunde la noticia sobre el primer parto anormal y al día siguiente abortan tres mujeres. Las autoridades convocan un concurso internacional para descontaminar la zona e informan a la población afectada de que deberá realizar exámenes médicos durante toda su vida. En diciembre, nace otro niño con malformaciones. En 1979, la empresa acuerda una indemnización de cuarenta millones de francos suizos. En 1983, la desaparición de 41 bidones con residuos tóxicos de Seveso provoca un gran escándalo. Al parecer, pretenden lanzarlos en el basurero atómico del Atlántico. Finalmente, aparecen en un pueblo del norte de Francia desde donde son transportados a un silo subterráneo de Suiza, tras una campaña de boicot promovida por los ecologistas europeos contra la multinacional Hoffman-La Roche. Los responsables son condenados a una pena de entre dos y cinco años de prisión y el Tribunal señala que la tragedia habría podido evitarse si se hubiesen cumplido las medidas de seguridad.

Un futuro sin cloro

A partir de esta catástrofe, la lucha contra las dioxinas es objetivo prioritario de los ecologistas con la industria del cloro como referente principal, aunque es en la década de los noventa cuando adquiere mayor alcance con dos causas de relativo arraigo popular: los clorofluorocarbonos (CFCs) que dañan la capa de ozono y el PVC utilizado, entre otras cosas, para la fabricación de botellas o como material de construcción. Existen miles de productos organoclorados (cloro + átomos de carbono) cuyos efectos perversos son de sobra conocidos, como el DDT prohibido ya en numerosos países (recuérdese el libro de Rachel Carson *La primavera silenciosa*) o los bifenilos policlorados (PCBs). En más de una ocasión, los ecologistas denuncian la peligrosa costumbre de los chatarreros de quemar PCBs sin ningún control.

Todos estos productos son estables y persistentes y pueden detectarse en el agua, en el aire o en la cadena trófica. España se encuentra entre los tres países europeos con mayor producción. La liberación de organoclorados al medio ambiente puede producirse por varias vías: derrames de disolventes, residuos depositados en vertederos, emisiones de incineradoras, pesticidas o productos de limpieza. Hoy en día se comercializan más de 11.000 productos organoclorados que abarcan desde plaguicidas a plásticos o pasta de dientes.

Solvay y Erkimia son las dos fábricas más criticadas por Greenpeace, en las que no han sido infrecuentes escapes con la consiguiente alarma en las poblaciones del entorno. Entre 1996 y 1997 se produjeron los siguientes accidentes en relación con el cloro: fuga de seis toneladas de disolventes clorados en Erkimia; incendio de dos contenedores de pastillas de cloro en un barco amarrado en el puerto de Barcelona; emisión de cloro en Manresa por vertidos químicos en un contenedor; escape de ácido clorhídrico en la empresa Uquifa de Barcelona, que produce varias intoxicaciones y la muerte de una anciana con problemas de salud; un camión vierte en L'Armentera (Gerona) 2.700 litros de lejía; vertido de ácido clorhídrico de la empresa de detergentes Selvanet de Barcelona; diecisiete intoxicados por una nube de cloro en una piscina de Zaragoza; incendio en la fábrica de productos clorados Iwer Química en Cuarte de Huerva (Zaragoza); vuelco de un camión con veintitrés toneladas de ácido clorhídrico en Vila-Seca (Tarragona); fuga de ácido clorhídrico en la empresa Alter (Madrid).

En relación con estos y otros accidentes, como el escape de dióxido de azufre en la empresa Rontealde de Baracaldo, que provocó varios muertos en 1995, AEDENAT denuncia en enero de 1997 la laxitud de la ley sobre Riesgos de Accidentes Mayores en la Industria que no exige Planes de Emergencia Exterior.

En consecuencia, las organizaciones ecologistas califican de muy peligrosa la industria del cloro. Un informe de Greenpeace señala la ruta del cloro en España: en el sector del PVC, Aiscondel, en Huesca y Tarragona; Elf Atochem España, en Burgos y Guipúzcoa; y Solvay en Barcelona. En la fabricación de cloro, Aiscondel en Huesca; Erkimia, en Tarragona; Electroquímica Hernani, en Guipúzcoa; Electroquímica Noroeste, en Pontevedra; Energía e Industrias Aragonesas, en Huelva, Huesca y Tarragona; y Solvay, en Barcelona. Por último, la fábrica de disolventes de Erkimia en Tarragona.

La polémica sobre el PVC alcanza una dimensión social, política y científica extraordinaria constituyéndose en el aspecto clave de la Ley de Residuos de Envases que el Gobierno socialista fue incapaz de sacar adelante ante la durísima oposición de las empresas a cualquier medida restrictiva y que el Parlamento aprueba en 1997, después de diferir el problema a una comisión de expertos.

Aunque la Asociación Nacional de Empresas de Aguas de Bebida Envasada (ANEABE) niega «razones ecologistas», el hecho es que en febrero de ese año, trece marcas de agua mineral, algunas tan importantes como Solares o Bezoya, anuncian la sustitución del PVC en sus envases por materiales alternativos. Poco después se suman otras ocho marcas:

Las empresas pioneras que, sin tener obligación legal, utilizan sistemas de producción o productos más limpios son las que contribuyen a avanzar en la defensa del medio ambiente,

dice un comunicado de Greenpeace en abril de 1997, coincidiendo con otra polémica sobre el riesgo para los niños de mordedores y juguetes infantiles con alto contenido en «ftalatos», sustancias plastificantes que se incorporan a los productos de PVC.

Existe cierto mimetismo entre la batalla contra el cloro y la protesta antinuclear. De igual manera que algunos municipios se declararon en su día «libres de armas e instalaciones nucleares», ahora se declaran «libres de productos clorados».

Incineradoras: jugando con fuego

El problema de las dioxinas es un aspecto crucial en la polémica sobre la incineración de residuos. Los ecologistas se han enfrentado en estos años, a través de infinidad de comunicados y publicaciones, a cualquier intento de relativizar sus peligros, bien desde el punto de vista técnico, al señalar que a mayor temperatura de combustión se reducen emisiones, o en relación con sus efectos sobre la salud de las personas. Barry Commoner matizó en su momento que la emisión de dioxinas es independiente de la temperatura. Pero, además, hay otro argumento fundamental: la incineración impide la puesta en marcha de sistemas efectivos de reciclaje y favorece el mercado y tráfico de residuos.

La protesta contra la incineración tiene dos etapas fundamentales. La primera, contra los buques incineradores que empezó a utilizar Alemania en el mar del Norte en 1969. Dos de esos buques, el *Vulcanus I* y el *Vulcanus II*, también conocidos como «los cruceros de la mierda», se harán célebres en España. Los vertidos al mar están regulados por convenios internacionales, pero la incineración oceánica no se consideraba propiamente un vertido al conseguirse una combustión con rendimientos supuestamente cercanos al cien por cien. La Comisión del Convenio de Oslo señala en 1980 una zona del mar del Norte, a setenta millas de la costa, para incinerar en buques.

La industria española comienza a quemar por este sistema pequeñas cantidades de residuos a mediados de los ochenta. El 16 de septiembre de 1987, Greenpeace se dirige a todos los ayuntamientos y gobiernos autónomos cuyos territorios son atravesados por camiones con productos organoclorados desde Huelva, Tarragona y Bilbao a la terminal química (TERQUISA) del Puerto de Santander para su posterior incineración a 120 millas al norte de Gijón. En septiembre de 1987, el Gobierno anula estos planes «por la especial sensibilización de la población», pero continúa realizándolos en otra zona. En la madrugada del 7 de octubre de ese año, dos miembros de Greenpeace se encadenan a las boyas de amarre del *Vulcanus II* mientras otro grupo, con apoyo del FAPAS, despliega una pancarta de mensaje escueto: «Stop incineración». Un mes después, la Asamblea Regional de Cantabria aprueba una moción contra el uso de la costa y puertos cántabros. La Asociación Pesquera de Dinamarca también envía un escrito al Gobierno rechazando la incineración de residuos españoles en el mar del Norte.

El 6 de mayo de 1988, el MOPTMA autoriza a la empresa O.C.S. España S.A., filial de la norteamericana Waste Management, de muy polémico historial, para incinerar en el mar del Norte los residuos almacenados en TERQUISA. El 5 de marzo de 1990, Greenpeace envía una carta al presidente del Gobierno, Felipe González, solicitando que España abandone estas prácticas:

Nuestro país ha concedido este año un permiso para quemar 12.000 toneladas de residuos altamente tóxicos en el mar del Norte. Con este permiso, España multiplica por cuatro la cantidad quemada el año pasado, mientras el resto de países ya están abandonando esta actividad... Se da la circunstancia de que la mayor parte de los residuos que se incineran en el mar, provienen de procesos industriales para generar productos que tienen sustitutivos menos contaminantes... Por todo ello, nos permitimos solicitarle atienda nuestra petición en el sentido de que España deje de enviar sus residuos tóxicos para su quema en alta mar.

Greenpeace llevó a cabo numerosas protestas con el *Sirius,* tanto en España como en el puerto de Rotterdam, hasta que en 1994 quedó definitivamente prohibida esta actividad.

Años antes de prohibirla, había comenzado una ofensiva para instalar incineradoras en tierra. Es la segunda etapa. Como en el caso de las centrales nucleares, se realizan cálculos disparatados y, de no haber sido por la contestación social, decenas de incineradoras estarían funcionando hoy en nuestro país. Terminado el programa nuclear, empresas como Babcock Wilcox, ABB y otras ven en este sector un suculento negocio basado sobre todo en la fase de construcción (entre 15.000 y 25.000 millones de pesetas por planta en los ochenta). Más dudosa sería la rentabilidad de la explotación, puesto que no habría habido residuos para tantas, salvo que se importaran. *Newsweek* alerta en 1996 sobre este asunto. La tan castigada localidad vizcaína de Erandio, por cierto, fue seleccionada para albergar una de las primeras plantas.

Aparte del suculento negocio, Greenpeace, AEDENAT, CODA, CEPA y muchas otras organizaciones, denuncian que la incineración sólo sirve para que las industrias, especialmente las del cloro y de envases no retornables, se deshagan de sus residuos. Naturalmente, rechazan este sistema como fuente de energía alternativa, tal como defienden promotores y administraciones. GESA, UNESA, Iberdrola o Sevillana de Electricidad pretenden sumarse al negocio. Es el «boom» de las consultoras, las ingenierías y las empresas de imagen que supuestamente habrían de crear miles de puestos de trabajo. En 1991 surge la Red Estatal de Ciudadanos contra la Incineración. Ecologistas y vecinos han logrado parar varios proyectos (unos cuarenta en total) pero, con datos de 1997, funcionan 33 incineradoras para diferentes tipos de residuos y otros 12 proyectos están en marcha:

Residuos sólidos urbanos: Reus (Palma de Mallorca); El Paso, Mazo, Barlovento y Mendo (La Palma); Montcada y Reixac, Vilada, San Adriá del Besós, Mataró y Malla (Barcelona); Girona y Llivia (Girona); Tarragona y Riu Clar (Tarragona); Valdemingómez (Madrid); Melilla; Labayen y Baztán (Navarra); Bermeo y Austesti (Vizcaya).

Residuos hospitalarios: Serín (Asturias), Meruelo (Cantabria) y Trovajo del Cerecedo (León).

Residuos industriales: Zaragoza; Sant Celoni, Prat de Llobregat y Martorell (Barcelona); un camión incinerador de

Tersa y las plantas de Vila Seca y Flix (Tarragona); Laracha (La Coruña), Sanxenxo (Pontevedra) y un camión incinerador de TERSA.

Los ecologistas abundan en argumentos contra la incineración: supone un derroche de recursos naturales y es una fuente de contaminación; no ahorra energía puesto que el reciclaje de los residuos sólidos urbanos producidos en España supondría un ahorro cuatro veces superior; el reciclaje genera más puestos de trabajo y, por otro lado, el problema de las cenizas tóxicas y peligrosas está por resolver. Pero la emisión de dioxinas, furanos y otros compuestos constituye el eje de la polémica.

La dioxina es un subproducto generado en los procesos industriales con cloro (PVC, disolventes clorados, pesticidas, blanqueo de papel, etc.), y durante la combustión de estos productos o de sus residuos en incineradoras, vertederos o acerías. En las dioxinas hay siete compuestos de elevada toxicidad y diez furanos con características similares a las dioxinas. En definitiva, el término dioxina comprende veintiocho compuestos tóxicos. Aunque había habido otros sucesos, el de Seveso marca un antes y un después en la cultura de la dioxina. En febrero de 1997, la Agencia Internacional de Investigación del Cáncer (IARC), de la Organización Mundial de la Salud (OMS), la clasifica como sustancia cancerígena. Un grupo de veinticinco científicos reunidos ese mismo año en Lyon (Francia) llega a la misma conclusión. Las dioxinas son, pues, productos cancerígenos que afectan al sistema reproductor masculino (disminución del número de espermatozoides, feminización); al sistema reproductor femenino (cambios hormonales, disminución de la fertilidad); a los sistemas nervioso e inmunitario y, además, producen alteraciones en la piel, cambios metabólicos, etc.

La primera batalla importante contra las plantas incineradoras se libra en Almadén (Ciudad Real). Desde 1981 a 1987, la empresa Minas de Almadén y Arrayanes S.A. (MA-

YASA) importó residuos de mercurio para reciclarlos supuestamente, aunque la realidad es que los almacenaba (12.000 toneladas) sin cuidado alguno a escasos metros del río Valdeazogues. En 1990, MAYASA pretende diversificar su crisis con la incineración y presenta un proyecto apoyado por el MOPTMA, a cuyo frente está José Borrell. Como en otros casos, se ha dicho que la movilización popular en Almadén contra la incineradora no tenía precedentes desde la Guerra Civil. El presidente de Castilla-La Mancha, José Bono, que en principio no ve con malos ojos el proyecto, se opone luego propiciando una dura pelea con el ministro Borrell que tendrá otros capítulos. La incineradora es finalmente descartada y se construye un depósito de seguridad para las 12.000 toneladas de mercurio importadas irresponsablemente por MAYASA.

Ese mismo proyecto fue rechazado en Cartagena, al igual que los de Cazalegas (Toledo), Valdilecha (Madrid), Monteagudo de las Vicarías (Soria), Tijarafe (La Palma), Puebla de Sanabria (Palencia), Montcada y Reixach (Barcelona), Langreo (Asturias), Cabañas (Zaragoza), etc. Las protestas contra la incineradora de Valdemingómez, en este caso de residuos urbanos, ha traído de cabeza al Ayuntamiento de Madrid, con procesos judiciales de por medio. Y no fue menor la batalla librada en Medina Sidonia (Cádiz) contra el denominado complejo medioambiental de Miramundo. La Plataforma contra la incineradora, creada en 1992, y la Federación Ecologista-Pacifista Gaditana encabezan la protesta. Más de 30.000 firmas y numerosas movilizaciones, como la que tuvo lugar en la plaza de la catedral de Cádiz en diciembre de 1992, donde se concentraron 5.000 personas, dieron al traste con el proyecto.

En relación con las dioxinas ha habido otro escándalo inaudito protagonizado por la empresa Industrias Químicas del Noroeste S.A. (INQUINOSA), de Sabiñánigo (Huesca), dedicada a la fabricación del lindano, un pesticida prohibido en muchos países. Desde 1975, INQUINOSA vertió a

tierra y al río Gállego cantidades ingentes de hexaclorociclo-
hexano o HCH, una sustancia tóxica, persistente y bioacu-
mulativa. Por cada 15 toneladas de lindano se generan 85 del
residuo HCH.

En 1988, Greenpeace toma muestras de agua y sedimentos analizadas posteriormente en laboratorios del Reino
Unido; tras la publicación de los resultados, la Comisión
Europea amenaza con llevar a España ante el Tribunal de
Justicia de La Haya. En 1989, la empresa propone un nuevo
método denominado *cracking* que es rechazado. INQUI-
NOSA arrojó más de 100.000 toneladas de residuos, parte de
ellas con autorización municipal, en los vertederos de Sar-
dás y Bailín. Según datos de la Diputación de Aragón, esta
empresa contaminó todo el terreno a su alrededor, el río Gállego, los sedimentos del embalse de Sabiñánigo, además de
los vertederos mencionados con concentraciones de dioxinas de hasta 2.633 nanogramos por kilo. Greenpeace, ADE-
PA y la Coordinadora Ecologista de Aragón, exigen el cierre
de la fábrica mientras se abre un proceso judicial. Poco después, INQUINOSA dejará de funcionar.

En el País Vasco hubo un desastre similar. Tres empresas,
ya cerradas, produjeron miles de toneladas de residuos de
lindano almacenadas en su propio interior y desperdigadas
también por veintiocho vertederos ilegales en Baracaldo,
Loyola, Santurce, Abanto, etc. El Gobierno vasco construyó
un depósito de seguridad al lado del aeropuerto de Sondica
donde habían sido arrojadas miles de toneladas de ese producto y otros residuos tóxicos. ¿Quién paga el desaguisado?
Los intentos de responsabilizar a las empresas fracasaron.

El carbón como mal menor

La actitud de los ecologistas hacia las centrales térmicas de
carbón ha ido cambiando con el paso del tiempo. En el fra-

gor de la batalla antinuclear, cualquier otra alternativa energética parecía aceptable. Además, el carbón era un producto
autóctono, sin dependencias de las multinacionales. Santiago Vilanova, furibundo antinuclear, critica también el petróleo e incluso la gasificación de Cataluña, causa de dramá-
ticos accidentes. Sin embargo, rechaza el PEN

porque no sólo no incrementa el desarrollo de las explotaciones
de carbón y lignitos, sino que las margina a favor de la energía nuclear y el gas natural. Las reservas de carbón, a nivel mundial y del
Estado español –dice–, son muy superiores a las de gas natural y petróleo [185].

Idéntica opinión sostiene la UGT en un estudio de obligada referencia publicado en 1981:

... el carbón ha de ser el eje inmediato de cualquier alternativa energética española con posibilidades de éxito, y sobre él deben centrarse las principales actuaciones [186].

A partir de los noventa, bajo el síndrome del cambio climático, la situación se modifica y es Greenpeace quien sostiene la actitud más beligerante contra las centrales térmicas
de carbón, fuel-oil e incluso de gas natural: «Energía limpia,
ya», proclama en sus comunicados, aunque matiza:

El primer paso para invertir la actual tendencia no es, en general,
el cierre de las actuales instalaciones, sino frenar los proyectos
en construcción de nuevos centros o de ampliación de los que ya
existen [187].

Aparte su contribución al cambio climático, las centrales
térmicas han originado algunos de los casos más graves de
contaminación atmosférica: As Pontes y Meirama (La Coruña), Andorra (Teruel) o Compostilla (León), están a la cabeza de Europa en emisiones contaminantes, incidiendo también en la degradación de los bosques por sus emisiones de

dióxido de azufre (el 65 por ciento del total) causantes de la lluvia ácida. El propio ICONA reconoce en 1987 que el 25 por ciento de la superficie forestal está enferma por ese fenómeno que incide en la acidificación de lagos y suelos.

Aunque el movimiento de rechazo es generalizado, desde Cataluña contra la térmica de Cubelles a Asturias contra las de Lada y Soto de Ribera, por enésima vez, Galicia se convierte en paradigma. ADEGA ha denunciado insistentemente la merma productiva de frutales o la presencia de quemaduras y manchas amarillas en las hortalizas, y ha recogido testimonios de vecinos de Os Vilares, Buriz, Labrada, etc., sobre la muerte de vacas y ovejas después de ingerir pastos contaminados. Ramón Varela, dirigente de ADEGA, realizó exhaustivos informes al respecto concluyendo que las térmicas de As Pontes y Meirama sitúan a Galicia a la cabeza de España en cuanto a emisiones de dióxido de azufre. Un estudio de ADEGA (1992) sobre 804 árboles en el concejo de La Estrada arrojó cifras esclarecedoras: 373 estaban dañados.

Pero no sólo es la contaminación. Cuando Lignitos de Meirama S.A. trata de explotar una mina a cielo abierto en el valle de As Encobras (La Coruña) se produce una de las protestas más duras en la historia del ecologismo por su impacto en la agricultura y ganadería de la zona. El 16 de febrero de 1977, hubo cuarenta detenidos y veinte heridos durante la cuarta ocupación de los terrenos. La prensa resalta que el conflicto de As Encobras es uno de los más largos y complejos que registra la lucha agraria en Galicia en los años de la posguerra. Al día siguiente, 3.000 personas se manifiestan frente al edificio de FENOSA en La Coruña. El 20 de febrero de 1977, el joven Emilio Suárez muere por una descarga eléctrica al colocar una pancarta en la Universidad Laboral de La Coruña, donde estudiaba. El entierro fue una manifestación de duelo y algo más: «Morto por defender os labregos de As Encobras», «Fora FENOSA, esta terra é nosa». En la homilía, el párroco de Sésamo, Ramón Valcárcel, anima a los vecinos: «Tenemos que seguir luchando. La fuerza del capital, que es inhumana y no atiende a razones auténticamente sociales, cae ahora sobre nosotros».

Las centrales térmicas de carbón dan también lugar a dos de los procesos judiciales más importantes por contaminación en los últimos treinta años. El 17 de febrero de 1988 quedó visto para sentencia el juicio celebrado en la Audiencia de Barcelona contra el director de la central térmica de Cercs, Ernesto Domingo Ibars, para quien el fiscal pide una pena de seis meses y un día de prisión. Mientras se celebra el juicio, un centenar de personas de la comarca del Berguedá se manifestó con pancartas: «Vivimos en el Berguedá. Verdes, no lo arruinéis», «Térmica sí, cierre no». Las pancartas de los ecologistas tienen matices diferentes: «FECSA-Generalitat-Estado. El bosque también tiene derecho a vivir. Si hoy no hacemos lo posible, mañana veremos lo increíble». Sin embargo, Alternativa Verde, que ejerce la acusación particular, no solicita el cierre sino la instalación de filtros que reduzcan las emisiones. Años antes del juicio, la térmica de Cercs ya había indemnizado a los ganaderos por daños en los pastos.

El segundo caso afectó a ENDESA por la térmica de Andorra (Teruel) y el deterioro producido en los bosques de Els Ports y El Maestrazgo. En 1985, los alcaldes de la comarca se reúnen en Morella (Castellón) para tratar el asunto y al año siguiente presentan una querella criminal contra directivos de ENDESA que más tarde es cambiada por una demanda civil en la que se pide el cese de emisiones. En 1990, se unen a la acusación particular otros nueve ayuntamientos y Greenpeace, que ejerce la acusación particular junto a Acció Ecologista-Agró y otras organizaciones. El fiscal de Castellón solicita un año de prisión para el presidente de ENDESA, Feliciano Fuster. El proceso y la polémica, con multitud de informes que en general tienden a exculpar a ENDESA, duran varios años, pero finalmente no llega a celebrarse el juicio porque los ayuntamientos aceptan las indemnizaciones de la empresa más importante del sector energético, que estaba dispuesta a cualquier cosa antes que ver a su presidente en el banquillo.

Greenpeace denuncia incluso en 1993 a la Comisión Europea ante el Tribunal de Justicia por considerar que violó la legislación al transferir 5.500 millones de pesetas a UNELCO (ENDESA) para construir dos centrales térmicas en Canarias antes de finalizar el procedimiento de evaluación de impacto ambiental. En los últimos años, Greenpeace y otros grupos ecologistas se han opuesto a todos los proyectos de construcción de centrales térmicas en España.

En relación con la energía, los ecologistas han planteado otros problemas colaterales no menos importantes, como el impacto de las líneas de alta tensión sobre el territorio y la avifauna, corregidos en algunos casos como en Doñana. Por otra parte, han destacado posibles riesgos de los campos electromagnéticos generados por esos cables. Aún sin resultados definitivos, el defensor del pueblo exige en 1998 el enterramiento de algunos cables próximos a barrios de Madrid. Oleoductos, gasoductos o cables submarinos también son criticados.

El caso del cable de Tarifa ha sido, sin duda alguna, el más polémico. Todo empezó con la propuesta de Red Eléctrica Española de construir un cable submarino para el transporte de energía, de ida y vuelta, entre Tarifa y Marruecos. Sin sospechar lo que se le vendría encima, el Ayuntamiento concede licencia con la promesa de una compensación económica de 1.800 millones de pesetas. Las obras comienzan en 1994, mientras el descontento popular va en aumento. A partir de 1995, se generalizan las protestas y el Ayuntamiento paraliza las obras. El Tribunal Superior de Justicia de Andalucía revoca posteriormente esa decisión.

El 11 de abril, los vecinos agrupados en la Plataforma anticable, con la colaboración de AGADEN, CEPA y otros colectivos, cortan la N-340 y un manifestante pierde un ojo en los enfrentamientos con la Guardia Civil. El delegado del Gobierno propone una mesa de diálogo de escasa efectividad aunque, en diciembre de 1996, el alcalde firma el convenio para la reanudación de las obras. En 1997, la oposición popular alcanza caracteres preocupantes. El día 3 de febrero se producen nuevas protestas y un vecino fallece de infarto tras una carga de la Guardia Civil. Al día siguiente, trescientas personas asedian el Ayuntamiento, donde está reunida la Corporación, que denuncia de nuevo el convenio, prometiendo incluso devolver los 95 millones de pesetas recibidos hasta entonces. Ese día, la protesta se salda con veintisiete heridos. El 13 de febrero, la flota pesquera de Tarifa se acerca al lugar de las obras para rodear al buque noruego *Skagerrak* en labores de inspección y realizan pintadas sobre el casco.

La oposición al cable, bajo el liderazgo también de algún que otro iluminado, maneja varios argumentos: el impacto de las obras en la playa de Los Lances; el peligro de los campos electromagnéticos; la posible afección en una zona de pesca rica en voraces, un pez que se cotiza en los mercados a 15.000 pesetas el kilo; el rechazo del turismo, especialmente de los «windsurfistas», que tienen en Tarifa una de sus mecas; y, por último, el posible uso del cable para importar energía de las centrales nucleares que Marruecos pudiera construir. Finalmente, hay acuerdo y el cable es inaugurado en 1998.

La agonía del Mediterráneo

El Mediterráneo es el destino final de una buena parte de nuestros residuos industriales y urbanos, más aliviados en los últimos años por las depuradoras. Es un claro ejemplo de internacionalización de los problemas ambientales. Aunque España aporta una carga contaminante considerable, el resto de países ribereños no le van a la zaga con el agravante de que la situa-

ción política y económica en muchos de ellos no favorece la
atención debida al problema. El Mediterráneo ha sido objeto
de convenciones múltiples. La reunión de los países ribereños
(Barcelona, 1975) aprobó el Plan de Acción para la Protección
del Mediterráneo (PAM). Al cabo de veinte años vuelve a repe-
tirse el encuentro con la asunción de nuevos compromisos. La
situación no ha mejorado significativamente.

El interés del movimiento ecologista por este mar se demuestra en las numerosas jornadas, estudios y documentos
que ha promovido. Del 12 al 15 de octubre de 1978 se celebran en Denia (Alicante) las I Jornadas Ecologistas del Mediterráneo del Estado Español clausuradas con un manifiesto de seis puntos que aborda prácticamente todos los
problemas: contaminación, sobrepesca, turismo, nucleares,
puertos deportivos, etc. He aquí algunos de los párrafos más
significativos:

1) La ampliación de las aguas jurisdiccionales a 200 millas debe
ayudar a evitar la explotación y rapacidad capitalista... evitar los residuos perjudiciales... así como la presencia de las armadas extranjeras y cualquier embarcación propulsada por energía nuclear. 2)
Los recursos naturales del Mediterráneo se van degradando por la
contaminación y destrucción creciente. En lo que afecta a la pesca,
es imprescindible la puesta en marcha de medidas para recuperar
las especies sometidas a sobrepesca... aplicar la legislación sobre ta-
llas de captura, tipos de mallas, etc... En cuanto a las explotaciones
petrolíferas, exigimos el total control por las comunidades afectadas. 3) Control popular de las investigaciones científicas... Paralización de las centrales nucleares. 4). En el caso de Vandellós, exigimos
que se den a conocer públicamente los resultados de la operación
Flash, en poder del Dr. Ballesté, realizada hace dos años en el golfo
de Sant Jordi y que debía revelar la existencia o no de isótopos radiactivos a raíz de posibles fugas en el sistema de refrigeración del
reactor. 5) El actual sistema de comunicaciones está basado en el
derroche energético y la primacía del transporte privado. La primera consecuencia de este enfoque irracional es la ocupación intensiva y selectiva del espacio y la ruptura del territorio y el paisaje... Rechazamos la autopista como concepción y proyecto oponiéndonos

en concreto a los tramos Puzol-Silla, Jeresa-Altea de la autopista del Mediterráneo, así como a la prolongación prevista de la de Alicante-Murcia por la Costa del Sol y también la de Palma-Inca, Costa Brava. 6) El litoral no se puede urbanizar... El dominio público del litoral ha de trascender la zona marítimo-terrestre e incluir la franja costera de varios centenares de metros... Propugnamos un cambio radical del actual enfoque en la actividad turística... Estimamos que la promoción de la segunda residencia constituye una aberración social... Debe frenarse la proliferación de puertos deportivos, verdaderos garajes acuáticos...

En el verano de 1986, el *Sirius* realiza una campaña en el Mediterráneo con varios objetivos: solidarizarse con las cofradías de pescadores en su batalla contra la contaminación del golfo de Cádiz, denunciar la pesca de inmaduros y defender el uso de arrecifes artificiales que impiden a las embarcaciones de arrastre entrar en zonas prohibidas favoreciendo la productividad de las especies. Miembros de Greenpeace y del grupo Mediterráneo se encadenan en la puerta de la Secretaría General de Pesca contra el uso de la barra italiana para la extracción de coral rojo, prohibida en el mes de septiembre por el ministro Carlos Romero. En sucesivas campañas, los ecologistas han exigido una moratoria en la construcción de puertos deportivos y denunciado la regeneración de playas (163 millones de pesetas por cada kilómetro) por el impacto de la extracción de arena del fondo marino.

Pero el problema más grave es el vertido de residuos tóxicos, con el particular impacto de los organoclorados. A las siete de la mañana del 14 de marzo de 1991, activistas de Greenpeace bloquean las tuberías de vertidos al río Llobregat de la empresa Solvay (Barcelona), dedicada a la fabricación de PVC (cloruro de polivinilo), mientras otro grupo despliega una pancarta: «Solvay: deja de envenenar el Mediterráneo». El presidente de Greenpeace, Xavier Pastor, fue llamado a declarar. En mayo de 1992, un equipo de esta organización toma muestras de las aguas residuales vertidas por la empresa Erkimia al Ebro a través de catorce tuberías. Los análisis realizados por la universidad británica de Exeter concluyen que es probablemente la fuente puntual más importante de PCBs y DDT. Las desembocaduras de este río, junto al Ródano (del que la Generalitat quiere llevar agua a Cataluña) y el Po concentran la mayor cantidad de PCBs, DDT y lindano arrojados al Mediterráneo. No es menor el impacto de vertidos procedentes del dragado de puertos, como el de Barcelona, con alto contenido en metales pesados. Por lo demás, hay casos como el de Melilla que tira sus basuras directamente al Mediterráneo a través del acantilado de Horcas Coloradas.

Durante todos estos años se han desarrollado también campañas contra las redes de deriva y para recordar que un 60 por ciento de las doscientas poblaciones de peces comercialmente más valiosas están sobreexplotadas o al límite de su desaparición, con algunos casos señalados como el del atún rojo; o la situación de las poblaciones de cetáceos (rorcual común, delfines comunes y listados, cachalotes, focas, etc.), con la especial mención de la foca monje, el mamífero marino en mayor peligro de extinción del mundo. Por otra parte, el litoral mediterráneo es uno de los más degradados por la urbanización abusiva de sus costas, de lo que es buen ejemplo el Levante español. Este asunto ha provocado cientos de denuncias.

Ya en el manifiesto de Denia (1978), se percibe el intento de los ecologistas de abordar el problema del Mediterráneo desde una perspectiva global, asumida en parte por los gobiernos ribereños tal como quedó patente en la Conferencia de Seguridad y Cooperación en el Mediterráneo (CSCM) de Palma de Mallorca (1992), en cuya agenda tuvieron un peso específico las cuestiones ecológicas. También en este caso, Vicenç Fisas insiste en el concepto de ecoseguridad:

La seguridad ecológica no pretende limitar la conflictividad derivada del desorden ecológico, con objeto de perpetuarlo, sino sentar
las bases de profundas transformaciones de fondo, a nivel técnico,
económico y cultural, en un empeño compartido por todos los países de la región [188].

Señala Fisas que los fondos para llevar a cabo los programas de seguridad ecológica podrían obtenerse del llamado
«dividendo de la paz», es decir, de los recortes presupuesta-
rios en materia de defensa de los países ribereños.

Mareas negras

Cada año se vierten al Mediterráneo unas 635.000 toneladas de petróleo procedentes de las más de cien plataformas
extractoras, de accidentes o simplemente por la limpieza de
tanques. Pero, en el caso de España, otros mares se han visto más afectados por las mareas negras que el Mediterráneo. Las frecuentes sucesos de este tipo han provocado graves impactos ambientales en las costas gallegas y alarmas
sociales de gran magnitud. Las mareas negras aportan nuevos argumentos a los ecologistas contra el sector petrolero.
A pesar de los adelantos técnicos, el doble casco o las bacterias comebasura, todavía no existe tecnología capaz de hacerles frente. Reacios al uso de detergentes y otros productos químicos, señalan los ecologistas que, en el mejor de los
casos, sólo se logra recuperar un pequeño porcentaje y que
un litro de crudo consume durante su oxidación el oxígeno
de miles de litros de agua. Las críticas se extienden al sector
petroquímico y sus enormes instalaciones de Tarragona,
Escombreras, Puertollano o Huelva. En los años setenta,
existe un movimiento minoritario contra las prospecciones
petrolíferas en el litoral catalán y sus yacimientos de Dorada, Tarragona, Amposta, Casablanca y Montanazo. Las ex-

pectativas en 1978 eran muy optimistas y a punto estuvieron de horadar también una zona del Parque Nacional de Doñana.

Existen en nuestro país dos puntos negros en relación con las mareas negras: el estrecho de Gibraltar y el cabo de Finisterre. Uno de los accidentes más graves en los últimos treinta años fue el del *Urquiola*. A las ocho de la mañana del 12 de mayo de 1976, este petrolero toca fondo a la entrada de la ría de La Coruña y, en su intento de ganar la mar abierta, queda embarrancado. La tripulación huye precipitadamente y sólo permanecen a bordo el capitán y el práctico del puerto quien, poco después, se lanza al agua alcanzando la orilla a nado. El cuerpo sin vida del capitán aparecerá dos días después. A las cuatro horas del accidente, se produce una fortísima explosión. La marea negra invade la playa de La Coruña. Pescadores y hoteleros expresan su preocupación por las consecuencias y piden mil millones de pesetas de indemnización. Se declara zona catastrófica. El mal tiempo interrumpe las tareas de limpieza y los afectados protestan, aun habiendo sido prohibidas las manifestaciones por el Gobierno Civil. Los pescadores valoran sus pérdidas en más de trescientos millones de pesetas. Un mes después de la catástrofe, la contaminación se extiende a varias playas de La Coruña.

Si graves serán los efectos del petrolero sobre el medio –dice un comunicado de ALBE–, mucho más graves serán los provocados por la utilización masiva de detergentes que, sean homologados o no, van a causar más daño que el petróleo mismo a los sectores de la población que se dedican al marisqueo y a la pesca de bajura. Los detergentes arrasan la flora bacteriana que, a medio plazo, contribuiría a eliminar el petróleo de forma natural. El único efecto de los dispersantes es tranquilizar a la opinión pública. Técnicamente, la estrategia correcta es el aislamiento por medios mecánicos de la mancha de petróleo... y el hundimiento a base de aumentar su peso específico con sustancias inertes para los seres vivos como serrín o yeso...[189]

Los detalles de este gravísimo suceso quedaron recogidos en el libro *La verdad de una catástrofe* del Sindicato Libre de la Marina Mercante:

Detrás de cada tragedia producida en la mar hay una explicación real y tangible sobre la que invariablemente se ceba el silencio y la confusión. No es la mar, elemento que el hombre domina hoy con suficiencia, la razón abstracta de tanto accidente marítimo inexplicable. Son, por el contrario, esos barcos viejos y rotos –auténticos ataúdes flotantes– que siguen navegando contra viento y marea porque todavía son rentables para los ansiosos bolsillos del armador de turno; son esas tripulaciones mal pagadas, casi siempre insuficientes, que trabajan 12 ó 16 horas... son esos oficiales sin título alguno... es ese continuo y criminal olvido de las empresas cuando tienen que reponer el material de salvamento de sus buques; son esos capitanes infinitamente más preocupados del orden y la disciplina... que de las condiciones de navegabilidad del buque a su mando...[190]

Sostiene este sindicato de carácter progresista que, al margen de que el accidente se produjera al chocar contra unas rocas no señaladas en la carta náutica, cuestión muy debatida, en realidad lo hundieron las decisiones precipitadas y absurdas de la Comandancia de Marina. Primero, el intento de salir a mar abierta; segundo, salir por el mismo camino utilizado al entrar:

Si por algo se caracterizó la lucha contra la contaminación desarrollada por las autoridades de Marina fue la forma secreta y totalitaria en que se llevó a cabo...[191]

La entonces gobernadora civil de La Coruña reconocerá años después que por primera vez un Gobierno Civil se enfrentaba a una situación tan grave sin ningún tipo de medios. El Servicio de Salvamento Marítimo y Lucha Contra la Contaminación sencillamente no existía. En enero de 1979, el petrolero *Andros Patria* naufraga frente a las costas gallegas con un balance dramático de 9 muertos, 20 desaparecidos y más de 200.000 toneladas de crudo vertidas. La marea negra llegó a las costas de Lugo e incluso a las de Asturias. Los ecologistas exigen un peaje a los petroleros, mientras los pescadores estiman en 92 millones de pesetas las pérdidas. En febrero de 1986, el *Castillo de Salas* provoca una marea negra, en este caso de carbón, frente a las costas de Gijón sin tan graves consecuencias.

El 10 de diciembre de 1987, *El Casón* protagoniza en Finisterre otro de los sucesos más graves y traumáticos en el que perdieron la vida veintitrés tripulantes y miles de personas fueron evacuadas de sus casas. En esta ocasión no es el petróleo sino una carga de bidones tóxicos. El traslado de estos bidones a las instalaciones de Alúmina-Aluminio (Lugo) es rechazado por vecinos y trabajadores de la fábrica, que se declaran en huelga. La empresa califica el cierre de desastre nacional valorando las pérdidas en 16.000 millones de pesetas. Tras manifestaciones y encierros, los bidones son enviados a Holanda. Días después, aparecen cuarenta a la deriva en la playa de Finisterre. Los trabajadores de Alúmina-Aluminio piden una comisión de investigación y, al cabo de un año del accidente, todavía se hablaba de riesgos.

En diciembre de 1989, un petrolero iraní se hunde frente a las costas marroquíes, muy cerca de las islas Canarias. El 3 de diciembre de 1992, embarranca en la bahía de La Coruña el *Aegean Sea*, un petrolero de bandera griega con 79.000 toneladas de crudo. Sobre las cuatro de la madrugada, el buque comenzó a hundirse y poco después se partió en dos. Sus veintinueve tripulantes resultaron ilesos. De repente, se produce un espectacular incendio y la nube de humo es visible desde Ferrol. La marea negra se extiende hacia las rías del Burgo, Ares, Betanzos y Ferrol ocupando doscientos kilómetros de litoral. Según datos oficiales, ardieron 50.000 toneladas y otras 6.000 fueron recuperadas. Finalmente, el *Mar Egeo* vierte 80.000 toneladas de crudo en La Coruña en 1992. Los pescadores estuvieron seis meses sin poder pescar.

Con no menor angustia se han vivido en España sucesos similares ocurridos en mares lejanos, como el del *Exxon Valdez*, que a finales de marzo de 1989 provocó en Alaska la mayor marea negra en la historia de los Estados Unidos.

Son las consecuencias, dicen los ecologistas, de un modelo energético suicida.

¿Ríos o cloacas?

Al Mediterráneo y otros mares llegan también los vertidos de cientos de ríos convertidos en cloacas. Probablemente ningún otro ecosistema haya sufrido tantas alteraciones como el de los ríos: desviaciones de cauces, canalizaciones, usurpación de riberas, regulación abusiva de caudales, millonarias mortandades de peces y principalmente los residuos, miles de toneladas de residuos de todo tipo vertidos cada día con escasos controles por parte de las empresas. Según datos de la Administración, existen unos 300.000 puntos de los que casi el 80 por ciento incumplen la normativa vigente. Las organizaciones ecologistas han señalado siempre a las confederaciones hidrográficas como responsables de esta situación por su incapacidad para hacer cumplir la ley y por la sistemática ocultación de información.

Los ríos españoles cubren en su recorrido una superficie total de 172.888 kms. No son, sin embargo, abundantes en caudal ni en fauna. Tan sólo veintiocho especies en total de las que dieciocho son endémicas. Entre las más amenazadas están la lamprea, el esturión, la anguila, el salmón, la trucha común, los barbos, las colmillejas, el espinoso, etc. Además, 105 especies de avifauna habitan regularmente en las riberas.

La enumeración de sucesos en relación con los ríos a lo largo de estos últimos treinta años sería interminable. Una de las primeras protestas del ecologismo catalán tuvo lugar en el verano de 1976 en Torroella de Montgrí, cuando un vertido de Torras Hostench acabó prácticamente con la fauna del bajo Ter. En 1977, los vecinos de Vilavert (Tarragona) denuncian la contaminación del río Francolí por una empresa química y otro tanto ocurre en Lérida por los vertidos al Segre de la empresa IMPACSA. En septiembre de ese año, diecisiete ayuntamientos de la ribera del Ebro protestan por la contaminación del río más emblemático de España y, un mes más tarde, Palencia capital queda sin suministro de agua por contaminación del río Carrión. La situación del Nervión es calificada de desastrosa, mientras se registran masivas mortandades de peces en el Genil y el Guadalquivir.

En 1978, son investigadas ocho empresas catalanas por vertidos al Llobregat. En 1979, una epidemia de origen desconocido arrasa la población de cangrejos en el Pisuerga. En 1980, proliferan denuncias sobre la grave contaminación del Miño. En 1981, se hace público un manifiesto en defensa del Guadalquivir. En 1982, vertidos de caolín contaminan el río Lobos, la polémica sobre el Miño cobra alcance nacional, el río Arga agoniza y un grupo de ecologistas alicantinos viaja a Madrid a caballo para protestar por la contaminación del Segura.

En 1983, se denuncia la situación insostenible del Jarama, el Henares y el Besaya; nueva mortandad de peces en el Tormes de la que es responsable Azucarera de Salamanca; un vertido de cianuro al Arlanzón destruye la vida orgánica en uno de sus mejores tramos; ecologistas bilbaínos organizan una marcha fluvial para llamar la atención sobre el Urumea; la salinidad del Llobregat incrementa en un millón diario el coste de su depuración y la contaminación del Tordera llega a los pozos de agua potable. En 1984, detectan cianuro en el Arga; un grupo de pescadores protagoniza un encierro en el Monasterio de la Rábida contra los vertidos de Explosivos Río Tinto al Odiel; mortandad de peces en el Guadalete por pesticidas. En 1986, nuevo episodio contaminante en el río Serpis. En 1987, el alcalde de Castelló d'Empuries regala peces muertos al de Figueras como protesta por la contamina-

ción del río Muga; sesenta empresas de Madrid son multa-
das por infringir la normativa; Alcoholes del Puerto S.A.
arroja ilegalmente en Jerez de la Frontera veinte millones de
litros de vinaza. En 1988, 10.000 peces mueren en el río
Muga y se hace público el censo de cien empresas madrileñas que no depuran sus residuos; Los Verdes presentan denuncia judicial por la contaminación del río Turienzo; protestas contra la muerte de truchas en un tramo del río Tera;
50.000 litros de aceite industrial vertidos al Jarama por la
empresa Destrisa. En 1989, se registra otro vertido de cianuro al río Genil; la empresa Antibióticos paraliza durante dos
semanas su producción para aliviar la situación del Bernes-
ga; vecinos de Vega de Infanzones llevan a cabo una protesta
contra la suciedad del río; manifestación en Allariz por la
degradación del Arnoia; Greenpeace denuncia que el Ter, el
Besòs y el Llobregat arrastran enormes cantidades de organoclorados al Mediterráneo. En 1991, la Comisión de las
Comunidades Europeas abre expediente a la Generalitat de
Cataluña por la contaminación del río Besòs e inmediatamente el consejero de Medio Ambiente anuncia la inversión
de 26.000 millones de pesetas para su recuperación.

Podría decirse que casi ningún río ha quedado a salvo:
Besaya, Saja, Carrión, Duero, Ebro, Fluviá, Guadalhorce,
Guadalquivir, Guadiana, Júcar, Nalón, Nervión, Oria, Pisuerga, Segura, Tajo, Tinto y Odiel, Tordera y Urumea son
algunos de los más contaminados y denunciados por las organizaciones ecologistas.

Una de las batallas más persistentes, que demuestra la desidia de las administraciones, es la del Segura. Miles de ciudadanos han protestado en los últimos veinte años contra su
contaminación y de nuevo lo hicieron el 24 de mayo de 1998
las más de diez mil personas que se manifestaron en Orihue-
la bajo el lema «Por la dignidad y la vida», para exigir una
confederación de municipios afectados por el envenena-
miento del río Segura «que aborde políticamente este delito

ecológico continuado e impune», dice el manifiesto leído al
término de la manifestación.

No son menos graves los vertidos procedentes de la agricultura y la ganadería. Miles de litros de alpechines (residuos de la aceituna) han acabado en los ríos andaluces por
roturas de balsas. Otro tanto ocurre con los residuos de miles de granjas repartidas por el país. La contaminación térmica por los procesos de refrigeración de las centrales
térmicas o nucleares también ha sido denunciada reiteradamente. En 1996, AEDENAT acusó a la central de Trillo de
que el agua vertida al Tajo superaba los límites de temperatura establecidos. La diferencia entre el agua tomada del río
y la vertida no puede superar los 3 grados centígrados.

Miles de agresiones, en definitiva, que en absoluto quedan compensadas por la recuperación de algunos tramos o
los intentos, casi siempre fallidos, de reintroducir el salmón
u otras especies.

El amianto mata

Los trabajadores sufren de manera directa el problema de
los residuos. Aunque es en los noventa cuando los sindicatos
mayoritarios (CCOO y UGT) mantienen un protagonismo
continuado en las cuestiones ambientales, ya se han visto en
el primer capítulo testimonios históricos sobre la preocupación espontánea u organizada de los trabajadores sobre estos asuntos tan estrechamente relacionados con la salud laboral. Ellos son, conviene recordarlo, víctimas por partida
doble, tanto en la fábrica donde trabajan como en los barrios donde viven, que suelen ser los más degradados.

Los indicadores tradicionales de salud y condiciones de trabajo ba-
sados en los accidentes y enfermedades laborales han quedado ob-
soletos –dice CCOO–. En los últimos años, se han producido cambios en las formas de trabajar dando lugar a patologías nuevas. Así,

el cáncer, que en 1950 era la octava causa de muerte, ha pasado a ser la segunda, detrás de las enfermedades cardiovasculares... Una estimación conservadora indica que la población trabajadora española expuesta a productos cancerígenos oscila entre 500.000 y 700.000. El número total de enfermos de cáncer es de 116.000/año, de los que mueren 83.000. De éstos, al menos 8.284 se deben a factores de riesgo en el trabajo, afectando a la práctica totalidad de sectores y ocupaciones [192].

Un caso paradigmático y pionero es el del amianto. En 1978, el Centro de Estudios y Documentación Socialista publica un informe dedicado a la memoria de Manuel Teruel Gómez, obrero de Uralita S.A. fallecido el 15 de marzo de 1977: «No es el primero; es simplemente la víctima más reciente» [193]. El amianto o asbesto es el nombre genérico de un grupo de silicatos de uso muy extendido en el fibrocemento. Sin reconocer de manera expresa sus riesgos, Uralita S.A., la empresa más importante en España, distribuyó en 1977 un folleto entre sus trabajadores con esta cínica conclusión:

Es inútil estar exageradamente alarmado porque se trabaja en la industria del amianto. Los obreros, en numerosas industrias, tratan, sin duda alguna, sustancias potencialmente mucho más peligrosas que el amianto [194].

La asbestosis o fibrosis pulmonar fue estudiada en España por el doctor López Areal, director del Hospital de Enfermedades del Tórax Santa Marina (Bilbao). En 1963, se aprobó con retraso la normativa reglamentaria del sector estableciendo el límite tolerable en 175 partículas de amianto por centímetro cúbico cuando en otros países era tan sólo de dos partículas. Ya en 1953, el doctor López Areal tramitó la primera demanda de incapacidad laboral por asbestosis. El trabajador afectado murió en 1960 sin que hubieran aceptado una segunda demanda cursada dos años antes.

Hasta 1975 no se tienen en consideración estos problemas. Fue el periodista y ecologista Santiago Vilanova quien inició una campaña en el *Diario de Barcelona* a raíz de la muerte de Manuel Teruel. Uralita S.A. desmintió a través de un comunicado a la prensa de Cataluña que esa muerte tuviera que ver con la asbestosis. La preocupación social por los riesgos del amianto se extiende a raíz de la denuncia presentada ante el Ministerio de Educación y Ciencia por la directora del Colegio Nacional Tiana de la Riba, en Ripollet-Cerdanyola, situado justo en una salida de ventilación de Uralita S.A. El Ayuntamiento toma cartas en el asunto obligando a la empresa a realizar una serie de modificaciones.

En marzo de 1978, una trabajadora de la empresa Erica S.A. denuncia en la revista *Mundo* que, de 92 compañeros analizados, 9 fueron diagnosticados de asbestosis y otros 20 presentaban indicios. Poco después, los obreros de Uralita S.A. plantean la necesidad de una comisión estatal de control, mientras la prensa airea un informe del Instituto Territorial de Higiene y Seguridad en el Trabajo que reconocía afecciones en mayor o menor grado por asbestosis y silicosis en doscientos de los setecientos trabajadores de Uralita S.A.

El desmantelamiento en 1986 de zonas del Palacio de Exposiciones y Congresos de Madrid en las que se había utilizado amianto (concentraciones hasta 47 veces superiores a las normales) fue el caso más sonado en España. Sonado y polémico por las diferentes valoraciones de sindicatos y organismos oficiales respecto a su peligrosidad. Aunque ya había sido prohibido en siete países europeos, España se opuso en 1998 a la propuesta de la Unión Europea para limitar e incluso prohibir determinados usos. Sin embargo, desde 1983, el llamado amianto azul, el más peligroso, está prohibido. Las estadísticas reconocen 150 muertes anuales (2.000 en Francia). En 1996, mueren dos trabajadores por un cáncer de pleura. Sus familias dicen resignadas: «Que se prohíba por fin, para que no vuelva a morir más gente». En septiembre de 1998, la Audiencia de Barcelona condena a Uralita S.A. a indemnizar con casi doce millones de pesetas a la viuda de un trabajador muerto por cáncer de pulmón. Señala la sentencia que la asbestosis ya era conocida desde 1930 y que la empresa tenía la obligación de tomar medidas anteriormente a 1980, cuando puso en práctica una tímida política preventiva.

7. Contra la política del hormigón

> Mira por dónde al animal
> dormir le fue fatal.
> Viniendo a mano
> para un pantano
> sufrió aquel bosque una brutal
> reforma forestal.
> («El lirón». JAVIER KRAHE)

«Las autopistas son puñaladas en la tierra»

El movimiento ecologista ha sido crítico con las grandes infraestructuras, autopistas y pantanos fundamentalmente, no sólo por los impactos generados sino por el modelo de sociedad que representan. El azar o la necesidad han querido que la Administración ambiental dependiera históricamente del Ministerio de Obras Públicas desde una posición marginal ridiculizada en ocasiones. Las cosas no han ido mejor cuando en 1996 la política hidráulica es asumida por el Ministerio de Medio Ambiente (MIMAM). El hormigón siempre ha podido con lo ambiental.

A partir de 1973, paralelamente a la protesta antinuclear, toma cuerpo la oposición a las autopistas. El Programa de Autopistas Nacionales Españolas (PANE) de 1967 se aceleró con la llegada al Ministerio de Obras Públicas de Gonzalo Fernández de la Mora (precursor de «el fin de las ideologías») y la Ley de Construcción, Conservación y Explotación de Autopistas en Régimen de Concesión (1972).

Aunque los ecologistas declaran los noventa «década de lucha contra las grandes infraestructuras», coincidiendo

con el amplio programa de construcción de autovías, autopistas y trenes de alta velocidad puesto en marcha por el Gobierno socialista, la primera campaña surge en los primeros
setenta a propósito de la prolongación de la autopista del
Mediterráneo desde Valencia hasta Alicante. Luego, habrá
otras: Madrid-Toledo, Madrid-Guadalajara, Alicante-Murcia y, de manera especial, la autopista del Atlántico. «Las
autopistas son puñaladas en la tierra», dicen los ecologistas
gallegos. De estas y otras protestas nació en 1978 la Coordinadora de Lucha contra las Autopistas.

La destrucción de suelo agrícola y del paisaje, la contaminación acústica, el derroche energético, el efecto barrera en
la fauna y también otros aspectos de no menor calado como
el apoyo al transporte privado frente al público o el oscuro
mundo económico de las concesionarias son algunos de los
aspectos más criticados. En 1984, el Gobierno socialista crea
la Empresa Nacional de Autopistas (ENAUSA) haciéndose
valedor de las grandes deudas acumuladas hasta entonces
por las constructoras. Todo ello ha quedado reflejado en libros como *El affaire de las autopistas* de Bernardo Díaz
Nosty, el *Libro negro sobre la Autopista de la Costa Blanca* de
Mario Gaviria, *La autopista del Atlántico* de varios autores,
o *La lucha contra las autopistas en el Estado español*, editado
por la propia Coordinadora.

En las I Jornadas contra las Autopistas celebradas en el
madrileño barrio de El Pilar (junio, 1978), con la asistencia
de colectivos procedentes de Galicia, Barcelona, Burgos,
Pamplona, Alicante y Mallorca, es aprobado el «Manifiesto
del Barrio del Pilar»:

Denunciamos que las autopistas interurbanas no son sino un arma
más para chupar del campo, del extrarradio, carne de trabajo para
la ciudad, dinero para consumir en los grandes almacenes y super-
mercados. Son una forma más de mantener la separación de las
personas de los lugares de trabajo, de compra, creando la necesidad
y la dependencia del transporte. Las autopistas potencian las comu-

nicaciones entre las grandes poblaciones y crean una barrera en el resto del territorio... No son sino un arma más del poder, del capital, que ha obligado a uno de cada cinco españoles a vivir amontonados en una ciudad... Luchamos por una sociedad diferente, por la paralización inmediata de todas las obras en marcha y reposición de los daños causados, sin indemnizaciones a las concesionarias y constructoras...[195]

A las II Jornadas Estables contra las Autopistas y sobre Alternativas al Transporte (1979) asisten representantes de la Coordinadora de Afectados por la Autopista del Atlántico (Galicia), la Unión de Pagesos y Tierra y Libertad (Mallorca), Comisión Ciudadana de Burgos, Coordinadora Ecologista de Navarra y varios colectivos de Madrid. La construcción y explotación de autopistas en España –señala Pedro Costa años después– se ha caracterizado por el abuso, el fraude y el fracaso de todas las expectativas:

El PANE sólo persigue la rentabilidad económica, no la social. La Ley de 1972 demostró un favoritismo inmoral hacia las concesionarias que han empleado a fondo la capacidad que les daban las compensaciones y las garantías financieras del Estado... Como en el caso nuclear, las empresas privadas se han beneficiado de los favores del Estado cuando todo iba bien; al llegar los momentos malos exigen la protección sin matices[196].

Galicia protagoniza una protesta histórica con el rechazo generalizado a la autopista del Atlántico, aprobada por Decreto de 17 de agosto de 1973. Ecologistas, profesionales y agricultores, que además de las expropiaciones denuncian destrozos en los abastecimientos de agua, la incomunicación de unos pueblos con otros e incluso daños sufridos en algunos edificios por los efectos de los explosivos, llevan a cabo cientos de movilizaciones. En abril de 1978, el Consejo Superior de Colegios de Arquitectos de España se suma a la protesta por medio de un comunicado que, en síntesis, expone lo siguiente: 1) La autopista del Atlántico es una brutal agresión al territorio gallego decidida y realizada desde el poder centralista del Estado. 2) Los daños en la estructura agraria y urbano-rural de la nación gallega son irreversibles e irreparables. 3) La autopista no actúa como motor de desarrollo y sólo sirve de infraestructura a la gran industria localizada en el litoral gallego. 4) En todo caso, el desarrollo que la autopista propone es incompatible con la ordenación del territorio tradicional y potenciación progresista hacia un modelo de desarrollo equilibrado. 5) La autopista es inadmisible y debe quedar paralizada.

Este rechazo tuvo episodios relevantes en el tramo Pontevedra-Rande, el Puente de Rande sobre la ría de Vigo y el *scalextric* que destrozó una de las mejores avenidas de la ciudad. En noviembre de 1976, una familia fue desalojada de su domicilio con gases lacrimógenos. En marzo de 1977, un grupo de personas detiene el coche del entonces ministro de Obras Públicas, Leopoldo Calvo Sotelo: «Las grandes obras no se pueden parar en dos minutos», explica nervioso el ministro. Poco después, 3.000 vecinos de Salcedo y Vilaboa remiten un escrito al MOPU mientras los enfrentamientos cobran cada día mayor virulencia.

En una ocasión –cuenta un panfleto– sesenta personas paramos las obras porque nos cortaban caminos y manantiales. Nos pusimos delante de las máquinas y tuvieron que venir los ingenieros... Uno de ellos nos amenazó de muerte y otro, cuando le entregamos una nota escrita en gallego, nos llamó incultos, muertos de hambre y nos dijo que nunca habíamos tenido una perra y que la autopista venía a darnos dinero...

En mayo de 1977, se produce una victoria parcial con la paralización de las obras en el tramo Pontevedra Sur-Rande. Alguien resumió la situación: «Autopistas sufre la primera derrota. Los vecinos ganan la primera batalla». En junio de ese año queda constituida la Coordinadora Nacional de Afectados y el 4 de septiembre más de 10.000 personas salen a la calle en Pontevedra. Días más tarde, hay numerosos encierros en iglesias y locales de asociaciones de vecinos, así como incendios de maquinaria e instalaciones de la constructora. En diciembre, el gobernador civil impone varias multas a los participantes en piquetes y advierte: «Si es preciso se militarizará la zona».

El 21 de enero de 1978, los medios de comunicación, acusados de manipulación, publican en lugar destacado la noticia del incendio de los pilares de un puente. Para contrarrestar su influencia comienza a difundirse el periódico *Terra Ceibe*. Las protestas consiguen ciertas concesiones y tras sucesivos abandonos y cambios de trazado, la autopista del Atlántico llega a su fin. Paradójicamente, signos de los tiempos, infraestructuras semejantes construidas años después como la autovía de las Rías Baixas, de no menor agresividad, apenas provocan protestas. CICONIA, CODA y pocos más denuncian su impacto en zonas loberas de Zamora.

En octubre de 1977, comienza la construcción del primer tramo de la autopista Palma-Inca, calificada por los ecologistas de barrera artificial que divide en dos partes la isla. El colectivo Denuncia y Control, por un lado, y los campesinos, por otro, mantienen una intensa batalla que no logra paralizarla. En enero de 1978, los ecologistas acampan delante de las máquinas y desde entonces la Guardia Civil vigila día y noche las obras. La Unió de Pagesos convoca poco después una manifestación a las seis de la mañan calificada como el hecho más importante desde las Germanías. El 27 de febrero de 1978, una marcha pacífica termina con varios heridos por pelotas de goma. Los campesinos denuncian a la Guardia Civil y la lucha sigue varios meses más.

En tiempos recientes, la M-40, una nueva vía de circunvalación de Madrid (ya está en marcha la M-50), fue contestada, especialmente en el llamado cierre norte, por la afección al monte de El Pardo. En enero de 1990, la Asamblea de Madrid adopta una propuesta de IU instando al Gobierno para que preserve en su integridad ese espacio. En marzo se constituye la Plataforma para la Defensa del Monte del Pardo integrada por AEDENAT, CODA, FAT, Los Verdes, CCOO, UGT, IU, Federación Regional de Asociaciones de Vecinos y otras entidades. La pérdida de 10.000 encinas y el movimiento de 400.000 m³ de arena son algunos de los impactos destacados. La Plataforma presenta sus alegaciones en julio y recoge firmas de apoyo a la declaración del monte de El Pardo como Parque Nacional. En noviembre hay una acampada en la zona y en 1991 se hace público el estudio de impacto ambiental con diferentes alternativas. La elegida, finalmente, reduce parte de los daños.

Antes de que ETA asumiera el protagonismo en la autovía de Leizarán, entre la localidad navarra de Irurzun y la guipuzcoana de Andoain, la Coordinadora Anti-Autovía (1986) había criticado el proyecto por el gran movimiento de tierras que suponía y por la agresión a parajes naturales como el Paso de Dos Hermanas, el Crestarío de Azpiroz o el valle de Leizarán y varios pueblos como Areso, Azpiroz y Gorriti. La Coordinadora hace una serie de propuestas en 1987 basadas en la mejora de la N-240, que discurre por el valle de Araxes y el puerto de Azpiroz.

El trabajo de la Coordinadora es un ejemplo valioso para todo el movimiento ecologista vasco por su carácter abierto y unitario y por el nivel alcanzado en sus propuestas alternativas. Desde la oposición a la central de Lemóniz, ningún otro hecho había conseguido aglutinar a todos los sectores del dividido y disperso ecologismo vasco, desde los ambientalistas más tibios hasta los radicales abertzales[197].

La Agrupación Navarra de Amigos de la Tierra (ANAT-LANE) critica este proyecto en 1989, y coincide con la Coordinadora en proponer como alternativa una mejora de las infraestructuras existentes. En marzo de 1990, la Comisión Europea archiva una queja presentada por la Coordinadora.

Finalmente, ya con el protagonismo de HB, la mediación de
Elkarri y la intervención de ETA, la alternativa denominada
«Lurraldea» es aceptada por la Diputación de Guipúzcoa en
1992, provocando una crisis importante con el Gobierno
central que afecta incluso al Pacto de Ajuria Enea.

En septiembre de 1989, al mes de comenzar las obras,
ETA pasa a la acción con amenazas, cartas-bomba, explosivos contra la maquinaria y, lo más grave, cuatro atentados
mortales. El asunto se convierte en cuestión de Estado favoreciendo, entre otras cosas, el interés de los corruptos. La autovía se hizo casi por el doble del dinero presupuestado. Los
gobiernos navarro y vasco parecían, después de todo, satis-
fechos. El amplio movimiento de contestación había aceptado la autovía tan sólo «con unas pocas reformas» que, en
opinión de algunos, en nada mejoran el proyecto inicial. La
autopista fue inaugurada en 1995.

El balance económico final del Tribunal de Cuentas navarro en 1997, cuando el ex presidente Gabriel Urralburu ya
había sido acusado de cobrar comisiones ilegales, señala un
coste adicional de 13.000 millones de pesetas por errores del
proyecto y 5.510 millones por costes de seguridad. En total,
41.207 millones de pesetas que, según el presidente del Tribunal, no pueden justificarse sólo por las razones ya apuntadas. La relación entre las grandes infraestructuras y los casos de corrupción tampoco se ha escapado a las críticas
ecologistas. Urralburu y sus cómplices, acérrimos defensores del pantano de Itoiz, fueron condenados por los tribunales en agosto de 1998.

El coche devora la ciudad

La apuesta de los ecologistas por el transporte público no ha
variado a lo largo de los años y tampoco su oposición al uso
histérico del coche, especialmente para trayectos cortos.

Pero en pocas otras causas ha sido tan evidente el fracaso. La obsesión ciudadana por el coche no cede y todavía en julio de 1998 fue noticia de primera página el récord de ventas. De igual modo, se ha disparado el transporte de mercancías favorecido por la integración de los mercados:

El proceso de integración europea y el Tratado de Maastricht en particular –señala Alfonso Sanz–, es también un factor de incremento de las necesidades de transporte; la supresión de fronteras facilita la producción a escala internacional frente a la producción local, lo que conduce al aumento en todos los países de las distancias recorridas por mercancías y personas [198].

Para responder a esas demandas, el Gobierno socialista pone en marcha el Plan Director de Infraestructuras (PDI) para el período 1993-2007, con inversiones billonarias, parcialmente asumido por el Gobierno del Partido Popular en función de las restricciones presupuestarias. Ese Plan y proyectos anteriores han absorbido buena parte de los Fondos de Cohesión y otros fondos comunitarios. La necesidad imparable de más autovías, autopistas, trenes de alta velocidad y aeropuertos no encuentra límites, pero nadie se atreve a decir basta. Nada es tan visible como la obra pública. Justificando la M-50 de Madrid, el consejero de Obras Públicas del Gobierno autónomo reconoce en 1998 que «no se pueden hacer carreteras hasta el infinito». Se intuyen los límites, pero nadie da el primer paso. La crisis del aeropuerto de Barajas (Madrid) no se afronta en una dimensión razonable para la seguridad y el confort de los usuarios. Por el contrario, se plantean nuevas pistas (la lucha contra el ruido ha cumplido décadas) e incluso otro nuevo.

El PDI preveía una inversión de 400.000 millones de pesetas en el delta del Llobregat para desviar el río y construir un centro logístico que integrara el puerto y aeropuerto de Barcelona. Respecto a la Alta Velocidad Española (AVE), las cuentas ecológicas no señalan demasiadas ventajas en relación con el avión. El automóvil privado, el avión y el AVE, por este orden, son los más agresivos con el medio ambiente. La abreviatura AVE, acusan los ecologistas, es un eufemismo seudoecológico. El AVE Madrid-Sevilla fue contestado en su día al igual que los proyectos Madrid-Barcelona y Madrid-Valladolid: desmontes, movimientos de tierra, numerosos viaductos y túneles, efecto barrera para la fauna, alto consumo energético e incluso supuestos privilegios para viajeros de alto nivel. ¿No habrá que parar en algún momento?, preguntan los ecologistas.

El automóvil y el avión –recuerda Sanz– son los medios más derrochadores de energía y, por tanto, los de mayor responsabilidad en las emisiones de CO_2, pero los trenes de alta velocidad estrechan o incluso suprimen en algún caso las ventajas ambientales que el ferrocarril convencional mantenía respecto al coche... [199]

No cabe, pues, esperar limitaciones al transporte por aire o carretera, ni tampoco al trasiego de petroleros. La reducción de impactos ambientales ha sido confiada a la tecnología conformando lo que Sanz ha llamado el mito del transporte ecológico, cuyo símbolo es el coche verde:

Este mito se basa en una reducción y una falsa esperanza. La reducción es considerar que el problema ambiental del automóvil está generado exclusivamente por su faceta contaminadora y consumidora de energía. La falsa esperanza es que la tecnología puede dar respuesta a cualquier demanda del medio ambiente. La reducción olvida que quizás la mayor transformación ambiental derivada de la expansión del automóvil es la propia necesidad de utilizarlo o de sufrirlo... Si los países del Norte (OCDE) tuvieran que pagar las materias primas, el deterioro del medio ambiente y la energía a su coste de reposición y sin salarios desiguales en el Tercer Mundo, los automóviles resultarían prohibitivos para la mayoría de la población [200].

Es evidente que la contaminación atmosférica y acústica en las grandes ciudades (somos la primera potencia europea en ruido) ha disminuido gracias a los avances tecnológicos, pero abordar el problema de fondo lleva inevitablemente a políticas restrictivas que ningún gobierno parece dispuesto a asumir. La alternativa de la bicicleta no resulta creíble para los ciudadanos. En 1978, más de 30.000 ciclistas se manifestaron en Barcelona para reivindicarla como medio de transporte, aunque se ha quedado en mero elemento de ocio. Los diferentes colectivos (Con Bici) ni siquiera han logrado una razonable red de carriles-bici en ciudades y carreteras generales.

La bicicleta –escribió Mario Gaviria en su período más anárquico– es la quintaesencia de la tecnología alternativa, es un arma del pueblo; la bici es amiga de la salud y enemiga del Estado y los ayuntamientos; ni paga matrícula ni impuestos, ni necesita carné de conducir... No contamina, no consume, no hace ruido, no come espacio, es barata, fácil de reparar por uno mismo y hace a la gente asociable. La bicicleta es un placer sensual... La desobediencia «bícica» es una variedad de la desobediencia cívica [201].

En marzo de 1989, AEDENAT, con el apoyo de ARBA, COMADEM, Pedalibre y otros colectivos, exige al Ayuntamiento de Madrid la regulación adecuada del tráfico con una campaña plagada de acciones más o menos imaginativas: lanzamiento de huevos contra la maqueta del subterráneo de la Plaza de Cristo Rey, procesión con el «cadáver» de un coche desguazado, participación en los carnavales con una charanga alusiva al culto automovilístico, colocación de pancartas en la estación de Atocha contra el AVE, manifestaciones en bicicleta para reivindicar carriles-bici, colocación de una careta antigás a La Cibeles, etc.

Los días 23 y 24 de marzo de 1990 se celebra un referéndum simbólico sobre el tráfico en el que votaron 151.000 personas. Los resultados fueron inequívocos: 145.000 dijeron sí al cambio. Sin embargo, cuando AEDENAT convoca en Madrid «Un día sin coches» (1991), el fracaso fue estrepi-

toso. Por encima de cualquier otra consideración, los Gobiernos siguen apoyando al sector y por ello AEDENAT califica de antiecológico el Programa Estructural para la Renovación de Vehículos (PREVER), aprobado en 1997.

El PREVER –dice un comunicado– constituye un mecanismo de
subvención extremadamente discriminatorio para los numerosos
ciudadanos no motorizados, para los restantes sectores industriales
y, además, es no sólo perfectamente ineficaz, sino profundamente
contraproducente para las finalidades de mejora del empleo, la seguridad vial y el medio ambiente que asegura perseguir... El Plan
PREVER está perpetuando el apoyo estatal a una industria que demuestra su falta de responsabilidad y de viabilidad económica al re-
querir de continuos apoyos del Estado produciendo altos costes sociales y ambientales sin garantizar empleo numeroso y estable [202].

En esa misma línea es criticada la falta de apoyo de los representantes españoles en el Parlamento Europeo al programa Auto-Oil (1998) para reducir contaminantes en los coches, los mayores contribuyentes a las emisiones de óxidos de
nitrógeno (NOx) y compuestos orgánicos volátiles (VOC),
además del ozono troposférico.

En 1992, los españoles recorrimos en los diversos medios
de transporte unos 360.000 millones de km y, según datos de
la CODA, cada año son atropellados diez millones de vertebrados. Autovías, autopistas, túneles como el de Somport
(«masacre de los Pirineos», dicen los ecologistas), todo al
servicio de su majestad el coche.

Alfonso Sanz y Antonio Estevan que, junto a José Manuel
Naredo, han aportado enfoques novedosos respecto a estos
asuntos, señalan algunos pasos para la reconversión ecológica del transporte:

Una cultura como la actual, fundamentada en la idea de que cuanto
más, más lejos y más deprisa se produzca el movimiento, tanto mejor, sobrevalora el transporte como todo tipo de bienes y dichas y
oculta el lado sombrío de sus consecuencias negativas.

Los autores reclaman los conceptos de durabilidad y reciclabilidad, superación de la obsesión por las infraestructuras y la circulación tranquila:

... que esta actividad sea realmente útil y equitativa para el conjunto de la sociedad, que no crezca más de lo necesario, que genere menos peligro, que se convierta, en suma, en una actividad controlada y amistosa, y no en fuente de tensiones individuales, conflictos sociales y deterioros ambientales [203].

Las hoces del Cabriel

El conflicto de las hoces del Cabriel pone sobre la mesa estas contradicciones. Casi nadie conocía ese paraje entre Valencia y Cuenca cuando la Junta de Castilla-La Mancha y el Ministerio de Obras Públicas, Transporte y Medio Ambiente (MOPTMA), o lo que es lo mismo, José Bono y José Borell, se enzarzaron en una durísima pelea que ganaría el primero. Tal polémica estuvo precedida por otra no menos importante que le supuso a Bono uno de los mayores disgustos de su carrera política con alto coste electoral. Ya en 1927 se había presentado un proyecto para la comunicación rápida entre Madrid-Cuenca-Valencia. Cuando el MOPTMA renuncia a esa posibilidad argumentando que supondría atravesar 140 kms. de zonas montañosas, provoca un amplio movimiento de protesta en esta pacífica ciudad que llega a pedir la segregación de Castilla-La Mancha. «El nuevo crimen de Cuenca», dicen algunos recordando la película de Pilar Miró. La Plataforma Cívica en Defensa de la Autovía por Cuenca difunde un manifiesto titulado «Autovía o marginación» y, a partir de 1992, desarrolla una infatigable actividad apoyada por las fuerzas vivas y medios de comunicación locales. Bono es declarado enemigo público número uno al considerar que no ha peleado lo suficiente.

Los resentimientos acumulados salen a flote con las hoces del Cabriel, cuya defensa coincide, en plena sequía, con la decisión del Gobierno de realizar nuevas concesiones de agua del trasvase Tajo-Segura, asunto no menos sensible. Por tanto, son varios los frentes abiertos en ese momento entre el Gobierno central y el de Castilla-La Mancha, que habían tenido contenciosos anteriores: Cabañeros, Anchuras o la incineradora de Almadén. Conflictos con la ecología de denominador común, pero de indudable trasfondo político. La incineradora de Almadén, que pudiera parecer el más banal, supuso un golpe decisivo a la política de residuos del MOPTMA y el inicio de una de las campañas más importantes del movimiento ecologista.

A pesar de las dudas sobre las convicciones ecologistas de José Bono, el hecho evidente es que, por vez primera, un político de su nivel asume esa bandera y se enfrenta a un ministro y a un Gobierno de su propio partido. Naturalmente, hay otros factores no menos decisivos: la conciencia regionalista, las elecciones, las inquinas personales, el protagonismo mediático o las aspiraciones de Bono a jugar un papel en la política nacional y en el propio PSOE donde se debate la sucesión de Felipe González. Todos esos factores deben tenerse en cuenta, pero no puede obviarse el fundamental: Bono plantea batallas políticas importantes sobre cuestiones ambientales asumiendo las posiciones ecologistas. En sendos prólogos a dos libros editados por la Junta sobre Cabañeros y las hoces del Cabriel, Bono parte de un mismo punto de inspiración. En el primer caso, la pancarta («Bono, salva Cabañeros») desplegada por los ecologistas en su toma de posesión como presidente; en el segundo, una pintada en los puentes de la carretera que une Madrid y Valencia: «MOPTMA, no mates las Hoces».

Después de muchas divagaciones, el MOPTMA plantea finalmente tres alternativas para el polémico tramo Manglanilla-Caudete denominadas A, B y C. De manera sintética, la alternativa A pasa unos metros de la antigua N-III; la B, por las hoces y el paraje de Los Cuchillos; y la C, justamente unos metros antes del comienzo de las hoces. La declaración de impacto ambiental de abril de 1994 reconoce que la alternativa A, defendida por ecologistas, Gobierno de Castilla-La Mancha y numerosos organismos, entre ellos el ICONA, es la mejor, pero alega dificultades técnicas para su realización. El propio director general de Medio Ambiente, Domingo Jiménez Beltrán, poco después director de la Agencia Europea, señala que deben demostrarse fehacientemente que esas dificultades técnicas son insuperables. Jiménez Beltrán había logrado salvar las hoces del Júcar que, en principio, también iban a ser cruzadas por la carretera.

El 3 de agosto de 1994, el MOPTMA establece el trazado definitivo, una cuarta opción denominada «C modificada», que aleja trescientos metros la autovía de las hoces. A partir de aquí comienza una durísima batalla política en la que queda oscurecido el protagonismo de los ecologistas. El 24 de marzo de 1993, se había constituido la Coordinadora para la Defensa del río Cabriel, con AEDENAT, ANAMA, Izquierda Unida, varios ayuntamientos, la Asociación de Padres de Cuenca y la Federación de Mujeres. Acció Ecologista-Agró, por su parte, juega un papel decisivo en la Comunidad de Valencia, cuyo Gobierno, sin demasiada convicción y con el deseo de ver terminada la obra cuanto antes, asume las posiciones del MOPTMA. Greenpeace, ADENA, CODA y otros colectivos también se suman a la causa.

Después de varios recursos jurídicos, el gobierno de Castilla-La Mancha pone en marcha una estrategia idéntica a la de Cabañeros. El 17 de octubre de 1995, las hoces del Cabriel son declaradas Reserva Natural y, pocos meses después, el Consejo de Ministros autoriza la adjudicación de las obras en ese polémico tramo. El asunto adquiere dimensión nacional, alimentada por los medios de comunicación, no muy habituados a este tipo de polémicas. Entre tanto, se pone en marcha la llamada «guerra de los helicópteros» con la que ambas partes pretenden explicar sobre el terreno sus posiciones a periodistas influyentes. El ministro Borrell, acostumbrado a las hazañas físicas, realiza incluso una travesía río arriba con un grupo de periodistas, que provoca el desfallecimiento de uno de sus funcionarios. Como en el caso del pantano de Itoiz, el MOPTMA hace de anfitrión en un debate al que asisten todas las partes implicadas seguido con gran expectación por la prensa.

En febrero de 1996, José Bono acude a La Moncloa para entrevistarse con Felipe González presentándole tres nuevas alternativas y en abril la Junta de Castilla-La Mancha apela a Bruselas. El «aliado» de Bono será el nuevo presidente del Gobierno, José María Aznar. El 13 de junio de 1996, el ministro de Fomento, Arias Salgado, acude a Toledo para firmar la nueva alternativa, denominada E, que cruza el pantano de Contreras. El malestar político es evidente en Valencia donde el presidente, Eduardo Zaplana, había defendido unas horas antes la vieja opción. A la firma del Pacto de Toledo, Bono invita a las organizaciones ecologistas que intervinieron en esta «guerra de tres años».

El 3 de diciembre de 1998, el presidente del Gobierno, José María Aznar, inaugura el polémico tramo acompañado de los presidentes de la Comunidad Valenciana, Eduardo Zaplana, y de Castilla-La Mancha, José Bono, quien recuerda a los periodistas que el PP «sólo ha puesto la guinda a una tarta confitada y hecha por los socialistas». Los ecologistas insisten en que la mejor alternativa hubiera sido el desdoblamiento de la antigua carretera.

La política de altura silencia algunas historias personales como la de Cipriano Escribano. Además de la «guerra» con Madrid, los municipios afectados viven la suya propia y muchos no aceptan la protección de las hoces defendida con ahínco por Cipriano, ecologista y agricultor en Villalpardo (Cuenca) que recibió llamadas telefónicas intimidatorias («Cipriano vete, el pueblo te odia») amenazándole con la horca. Bono destacó su figura en varias intervenciones públicas sobre las hoces del Cabriel.

A nadie se le escapa la arriesgada apuesta de Bono, pues su acción de gobierno es seguida con lupa por los ecologistas. En diciembre de 1997, destaca ADENA-WWF la inauguración de la primera carretera construida con criterios ecológicos en Castilla-La Mancha. Se trata de la CM-2023, en la Serranía de Cuenca, que atraviesa un cañón formado por el río Escabas con un bosque de ribera donde todavía habita la nutria. Aunque no era preceptivo el estudio de impacto ambiental, se hizo de forma voluntaria aumentando el presupuesto en 250 millones de pesetas. Aparte de mantener el trazado antiguo y paralizar las obras en época de cría, redujeron el número de voladuras, controladas por mallas para evitar la invasión del río, y revegetaron los taludes con especies autóctonas. De igual modo, ADENA-WWF calificó meses antes de irresponsable el acuerdo entre Bono y la ministra Isabel Tocino para nuevos regadíos con aguas del Tajo (80.000 Has.) y del Júcar (50.000 Has.). Nadie es perfecto. Ni siquiera Bono.

Pantanos: ¡Sálvese quien pueda!

El acercamiento crítico del movimiento ecologista y vecinal a la política hidráulica se ha centrado casi exclusivamente, hasta los años noventa con el proyecto del Plan Hidrológico Nacional (PHN), en la construcción de pantanos. Con sequía o sin ella, la falta de agua es uno de nuestros males endémicos agravado por la contaminación progresiva de ríos, pozos y acuíferos. Por otra parte, las inundaciones, han provocado cientos de muertos y daños económicos cuantiosos en infraestructuras, viviendas o cultivos. De la inmisericorde sequía, casi nunca aliviada por las rogativas, a las riadas, el desastre natural que más afecta a España. En consecuencia, para atajar uno y otro, durante el franquismo se construyeron cientos de embalses para abastecimiento, regadío o producción eléctrica y encauzamientos contra las grandes avenidas.

El ingeniero de Caminos, Manuel Díaz Marta, señala tres etapas en la historia del desarrollo hidráulico:

La primera, hasta la Guerra Civil, es una etapa creativa que recoge ilusiones sembradas por Joaquín Costa y los regeneracionistas, con el primer Plan Nacional de Obras Hidráulicas del ministro Indalecio Prieto. La segunda etapa, desde la Guerra Civil hasta los años sesenta, desarrolla buena parte de las obras indicadas en el Plan anterior. Lo criticable de este período es la falta de atención a las innovaciones tecnológicas en relación con la explotación de aguas subterráneas, economía en los regadíos, depuración y reciclado, etc. La tercera etapa comienza a mediados de los sesenta, cuando la égida de la construcción de grandes presas tocaba a su fin [204].

La oposición a los grandes embalses, en contra de las apariencias, no ha sido irracional ni indiscriminada, ni ha estado tampoco protagonizada en exclusiva por los ecologistas. En 1907, sólo había en España trece pantanos importantes con una capacidad de cien millones de metros cúbicos. De 1950 a 1985, se construyeron 579 y, en la actualidad, hay más de 1.300. En el período 1963-1972, la superficie de regadío aumentaba cada año en 60.000 hectáreas.

En general, los ciudadanos siempre han aceptado de buen grado los pantanos, salvo cuando afectan directamente a sus intereses. Ya en los cincuenta se registraron protestas de agricultores disconformes con los pagos de las expropiaciones o que debieron abandonar casas y tierras. Ha habido incluso pueblos expropiados en los que nunca llegó a construirse el embalse previsto y otros vivieron durante décadas en la incertidumbre ante las dudas y desididas de la Administración. La presa de Navia de Suarna fue proyectada en 1927 y todavía en 1975, *El País* titulaba: «Desde hace 37 años, diecinueve pueblos de Lugo amenazados por el embalse del Gran Suarna».

Los ecologistas sostienen que no ha habido un embalse que no haya supuesto abusos y provocado conflictos. En 1964, FENOSA comienza la construcción del embalse de Castrelo de Miño (Orense) con la oposición de los vecinos, que interrumpen las obras una y otra vez hasta que el Gobierno decreta la expropiación forzosa de sus tierras, vigiladas a partir de entonces por la Guardia Civil. Hubo manifestaciones, incendios de maquinaria y barracones, pero el embalse llegó a su fin:

> Miren señores que historia
> dun pobo do noso Ourense
> que ten xuez, segedario
> e tamén Sr. forense...
> Que el embalse se construya
> dixo Franco entusiasmado,
> e ali mandou os civiles
> pra impoñer su mandado...,

decía una coplilla popular.

No fue menos grave el caso de Mequinenza (Zaragoza). Las obras de este embalse terminaron en 1962 y ocho años después el de Ribarroja, afectando a buena parte de la huerta de Caspe, y a los poblados de Fayón y Mequinenza. A los conflictos por expropiaciones y traslados se añaden otros incidentes como el ocurrido el 29 de marzo de 1967 cuando detectan una filtración de 15.000 litros por segundo en el embalse de Mequinenza. Con este justificado pretexto un grupo de niños y mujeres se concentra en la plaza del Ayuntamiento con pancartas: «No es igual salto de Mequinenza que Mequinenza asaltada», «Esperamos de la justicia de Franco que se nos atienda en nuestra petición», «Los niños de Mequinenza no queremos ser víctimas de un peligro constante».

Ante el conflicto por los traslados al nuevo poblado, en 1968 un comité de Cabezas de Familia difunde el siguiente comunicado:

Mequinenza vive desde 1957 en un verdadero estado de angustia... Y si bien no encaja en nuestra época una postura numantina, tampoco hay que olvidar que somos aragoneses [205].

A esa situación de angustia hace referencia la homilía del párroco pronunciada el 28 de enero de 1973:

Compartimos las penas con vosotros, los que estáis en el pueblo nuevo, que salistéis sacrificando vuestros intereses en aras del bien común mediante serias promesas verbales y ahora no podéis llegar a un acuerdo con ENHER. Con vosotros, los que estáis en la zona de la Cooperativa que, por el terror y el pánico ante el trepidar continuo de las motopalas, abandonastéis las viviendas y, al adquirir una nueva, os habéis tenido que comprometer a unos créditos –con promesas entonces de un 2 al 3 por ciento que ahora se han convertido en un 7 ó un 8– y no podéis responder a los intereses con vuestras módicas pensiones de 2.000 y 3.000 pesetas. Compartimos las penas con vosotros, los que todavía permanecéis en el pueblo viejo, sufriendo una continua guerra de nervios, porque todos los días las gigantescas máquinas agitan violentamente vuestras viviendas, agrietándolas, y teméis sean el día de mañana declaradas en ruinas y no podáis pagarlas porque no os corresponde indemnización... [206]

En abril de 1973, es desalojado el cura de la casa parroquial y ocupa otra vivienda junto a varias familias que permanecen en la parte vieja. Desesperados, muchos abandonarán el pueblo para siempre, como también ocurriera en Fayón. La inundación comenzó a pesar de los resistentes y algunos tuvieron que saltar por las ventanas y ser rescatados en barca, mientras flotaban en el agua cadáveres de animales. Sólo dos familias aguantaron hasta el final. En total, unas 8.000 personas fueron desplazadas entre las dos poblaciones. Menos suerte tuvieron los habitantes de Ribadelago (Zamora). El 9 de enero de 1959, los casi ocho millones de metros cúbicos de agua almacenados en la presa de Vega de Tera, cerca del lago de Sanabria, arrasaron el pueblo y la vida de 144 personas. Fue el primer pantano que se le rompió a Franco y un simple encargado de obra asumió todas las responsabilidades.

Hay muchos otros casos. Juan Antonio Hormigón denuncia en 1976 el impacto de la presa de Lorenzo Pardo en el valle de Benasque:

Es uno de los muchos proyectos que convertirán gran parte de los valles del Pirineo aragonés en embalses... Mucha gente habla del «Pirineo subacuático»... el objetivo es beneficiar a Cataluña... Un expolio para Aragón [207].

Igualmente, cuando la Dirección General de Obras Hidráulicas pone en marcha los planes de regulación del río Irati en 1977 con los embalses de Lumbier, Aoiz (actual Itoiz) y Aspurz, en Navarra, y del río Aragón con el embalse de Berdún (Zaragoza-Huesca), y el recrecimiento de la presa de Yesa (Navarra), surgen airadas protestas por toda la Comunidad y especialmente en los tres pueblos que quedarían inundados en el primer caso: Rípodas, Artieda y Artajo.

> Adiós, Artieda, Artajo,
> Rípodas y esas tierras
> que os van a tragar las aguas
> de un pantano que es protesta,

cantaba entonces Fermín Valencia, quien veinte años después pondrá también música al conflicto de Itoiz.

Los afectados por el pantano de Lumbier forman la Gestora Pro-Autonomía del Agua de Navarra:

Pensamos que sólo una gestión autonómica del agua y de la tierra navarra podrá dar a ésta un uso óptimo en relación con nuestras necesidades actuales y nuestro futuro. El principio de soberanía y control democrático del agua es la manifestación concreta de la futura autonomía navarra como parte integrante del País Vasco... [208]

La protesta vuelve con fuerza a partir de 1995 con el pantano de Itoiz.

Los conflictos se multiplican por toda España. En 1977, vecinos de Cercedo (Pontevedra) protestan ante el rey por la construcción de un pantano sobre el río Lérez; más de 2.000 personas rechazan el de Vado de la Reina; el de Valsaín (Segovia) es contestado por AEORMA, ADENA y numerosos científicos; los planes de regadío de Cáceres generan numerosas protestas al afectar a 100.000 Has. de alcornocales, encinares y robledales; y también el pantano de Retuerta, en el valle de Arlanza, sobre el mejor sabinar de España.

En 1994, la CEPA cuestiona una presa sobre el estuario del Guadalquivir defendida por ASAJA y los arroceros, a la vez que denuncia 70.000 Has. de regadíos sin concesión legal, fundamentalmente de olivos, que son los que realmente impiden el abastecimiento de agua a los cultivos de arroz en situaciones normales. En 1995, la CODA recurre ante el MOPTMA la resolución de agosto de ese año sobre la construcción del pantano de Irueña (Salamanca), que anegará robledades y 20 kms. de bosque de ribera. En 1997, CODA, COMADEN, GAIA y otros grupos organizan una acampada contra la construcción del pantano de El Atance (Guadalajara). Y en 1998, la CODA de nuevo denuncia el impacto del embalse La Breña II (Córdoba) en una zona lincera.

No es menos relevante la batalla de los ecologistas catalanes contra el pantano de Rialp (Lérida) que sale a información pública en 1977:

Rialp no es un problema técnico. Es una cuestión que arranca de planteamientos políticos caciquiles y que ha dado origen a un episodio de manipulaciones técnicas sin precedentes [209].

Aunque el pretexto oficial son los regadíos, consideran los ecologistas que este pantano servirá para llevar agua del Segre a la Gran Barcelona. Con la ayuda de expertos, DEPANA elabora una alternativa que consiste en la construcción de pequeños pantanos, pero no es atendida.

Un informe de la CODA sobre los grandes fracasos hidráulicos menciona numerosos embalses que no han cubierto expectativas iniciales: Benínar (Almería), con capacidad para 70 Hm^3, no puede almacenar más de 12 por las filtraciones; Finisterre (Toledo), con 133 Hm^3 de capacidad, no suele superar los 11 por falta de agua; Guadalhorce (Málaga), con 135 Hm^3, no ha cumplido el objetivo de abastecer a la capital debido a las fuentes salinas situadas en el vaso del pantano que lo invalidan tanto para consumo como para regadío; La Serena (Badajoz), uno de los más grandes de Europa, apenas superó nunca el 25% de su capacidad y sólo alcanzó la cota máxima tras las históricas lluvias de 1996; Canales (Granada), de 71 Hm^3, está casi siempre vacío por la inestabilidad del terreno sobre el que se asienta; Puebla de Cazalla (Sevilla), con 74 Hm^3 de capacidad, no sirve para el riego por la salinidad del agua del río Corbones.

Eduardo Barrenechea denunció en 1978 grietas en los embalses del Atazar (Madrid), Canelles (entre Lérida y Huesca), Santomera (Murcia) y Mequinenza (entre Aragón y Cataluña); y aterramientos en los embalses de Bornos (Cádiz), Camarillas y Mundo (Albacete), Cubillas (Granada), etc.: «Un porcentaje nada despreciable de embalses –concluye– se construyó para enriquecimiento de algunos constructores de búnker-acuíferos, fabricantes de cemento y, sobre todo, de las empresas hidroeléctricas»[210].

A pesar del sentimentalismo que despiertan en el pueblo las promesas de grandes transformaciones en regadío –comenta el profesor Martínez Gil– no son éstas ya en nuestro país actuaciones públicas que tengan el valor estratégico o de redención social que tuvieron en aquellos años en los que había aquí más miseria que pan... Las grandes transformaciones han dejado de ser inversiones sociales rentables... Los regadíos generan muy poco empleo estable en relación con la inversión que exigen[211].

Riaño: la madre de todas las batallas

El movimiento ecologista juega en este caso el papel relevante que hasta entonces había correspondido casi en exclusiva a los pueblos afectados. Riaño (León) fue causa nacional. En 1902, 1927 y 1958 hubo diferentes proyectos en la zona con fines hidroeléctricos o de regadío. Finalmente, Riaño es contemplado en el II Plan de Desarrollo del que era comisario precisamente un descendiente de la zona, Tomás Allende y García-Báxter, luego ministro de Agricultura, pero aún así, Riaño tardará treinta años más en ser una desgraciada realidad.

Con el apoyo del Consejo Económico Sindical Interprovincial de Tierra de Campos, una Orden Ministerial de 6 de mayo de 1963 aprueba el anteproyecto del embalse de la Remolina (Riaño) y otra de 30 de noviembre de 1965 autoriza la ejecución por algo más de trescientos millones de pesetas. En agosto de 1966, comienzan las obras que se alargan más allá de los cinco años previstos. Las expropiaciones tardarán también veinte años en hacerse efectivas: 2.000 casas, 30.000 fincas rústicas, 300 empresas industriales, 13 minas, varios palacios, 20 escuelas, 8.000 cabezas de ganado, etc. En total cerca de 3.500 millones de pesetas.

El descontento popular se acrecienta con la construcción del Nuevo Riaño, un barrio para alojar a los desplazados, apoyados entonces por los principales partidos de izquierda. El PSOE, una vez en el Gobierno, decide seguir adelante, a pesar del debate interno en el seno del partido. En las elecciones municipales y autonómicas de 1983, consigue el gobierno de la comunidad autónoma y la alcaldía de León. En agosto de ese año, el diputado socialista, José López Robles, avanza la nueva posición: «Esperamos llegar a un compromiso serio para concluir las obras del pantano de Riaño».

El cambio del PSOE supone un duro golpe para las organizaciones ecologistas esperanzadas en una política ambiental diferente. El grupo URZ (Protección y Estudio de la

Naturaleza) da la señal de salida con un artículo titulado «Riaño: ¿por qué?». El presidente de la Comunidad, Demetrio Madrid, apoya explícitamente el pantano, mientras la Universidad de León elabora varios trabajos en los que, entre otras cosas, propone la recuperación del patrimonio cultural de la zona. En 1984, la Comisión de Afectados de la Comarca de Riaño (CACOR) se opone a la continuidad de las obras, al igual que PREPAL, el único partido político claramente contrario al pantano. Poco después, Los Verdes, en una de sus mejores actuaciones públicas gracias al liderazgo de Ramiro Pinto, intervienen en la polémica. El 13 de mayo de 1984, aparece en el muro de la presa una pintada, tan breve como contundente, con letras de cinco metros de altura: DEMOLICIÓN. Tres horas tardó en realizarla un grupo de personas sujetas con cuerdas ancladas en lo alto del muro. La pintada tuvo efectos movilizadores en ambos bandos.

Los primeros avisos de desalojo no son atendidos y el Gobernador Civil multa con 50.000 pesetas a cuatro de los vecinos más activos en la protesta añadiendo leña el fuego. Luego decrece la contestación hasta junio cuando nace la Coordinadora para la Defensa de Valles Amenazados por Grandes Embalses. El 23 de febrero de 1986, 150 conocidos profesionales, muchos de ellos vinculados a León, firman un manifiesto: Antonio Colinas, Caro Baroja, Jesús Torbado, Julio Llamazares, Odón Alonso, Cristóbal Halffter, etc. A primeros de marzo, el Gobierno declara de interés general el aprovechamiento de los riegos de Riaño. Los ministros de Obras Públicas, Sáenz de Cosculluela, y de Agricultura, Carlos Romero, afirman en León que el pantano comenzará a llenarse en 1987.

Una nueva carta advierte a los vecinos que el desalojo se llevará a cabo el 17 de mayo. Tras una durísima intervención de la Guardia Civil, el día 28 son desalojadas y demolidas dos viviendas de Vegacerneja. El 1 de junio, 3.000 regantes se manifiestan a favor del pantano. Ya en octubre, se reproducen los enfrentamientos y el juez de Cistierna para las obras.

El 9 de diciembre, Obras Públicas, con la protección de trescientos agentes antidisturbios, comienza la demolición de
las casas afectadas por el viaducto. Los vecinos resisten, los
jóvenes suben a los tejados, pero siguen adelante hasta que
llega una nueva orden judicial.

Catedráticos de la Autónoma de Madrid y más de trescientos investigadores del CSIC envían escritos a la CIMA y
al presidente del Gobierno. El 21 de diciembre, 12.000 personas se concentran en León y pocos días después ocurre
otro tanto en Madrid. También los partidarios del pantano
vuelven a salir a la calle. El ministro Sáenz de Cosculluela
comparece en el Congreso y responde a la acusación del diputado Ramón Tamames de que Riaño servirá a los intereses de Iberduero: «la presa de Riaño es necesaria por sí misma», insiste el ministro.

En enero de 1987, seis ecologistas se encierran en el Mi-
quelet de Valencia. En febrero, representantes de asociaciones ecologistas de toda España envían un nuevo escrito de
protesta al MOP. Semanas después, un incendio reivindicado por el Comité de Defensa de las Comarcas Leonesas destruye varias máquinas por valor de cien millones de pesetas:

La falta de respeto por un pueblo que defiende la herencia de sus
mayores con la obligación de cederla a sus descendientes –dice un
comunicado–, nos obliga a una lucha sin cuartel por la Defensa del
Valle de Riaño o de Omaña o dígase de cualquier atentado al patrimonio leonés [212].

El 18 de marzo, el Congreso de los Diputados debate una
Proposición no de Ley de Izquierda Unida y Esquerra Republicana, para el estudio de un Plan Alternativo a Riaño. El 9
de abril, la Audiencia Provincial de León desestima el inter-
dicto interpuesto por diecisiete vecinos de Riaño y manda
alzar la suspensión de las obras. En mayo de 1988, ADELP-
HA y GEYSER presentan un contencioso por las pérdidas
del patrimonio histórico-artístico. Los Verdes quieren llevar

el asunto a las Naciones Unidas, pero se conforman con el Parlamento de Estrasburgo sin ningún éxito.

Diseñado a principios de siglo –lamenta Julio Llamazares–, puesto marcha en la década de los sesenta, el embalse de Riaño ha llegado sin concluirse casi al siglo XXI. Un siglo, pues, de avatares vergonzosos y confusos, de expropiaciones sin término, de errores manifiestos y no menos manifiestas injusticias. Lo que comenzó como una clara aberración política (en Riaño se destruye un valle tal vez único en España, nueve pueblos y el corazón de toda una comarca) pasó luego a ser un rosario interminable de atropellos y locuras... En Riaño, los desalojados no son ya los expropiados sino los hijos de sus hijos. Entre sus piedras milenarias no muere sólo un pueblo, sino la propia razón y la cultura[213].

El pantano fue inaugurado, aunque el Gobierno socialista no saliera ya en el NODO. Hasta la fecha, Riaño no ha cumplido el objetivo previsto: los regadíos. El desatino salva en cierto modo a la comarca de Omaña de un desaguisado similar. Ésa es la impresión generalizada entre quienes siguieron de cerca la polémica sobre el pantano de Omaña que habría inundado Trascastro de Luna, La Velilla e Inicio y afectado a otros cinco. Un proyecto anterior contemplaba la inundación de ocho pueblos.

Los primeros planes de aprovechamiento planteados por Eléctricas Leonesas S.A. datan de 1956 y 1962, pero hasta el 29 de septiembre de 1982 no aparecen en el BOE: 225 Hm^3 de capacidad para regar 30.000 Has. La Dirección General de Obras Hidráulicas aprueba el proyecto en 1984 y los pueblos afectados presentan numerosas alegaciones durante el período de información pública. Entre otras, las cuantiosas inversiones realizadas en la comarca en años anteriores, superiores a los quinientos millones de pesetas. En 1985, se constituye la Asociación de Afectados; un año después, la Asociación Cultural Omaña; y en 1988 la Mesa por el Futuro de Omaña, integrada por agrupaciones políticas, sindicales, culturales y ecologistas. A partir de 1990, las protestas se generalizan con manifestaciones, fiestas reivindicativas, cortes de carretera, recogidas de firmas, etc. En esos momentos la Confederación Hidrográfica del Duero presenta un nuevo proyecto reduciendo la capacidad de la presa casi a la mitad.

La Mesa por el Futuro de Omaña presenta a su vez otra alternativa de pequeños embalses con capacidad para almacenar más de 100 Hm^3. No hubo respuesta oficial. El caso llega al Parlamento nacional y al de Estrasburgo por iniciativa de IU. En mayo de 1990, tiene lugar en Villaceid el Primer Encuentro Nacional de Pueblos y Zonas Amenazadas, un frente común contra la construcción de grandes obras. A la pregunta del diputado de IU, García Fonseca, el ministro Sáenz de Cosculluela, responde que «no se puede renunciar a regular ningún cauce que esté al alcance de nuestros medios». García Fonseca le recuerda al ministro declaraciones anteriores en el sentido de que Riaño sería el último pantano.

Provisionalmente, el MOPU adjudica las obras a la empresa Agromán S.A. por 5.400 millones de pesetas, mientras la Mesa para el Futuro de Omaña plantea razonablemente un retraso hasta la elaboración del PHN. En el mes de diciembre, un estudio de la Cátedra de Ecología de la Universidad de León expresa serias dudas sobre la viabilidad de los regadíos del Páramo con una alta concentración de sales. Otro estudio posterior también cuestiona su rentabilidad económica. En abril de 1991, la Sala de lo Contencioso Administrativo del Tribunal Superior de Justicia de Castilla y León, admite a trámite el recurso interpuesto contra la adjudicación de las obras. La Mesa por el Futuro de Omaña viaja a Estrasburgo. IU se compromete a presentar ante la Comisión Europea una propuesta de resolución sobre la «incomprensible política española de grandes embalses orientados a la creación de nuevos regadíos y la contradicción de ésta respecto a la PAC». La propuesta contempla también la conveniencia de anular los proyectos de grandes embalses siguiendo la normativa europea.

Con la llegada de José Borrell al MOPTMA y de Vicente Albero a la Secretaría de Estado para las Políticas de Agua y Medio Ambiente, el asunto se paraliza. Albero lo conocerá de cerca cuando se encierra en su propio despacho una comisión de afectados entre los que se encuentran miembros del grupo URZ; Ramiro Pinto, que ya había hecho historia en Riaño; y Humberto da Cruz, nombrado poco después por Albero responsable del ICONA. En octubre de 1991, algunos medios de comunicación dan la noticia, no desmentida por el MOPTMA, de que Omaña no se construirá y la confirmación oficial llega poco tiempo después. Los sectores favorables al pantano no fueron demasiado beligerantes. Finalmente, quedó la impresión de que por el pantano de Omaña nadie peleaba con excesiva convicción. A ello ayudó la decisión del Gobierno de aprobar el trasvase de agua de Riaño para regar el Páramo Bajo. La revista *Omaña* hace balance:

Atrás quedan años de lucha, intrigas, manifestaciones... Sólo la Mesa por Omaña, Ecologistas e IU mantuvieron una postura uniforme, siempre de oposición frontal al pantano [214].

Itoiz: la historia se repite

Navarra toma el relevo de Riaño, una experiencia que la Coordinadora de Itoiz (1985) había conocido de cerca: «El haber vivido el dramático fin de Riaño, lejos de desmoralizar a la Coordinadora, le supuso un resorte más para fortalecerse... No consentiremos un nuevo Riaño» [215]. Las protestas vuelven con fuerza a partir de 1990 cuando es aprobada la construcción del embalse de Itoiz sobre el río Irati, pero curiosamente su declaración de interés general es de dos años después. En cierto modo, Itoiz da continuidad a aquellos proyectos de los setenta. El movimiento de contestación había estado latente desde entonces. Aunque las obras comienzan en 1993, no es hasta 1995 cuando el conflicto adquiere toda su dimensión, solapado con la polémica en torno a la autovía de Leizarán. No hay descanso, pues. Inaugurada la autovía, la batalla de Itoiz es objetivo prioritario.

El temor de que pudiera derivar en un conflicto similar, con amenazas y atentados, ha pesado siempre en las administraciones implicadas, a veces de manera interesada, dando a entender que cualquier concesión a la Coordinadora sería rentabilizada por ETA o HB. Sin embargo, salvo el episodio protagonizado por Solidarios con Itoiz, la oposición al pantano ha transcurrido bajo estrictos cauces democráticos dando lugar, por otro lado, a una batalla jurídica sin precedentes en el terreno ambiental. Por lo demás, los principales valedores de Itoiz, el ex presidente Gabriel Urralburu y el ex consejero y máximo responsable de la Confederación Hidrográfica del Ebro, Antonio Aragón, fueron condenados por su implicación en la denominada trama Roldán. Como en el caso de la autovía, la sospecha de corrupción también pesa sobre Itoiz.

El Irati nace en Francia y transcurre por uno de los parajes más bellos y mejor conservados de Navarra. En su cabecera ya está regulado con el pequeño embalse de Irabia, pero el actual proyecto, con una capacidad superior a los 400 Hm^3, afecta a quince núcleos de población de los que ocho quedarían inundados, además de las reservas naturales de Txintxurrenea, Iñarbe y Gaztelu y dos Zonas de Especial Protección para las Aves (ZEPAS), sierras de Artxuba y Zariquieta y montes de Areta.

El mejor argumento para la aceptación social de Itoiz es la promesa de nuevos regadíos, pero el proyectado Canal de Navarra (181 kms.), cuya construcción implica seis túneles, dos acueductos y otras muchas obras, podría acabar en un fiasco mayor que el Riaño. La promesa de transformar 57.700 Has. en regadío parece poco creíble si nos atenemos a las tendencias de la PAC. ¿Para qué serviría entonces este pantano en una región que es la primera potencia española en turismo rural y en producción de energías renovables?:

La gran mentira –denuncia Martínez Gil–, habilidad o perversión de este hombre (Borrell)... es que ha sabido hacer creer a los políticos navarros que la presa de Itoiz sería para regar 58.000 Has. de su Comunidad... ¿Nos quiere explicar este ministro... de dónde van a salir los dos mil Hm^3 de aguas reguladas del Ebro que permitan seguir ofertando esos trasvases redentores de todos los males del agua en España, si no es de Itoiz, Yesa recrecido, Biscarrúes, Jánovas, Santa Liestra y Rialp, que arrastran ya ellos solos compromisos de 330.000 nuevas Has. de regadío, cuando hace tiempo se anunció que en todo el Estado no se podrían hacer más de 300.000?

Es decir, que Itoiz, según Martínez Gil y otros expertos, forma parte de la estrategia para trasvasar el Ebro, la eterna polémica de la política hidráulica en España.

La Coordinadora ha elaborado varios informes a lo largo de estos años y algunas de sus tesis han sido avaladas por el CSIC, la SEO, CODA, el Consejo Asesor del Medio Ambiente y el propio ICONA. Uno de sus subdirectores, Juan Manuel de Benito, inmediatamente cesado, señalaba en un informe de 1993 filtrado desde el propio MOPTMA:

... el coste ambiental del embalse de Itoiz será en cualquier caso elevado, independientemente del maquillaje que se le aplique a través de medidas correctoras más o menos sofisticadas... [216]

En junio de 1992, la Coordinadora presentan una queja ante la Dirección General XI por incumplimiento de varias directivas. En julio de 1994, por imposición de Bruselas, se suspenden los trabajos en la cantera de Txintxurrenea y la Comisión insta a la celebración de un seminario entre las partes en litigio. Por iniciativa del Consejo Asesor de Medio Ambiente (CAMA), muy beligerante en este asunto que enturbió hasta el rompimiento sus relaciones con el Ministerio, ya se había celebrado una anterior reunión en la que la

Coordinadora presentó un manifiesto suscrito por 270 organizaciones ecologistas y 20.000 firmas de profesionales de toda España solicitando la paralización de las obras.

En el segundo seminario, celebrado el 25 de octubre en la sede del CAMA, estaban todas las partes y, por su excepcionalidad, suscita gran interés social y mediático. Las ocho horas de debate, sin embargo, no modifican las posiciones previas. Al poco tiempo, Bruselas decide archivar la queja pero exige una evaluación de impacto ambiental conjunta del pantano y el Canal de Navarra. En el frente jurídico, la oposición al pantano consigue su baza más importante cuando la Audiencia Nacional dicta sentencia el 29 de septiembre de 1995 en los recursos contenciosos-administrativos interpuestos por la Coordinadora y otros colectivos. Dicha sentencia anula el proyecto de Itoiz por considerarlo contrario a derecho y al ordenamiento jurídico, sin embargo no es efectiva ante la insolvencia de los querellados para responder al aval exigido de 24.071.597.590 pesetas. El Tribunal Supremo decide finalmente que el embalse no podrá llenarse.

En medio del embrollo judicial, el colectivo Solidarios con Itoiz protagoniza una acción espectacular en la madrugada del 6 de abril de 1996, viernes santo, al cortar con sierras mecánicas los cables que transportaban los blondines con que se trabajaba en el hormigonado de la presa. Greenpeace y la Coordinadora condenan los hechos, que rompen una trayectoria intachable. En julio de 1997, el Tribunal Superior de Justicia de Madrid ratifica la sentencia de la Audiencia Nacional y declara nulo el estudio de impacto ambiental al considerar que vulnera el derecho comunitario, pero no se pronuncia sobre la paralización de las obras. En diciembre, la polémica sobre el llenado del pantano pasa al Tribunal Constitucional. El 16 de abril de 1998, la Audiencia Provincial de Navarra condena a los ocho integrantes de Solidarios a cuatro años y diez meses de prisión, multas de 500.000 pesetas y arresto de cinco fines de semana por el sabotaje perpetrado un año antes. La sentencia no estima como eximente el estado de necesidad solicitado por las defensas de los acusados. CODA, AEDENAT, Greenpeace, ADENA, SEO y Patrimonio Natural Europeo solicitan al presidente del Gobierno el indulto por considerar completamente injusta la condena:

Es lamentable que la Administración lleve a cabo unas obras ilegales (el Tribunal Supremo certificó que no podría llenarse el embalse), de enorme impacto ambiental y social, de muy dudosa utilidad hidrológica, y sobre el que planea la sombra de la corrupción... [217]

Itoiz sigue adelante, a pesar de todo.

La nueva cultura del agua

Antes de entrar en su fase crítica, el PSOE pone sobre la mesa varios planes que atacan a los ecologistas donde más les duele. Si la primera batalla significativa contra el Gobierno socialista fue Riaño, ahora, como traca final, el Proyecto de Plan Hidrológico Nacional (PHN) contempla 150 más. La revista *Gaia* resume así la victoria socialista en las elecciones del 6 de junio de 1993: «Un futuro de autopistas, AVEs y embalses». Sigue la mitología de las grandes obras, incluida la Expo de Sevilla y las instalaciones olímpicas de Barcelona, que también merecen críticas de los ecologistas.

Tras los primeros borradores de Sáenz de Cosculluela, el 12 de abril de 1993 el Gobierno aprueba el Proyecto de Ley del Plan Hidrológico Nacional, ya con José Borrell en el MOPTMA, cuya ejecución se prevé en un plazo de veinte años. Las organizaciones ecologistas resumen ese Plan como «un catálogo de grandes obras públicas». Naturalmente, se habla de depuración, de ahorro, de reciclaje, etc., pero las cuestiones que centran el debate son dos: los embalses y los trasvases, con implicaciones políticas en el segundo caso que reavivan todo tipo de agravios. Los socialistas ha-

blan del PHN como elemento vertebrador de España, pero
el trasiego de agua de unas comunidades a otras provoca
ronchas. Ninguna comunidad autónoma quiere ceder sus
excedentes (concepto este que suscita no pocos debates), y
mucho menos gratuitamente.

La piedra angular de los Planes Hidrológicos –escribe Martín Barajas en *Gaia*– es la creación de grandes infraestructuras que asegu-
ren la demanda de agua. Más de 150 embalses unidos a los mil ya
existentes y la creación de conductos para el trasvase de 4.000 Hm³
de agua [218].

Se critican los planteamientos de oferta y no de gestión de
la demanda, pérdidas en la red de distribución de hasta el 45
por ciento, y la propuesta de 600.000 nuevas hectáreas de regadío cuando ya el 80 por ciento de agua va a la agricultura.

El problema del agua ha sido una constante histórica, pero
el debate social nunca había alcanzado tal dimensión, bajo
uno de los períodos de sequía, entre 1990 y 1994, más atroces
de la historia reciente. Andalucía es la región más afectada y
la CEPA plantea en ese contexto el Pacto Andaluz por el Agua
(1991). Más que en nuevas infraestructuras, la nueva cultura
pone el acento en la racionalidad del consumo, el ahorro y la
depuración. En tal sentido, las críticas se extienden incluso a
las desaladoras en las que políticos y ciudadanos ven la respuesta del futuro. Greenpeace ha llamado la atención sobre el
riesgo que supone la proliferación de estas instalaciones cuyos altos costes de construcción y producción necesitan una
demanda de agua durante mucho tiempo. Pero hay más: «Si
una desaladora es o lleva asociada una central térmica..., en
su escala, también es una fábrica de cambio climático» [219].

El 21 de marzo de 1997, víspera del Día Mundial del Agua,
se presenta a la prensa la Coordinadora de Afectados de
Grandes Embalses y Trasvases (COAGRET), formada por
ecologistas, científicos y profesores universitarios. La fiesta
se celebra en esta ocasión en Ayerbe, cabecera de la comarca

oscense de la Galliguera, donde está amenazado el paraje de los Mallos de Riglos por el embalse de Biscarrúes.

El aspecto más discutido del PHN por su carga política, económica y social son los trasvases, defendidos ya en el siglo XVII por ilustrados como Floridablanca o Cabarrús. Ambos apoyaron proyectos tan disparatados como el Canal de Madrid a Sevilla y al Golfo de Cádiz:

Consistía esta empresa –cuenta Díaz Marta– en canalizar el Manzanares, cruzar el Tajo en Aranjuez, ascender con un canal por la Mancha de Toledo hasta Puerto Lápice, descender hasta cruzar el Guadiana y subir de nuevo hasta el Viso del Marqués en Sierra Morena para bajar por Despeñaperros al Guadalquivir, además de canalizar este río para hacerlo navegable desde aguas arriba de Córdoba hasta Sevilla y la barra de Sanlúcar en el Golfo de Cádiz. Para reforzar el caudal del Manzanares se acometió la construcción de la presa de Gasco en el río Guadarrama, a unos veinte kilómetros de Madrid, y de un canal desde la presa del Manzanares. Tuvo que ocurrir el destrozo de dicha presa a consecuencia de una intensa lluvia, para que los sesudos gobernantes y banqueros decidieran abandonar tan fantástica empresa[220].

Los trasvases ya habían sido descartados en el tan alabado Plan de Lorenzo Pardo, pero el ministro de Franco Federico Silva Muñoz rescata viejos proyectos para resolver el problema del agua en España a la manera clásica. El primero de ellos, el Tajo-Segura, cuya contestación silenció la prensa. A raíz de la polémica en 1995 sobre un trasvase de 55 Hm^3 del Tajo-Segura, en plena sequía, se difundieron algunos datos sobre el fracaso de esta obra faraónica. Según las previsiones de la Ley de junio de 1971, se harían unas transferencias de 600 Hm^3 anuales en una primera fase y hasta 1.000 en una segunda. Sin embargo, el máximo de volumen trasvasado desde 1980, cuando empieza a funcionar plenamente, alcanza los 400 Hm^3. Esta inmensa construcción de 300 kms. de largo con derivaciones a Murcia, Almería y Alicante, no ha cumplido ni mucho menos las expectativas.

El trasvase Guadiario-Majaceite (1992), propuesto por la Confederación Hidrográfica del Guadalquivir, pretende acabar con las restricciones de la bahía de Cádiz. En septiembre de 1995, la CEPA denuncia que las obras del trasvase provocarán importantes impactos en los parques naturales de Grazalema y de los Alcornocales. AGADEN detalla que las obras moverán 160.000 metros cúbicos de tierra, un muro de 22 metros de altura, etc. todo ello en un ecosistema frágil como son los parques citados. Finalmente hay acuerdo. Pero la eterna polémica en estos treinta años ha girado en torno al trasvase del Ebro, que obsesiona también a los redactores del PHN.

En 1974, el ministro de Obras Públicas dice en una visita a Aragón que es condición inexcusable que los riegos del Alto Aragón estén terminados antes del trasvase del Ebro. En 1975, el escritor Carlos Barral escribe en *Andalán:*

Yo creo que si se llevase a cabo el trasvase se cometería un gran error porque favorecería la tendencia al crecimiento incontrolado de Barcelona... Es una operación colonial del capitalismo catalán, de la derecha financiera catalana, sobre la que ha decidido ella exclusivamente. En lo que respecta a la ecología, me parece una ruptura brutal del equilibrio existente [221].

Hasta el historiador Edward Malefakis, estudioso del campesinado español, tercia en la polémica contra el trasvase. Este asunto ha condicionado la política aragonesa en todo este período y ha sido también bandera fundamental del ecologismo aragonés y germen de la conciencia regionalista. El pacto del Agua entre la Administración central y el Gobierno aragonés (1994) no es más que un listado de presas para garantizar el regadío de 220.000 hectáreas.

Incluso en la propia Administración existe el convencimiento de que la época de las grandes obras hidráulicas está tocando a su fin. Los problemas de suministro, regadío o de las grandes riadas necesitan formas nuevas para afrontarlos.

La historia, aun la más reciente, debiera servirnos para algo. La presa de Tous entró en funcionamiento en 1980 y el 20 de octubre de 1982, voló por los aires a consecuencia de las intensas lluvias que arrasaron las poblaciones de Alcira, Carcagente, Algemesí, etc. El mismo día de la tragedia, un ingeniero reconoce en TVE que

la autopista ha tenido claramente efectos criminales en la zona, no sólo en la agricultura, sino incluso en núcleos urbanos... a partir de ahora yo creo que hay que abandonar la política de grandes obras públicas... [222].

A raíz de las inundaciones de Bilbao (agosto, 1983), los Comités Antinucleares del País Vasco y otros grupos ecologistas hacen público el documento *Cuando la naturaleza se rebela* partiendo con esta interrogante: ¿es la riada un fenómeno natural? En primer lugar, señalan la alta densidad de población de la zona afectada (Bilbao, Portugalete, Santurce) y recuerdan que, al menos desde el siglo XV, cada treinta o cincuenta años se repiten sucesos similares, aunque la frecuencia cada vez es mayor. Además de la inexistente planificación urbanística e industrial, señalan la deforestación, las plantaciones de pino y eucalipto que ocupan la mitad de la superficie forestal, las transformaciones de las orillas de los ríos con autopistas y otras instalaciones, los residuos, etc. En el momento de los hechos, cada día se vertían al Nervión 80.000 kilos de residuos sólidos urbanos y 700 toneladas de residuos industriales, elevando hasta tres metros en algunos tramos el suelo de la ría. Uno de los efectos de la riada fue el arrastre de muchos residuos tóxicos, entre otros, 280 bidones de cianuro sódico y potásico de los que sólo una parte se recuperó intacta. En definitiva, las riadas y sus consecuencias pueden obedecer a causas no tan naturales.

La mayor parte de los proyectos de canalización, en estudio o realizados, implican la supresión de meandros, la desecación de zonas pantanosas, el encajonamiento de los recursos entre paredes de hormigón, con la consiguiente desaparición de la protección vegetal de las orillas... Los ríos disponen de una eficaz barrera natural contra las riadas. Se trata del bosque de ribera... No cabe duda de que, detrás de todo lo ocurrido, está el desastroso proceso de urbanización y de industrialización que se ha dado en Euskadi. La especulación del suelo, la deforestación, la irresponsable rectificación y canalización de ríos, el trazado de algunas redes de transporte, los vertidos y otras tantas cosas generadas al margen y contra la naturaleza [223].

Cuando el 7 de agosto de 1996, una riada arrasa el cámping de Las Nieves en Biescas (Huesca), provocando una de las catástrofes «naturales» más dramáticas de la historia de España con 87 muertos, las administraciones públicas califican el hecho de excepcional. Al cabo de unos días, un informe de la CODA denuncia que el cámping estaba ubicado dentro de un cono de deyección o abanico aluvial completamente activo sobre sedimentos formados por riadas similares producidas en épocas relativamente recientes. Por tanto, la peligrosidad existía:

... de la desgracia acaecida es en buena parte responsable la política hidráulica ejercida en España durante décadas... que apuesta por una ingeniería estructural, de construcción de grandes infraestructuras... y que desprecia aspectos como la ordenación del territorio o la protección del dominio público hidráulico [224].

Un posterior informe de esta misma organización aporta datos no menos inquietantes. Más de 25.000 instalaciones, legales o ilegales, ubicadas en cauces secos o riberas son susceptibles de ser arrasadas por una riada similar. La Administración pareció entonces que se tomaba en serio el asunto, pero coincidiendo con el segundo aniversario de la tragedia, la CODA insiste: no sólo no se ha hecho nada sino que el número de esas construcciones ha aumentado hasta 30.000.

8. La Internacional verde

Las otras voces del planeta

La ecología y el ecologismo no admiten fronteras porque la barrera difusa de los problemas ambientales es imposible de marcar. Desde el principio, las organizaciones ecologistas españolas más importantes participan en la nunca formalizada Internacional Verde y, a partir de los noventa, la acción local ha estado cada día más condicionada por lo que ocurre en lejanos lugares del planeta. La influencia de Greenpeace en la internacionalización de la causa ha sido decisiva. La extinción de las ballenas, el deshielo antártico o las explosiones nucleares en Mururoa las hemos vivido y combatido como cosa propia. Por otra parte, la labor de Naciones Unidas como aglutinante de acciones gubernamentales ha marcado un rumbo sin camino de vuelta.

Desde la Conferencia de Estocolmo de 1972 ha habido infinidad de cumbres, reuniones y tratados que, a pesar de su relativa eficacia, han dado a los asuntos ambientales una dimensión de primer orden que acaso culmine en no mucho tiempo en ese Organismo o Autoridad Mundial que tantos reclaman. De manera que, en los noventa, las reuniones in-

ternacionales han marcado también la agenda del ecologismo español; no es menos importante el seguimiento de los
más de cincuenta acuerdos o tratados suscritos por España.

Años antes de la Cumbre de Río de 1992, ya funcionan organizaciones como Survival, en defensa de las poblaciones
indígenas, o la Comisión pro Amazonia. Globalizar los mercados conlleva también responsabilidades globales. Los ecologistas recuerdan, por ejemplo, que España es el décimo
importador mundial de madera tropical: 78 por ciento de
África, 11 por ciento de América Latina y 6 por ciento del
Sureste Asiático.

La desigualdad ante la crisis ecológica de los países pobres es una bandera permanente del ecologismo que ha
aportado nuevas lecturas de viejos problemas: guerras,
hambrunas, crecimiento demográfico, deuda externa, papel
de la mujer o el intercambio tecnológico. La CODA publica
en 1994 un informe que, ya en su primera página, recuerda
las 40.000 muertes diarias por hambre en el mundo y califica
poco después la conquista de América como la primera crisis ecológica de los tiempos modernos. En este sentido, el
ecologismo español ha hecho causa común con el latinoa-
mericano en sus críticas a los fastos del V Centenario.

El reto económico y social al que se enfrenta la sociedad no es mantener el ritmo de crecimiento económico sino redistribuir la riqueza. Se han de crear los canales adecuados para favorecer la eliminación de la deuda externa y el nacimiento de un comercio equitativo
que rompa los mecanismos de secuestro de los bienes del Sur. Ello
exige del Norte la moderación en el consumo de recursos [225].

El 22 de abril de 1992, Día de la Tierra, el Comité español
de seguimiento de la Conferencia de Río, ADENA/WWF,
AEDENAT, Amigos de la Tierra, CODA, Fondo Patrimonio
Natural Europeo y SEO) presentan las «Propuestas de programa de las ONG españolas para la Cumbre de la Tierra»,
que tendrá lugar del 3 al 14 de junio. Es un documento de 15

puntos [226]. En el primero de ellos, «De Estocolmo a Río», describen un balance «desalentador»: deuda externa, conflicto Norte-Sur, incremento de la pobreza y la población en el Tercer Mundo, deforestación, desertización, cambio climático, reducción de la capa de ozono, pérdida de especies, accidentes como Chernobil o Seveso, lluvia ácida, carrera armamentista, etc. El segundo punto, «Convergencia Norte-Sur», propone: reducción de la deuda externa de los países del Sur y del Este, transferencias financieras y tecnológicas del Norte al Sur, iniciativa contra la pobreza y para lograr estabilizar la población.

El resto de epígrafes abordan los siguientes problemas ambientales: cambio climático, capa de ozono, diversidad biológica, desarme y desmilitarización, residuos y productos tóxicos, multinacionales, bosques, transporte, asentamientos humanos, agricultura y alimentación, desertización, océanos, aguas continentales y el papel de las ONG.

Tras la Cumbre («carnaval de Río», dijeron algunos), los ecologistas españoles califican de vago y falto de recursos económicos el Convenio sobre Biodiversidad y de impreciso el Convenio sobre Cambio Climático; también critican la ausencia de compromisos reales para financiar la Agenda 21 y que ni siquiera hubiera una mención a la energía nuclear o al pago de la deuda. Pero algo en limpio se ha sacado después de todo:

La Cumbre de Río ha servido para que se conozcan masivamente los problemas y para que salga a la luz quiénes son los responsables de su resolución... el papel de *lobby* que se ha ejercido antes y durante Río va a triplicar el peso social del movimiento ecologista [227].

En octubre de 1994, coincidiendo con el 50 aniversario de su creación, el Fondo Monetario Internacional (FMI) y el Banco Mundial (BM) celebran en Madrid su asamblea general. Paralelamente –siempre hay cumbres paralelas– se desarrolla el Foro Alternativo «Las otras voces del planeta», al que asisten intelectuales y organizaciones de todo el mundo. El Foro, según la convocatoria, pretende denunciar

los desequilibrios económicos, sociales y ecológicos, tanto en el Centro como en la Periferia, que se derivan de la globalización de la economía y el predominio del «libre mercado mundial»; y también del papel clave que en este proceso han jugado las instituciones de Bretton Woods (FMI, BM, GATT) a lo largo de sus cincuenta años de dramática existencia [228].

Ecologistas y colectivos sociales reciben a los representantes del BM y el FMI con el lema de su campaña crítica, tan breve como expresivo: «50 años bastan». En la inauguración de la Cumbre, Greenpeace lleva a cabo una de sus acciones más sonadas. Tras el discurso del rey Juan Carlos, despliegan una enorme pancarta en inglés: «Banco Mundial: no más dinero para la destrucción del ozono». Ante la mirada atónita de los delegados, una lluvia de billetes falsos inunda el recinto: «50 años de destrucción». Dos activistas de Greenpeace, expertos escaladores, habían logrado pasar los estrictos controles de seguridad acreditados como periodistas. La organización dirigió luego una carta a La Zarzuela señalando que, en ningún caso, había tratado de ofender a la Corona.

El rechazo generalizado del modelo de economía global expresado en el Foro Alternativo, con el especial apoyo de AEDENAT, tiene un matiz más concreto en la acción de Greenpeace que trata de desenmascarar los criterios escasamente ecológicos de algunos proyectos apoyados por el Banco Mundial (dos millones de km^2 de bosques destruidos, veinte millones de personas desplazadas en la India, etc) y de los programas de ajuste económico que

han provocado el aumento del desempleo en el mundo, incrementado el flujo neto de recursos desde los países endeudados del Tercer Mundo hacia los bancos comerciales acreedores, ha desplazado a pequeños granjeros y ha sobreexplotado los recursos naturales [229].

Recuerda Greenpeace, además, que el Banco Mundial administra los fondos de la Convención sobre cambio climático y el Protocolo de Montreal sobre la capa de ozono.

La España expoliada de la que se ha hablado en otro capítulo tiene cierta continuidad en esta visión crítica a escala planetaria asumida por un sector importante del ecologismo español que, bajo el lema «Contra la Europa del capital», organiza un segundo Foro Alternativo en diciembre de 1995, coincidiendo con la Cumbre de Jefes de Estado o de Gobierno de la Unión Europea celebrada en Madrid:

La Unión Europea y Monetaria definida en Maastricht –dice el tríptico explicativo– tiene como principal objetivo garantizar el funcionamiento del mercado... Esto ha conducido a un aumento de las desigualdades: incremento del paro, recorte de pensiones, etc. El fervoroso y ciego optimismo en el proceso modernizador europeo se ha desvanecido. El mito de Europa empieza a resquebrajarse.

La rebelión de la atmósfera

Pocos problemas representan mejor la globalización ecológica como la degradación de la capa de ozono o el cambio climático. Desde la firma del Protocolo de Montreal (1987) sobre sustancias que destruyen la capa de ozono, y a partir sobre todo de las reuniones de La Haya y Helsinki (1989), el famoso agujero del cielo se ha convertido en una causa popular concretada en el rechazo a los botes de laca con CFCs que no constituyen precisamente el principal problema. La dimensión que cada año tiene el agujero suscita tanto interés como los niveles de contaminación de nuestras propias ciudades. En un país de playa y sol como España el problema adquiere especial envergadura.

Aunque los tratados aplazan la supresión total de las sustancias más dañinas para el año 2000, los ecologistas exigen ya en 1989 la retirada total de los CFCs y otros productos sustitutorios (HCFCs y HFCs) no menos perjudiciales, además del bromuro de metilo, utilizado en la agricultura fundamentalmente, que ha sido objeto de negociaciones paralelas. Las empresas productoras de CFCs en España, Hoescht (Tarragona), Kali Chemie (Cantabria) y Atochem (Vizcaya) han sido objeto de especial seguimiento:

Nadie sabe con exactitud, excepto las propias empresas, –denuncia Greenpeace en 1989– si se ha reducido algo la producción hasta el momento o si por el contrario se mantiene el mismo nivel del año pasado. En este tema, como en tantos otros, la confidencialidad es la norma y la información la excepción [231].

En octubre de 1997, el Servicio de Protección de la Naturaleza de la Guardia Civil (SEPRONA) requisó a la empresa Ditergás de Zaragoza doscientos contenedores con varias toneladas de CFC-12, ya prohibido. Un responsable de la empresa fue detenido y puesto a disposición judicial. «Todo el mundo relacionado con la industria de la refrigeración sabe que existe contrabando. Sin embargo, el Gobierno actúa con una permisividad que raya con la complicidad» [231], denuncia Greenpeace, que critica también los vacíos del Protocolo de Montreal al permitir que empresas como Atochem (Vizcaya) sigan fabricando CFCs legales que, a veces, se mezclan con los ilegales.

En 1992, esta organización difunde un informe y un vídeo con imágenes sorprendentes sobre el impacto de la destrucción de la capa de ozono en el Cono Sur. En Chile, de un rebaño de 3.000 ovejas, 800 tuvieron que ser sacrificadas al quedarse casi ciegas y determinados tipos de cáncer se han disparado. A finales de 1993, Greenpeace presenta también el primer frigorífico fabricado sin CFCs y HFCs, el denominado «Greenfreeze», que utiliza como refrigerante una mezcla de propano y butano.

No es menos importante el problema del cambio climático que, en su versión española, es particularmente amenazante. Los informes ecologistas difunden los predicciones del Hadley Center que vaticinan para nuestro país, en la perspectiva del 2050, un aumento de la temperatura media en 2,5 grados centígrados, un 10 por ciento menos de precipitaciones, menor humedad del suelo y probable desaparición de una parte de nuestros 3.000 kilómetros de playas, sostén de la industria turística. Aunque a mediados de los setenta aparecen en España las primeras noticias al respecto, es a partir de la Cumbre de Río cuando adquiere mayor repercusión social.

Los ecologistas proponen reducir las emisiones de dióxido de carbono para el año 2000 en un 20 por ciento respecto a los niveles de 1990. Los acuerdos de la Cumbre de de Kyoto (diciembre, 1997), con un 5,2 de reducción como media, están muy lejos de ese objetivo. En el caso de la Unión Europea, el compromiso se eleva al 8 por ciento entre el 2008 y el 2012, pero los ecologistas no aceptan el reparto proporcional que permitirá a España aumentar esas emisiones en un 15 por ciento.

La crisis del clima ha revalorizado la apuesta por las energías renovables, alternativas, limpias o dulces, que de todas esas formas se llaman. Recuérdese que ya en 1977 AEPDEN presenta un plan alternativo frente al desarrollo nuclear, pero en los noventa las energías renovables cubren objetivos más amplios, como el de reducir las emisiones de CO_2. Las acciones y propuestas a favor de estas energías han sido numerosas en las dos últimas décadas, sin que hayan faltado también elementos críticos importantes. Ni una sola de las llamadas energías limpias ha merecido apuestas ciegas. De la eólica se han denunciado impactos en el paisaje y la avifauna. De las minicentrales, su afección a tramos de ríos vírgenes. De la solar, el alto consumo energético en la fabricación de paneles. De la biomasa, el uso de residuos que no sean vegetales. Y no digamos ya la incineración de residuos industriales que algunos presentan como alternativa. Por el momento, sólo la cogeneración parece libre de sospecha.

Organizaciones ecologistas canarias han criticado el parque eólico de Jandía, Gurelur hace lo propio en Navarra y la SEO desarrolla en 1995 un estudio en la zona de Tarifa en el que recoge la muerte de un centenar de aves por colisión contra los parques eólicos, fundamentalmente ejemplares de cernícalo primilla y buitre común. A partir de entonces, se han puesto en práctica medidas correctoras. En 1997, doce empresas del sector eólico firman un compromiso ambiental a propuesta de AEDENAT, CODA y CCOO.

En una carta dirigida al ministro de Industria, a propósito del PEN 2000, la CODA señala que el potencial eólico español permite, en las actuales condiciones, la instalación de unos 1.000 megavatios: 300 en el valle del Ebro y Cataluña, 300 en la zona del Estrecho, 300 en Galicia y León y 100 en las islas Canarias. Para acercarse a ese objetivo, CODA, AEDENAT y los sindicatos CCOO y UGT firmaron un acuerdo con ENDESA, acaso el único relevante que los ecologistas hayan alcanzado con una empresa en toda su historia. Cuando termine el siglo XX, España habrá superado los mil megavatios eólicos, la producción equivalente de una gran central nuclear. La comparación no es inocente, evidentemente.

Respecto a la biomasa, existen numerosos intentos de utilizarla como subterfugio para quemar todo tipo de residuos. Uno de los casos más llamativos es el de Salinas de Pisuerga (Palencia) donde en 1994 se presenta un proyecto, modificado en varias ocasiones, para producir energía con residuos forestales en una zona no demasiado abundante en ellos. Todo el pueblo se opone ante la sospecha de que esa planta quemará también otras cosas.

El cambio de modelo energético supuso el abandono de cientos de minicentrales por todo el país. A mediados de los ochenta, sin embargo, se inicia el camino de vuelta y surgen proyectos por doquier, la mayor parte en zonas de gran interés ecológico. En 1989, ayuntamientos y ecologistas del Pirineo denuncian nada menos que 56 proyectos. Otro tanto ocurre en la sierra de Gredos. En 1990, 5.000 personas protestan en Cabezuela (Cáceres) por la misma causa. En 1993, 15.000 firmas rechazan nuevos proyectos en el Cares. ADENA, por su parte, denunció en 1996 las 71 minicentrales previstas en las comarcas del Bierzo y Laciana, algunas de ellas en zonas oseras:

No es admisible que todos los ríos se vean afectados por este tipo de actuaciones y, como la provincia de León es claramente exportadora de energía, es inaceptable la realización de tantos proyectos... [232]

El prestigioso catedrático Francisco J. Purroy, miembro de la SEO, insiste en 1997:

Desde el valle de Lechada, en Portilla de la Reina, y el corazón de Picos, con la ya construida en Valdeón alterando el alto Cares, hasta las fuentes del Selmo, en Oencia, no queda rincón con caudal y pendiente donde no haya proyecto en marcha [233].

Bajo el marchamo de energía limpia también caben disparates. A propósito del proyecto eólico de Jandía (Fuerteventura) escribe Carlos Martín Novella, miembro de la SEO:

¿Un parque eólico en Jandía (zona de hubaras)? ¿O una minicentral en los Picos de Europa (zona de osos)? ¿Y si alguien sugiriese que alfombrando el Parque Nacional de Doñana de placas solares se podría nutrir de electricidad a toda Sevilla...? [234]

En 1997, Greenpeace promueve una campaña para la instalación de al menos 50.000 paneles solares fotovoltaicos (tejados solares) en cinco años. Critica esta organización a las empresas eléctricas que no desean que los usuarios conecten sistemas fotovoltaicos a la red. La campaña fue apoyada con miles de tarjetas destinadas a los ministros de Industria y de Medio Ambiente: «No más energía sucia. Sí a la energía solar». La dedicatoria del Plan Energético Alternativo (1991) elaborado por IU y AEDENAT puede resumir perfectamente la posición ecologista:

A los más de 2.000 millones de seres humanos que carecen de electricidad. A las decenas de millones de mujeres y niños que dedican seis horas diarias a buscar leña para cocinar. Y, en general, a todos los hombres y mujeres del Tercer Mundo que no pueden ni imaginar la energía que consumimos.

En los confines del planeta

El ecologismo es un pensamiento solidario, sin fronteras. Ningún rincón del planeta le es ajeno. Las pruebas nucleares en el atolón de Mururoa o la campaña para hacer de la Antártida un continente para la paz y la ciencia constituyen un buen ejemplo. En ambos casos, los ecologistas españoles juegan un papel destacado.

Definida como laboratorio o archivo del clima, en la Antártida se han detectado los efectos de la degradación de la capa ozono y del cambio climático. La firma en Madrid del Protocolo para la Protección del Medio Ambiente Antártico el 4 de octubre de 1991 desvela también otros problemas específicos del continente blanco: proliferación de bases, sobrepesca, turismo y especialmente las apetencias de sus riquezas minerales y petrolíferas. El llamado Protocolo de Madrid garantiza por un período de cincuenta años su preservación. Es la primera vez, como recordó el ministro de Exteriores español, Fernández Ordóñez, que se regula el medio ambiente (mar, tierra y aire) en todo un continente.

Al mismo tiempo, se defiende la creación de un santuario ballenero en el Océano Antártico. Desde 1904, más de 1.500.000 ballenas fueron cazadas en esas aguas. En 1938, ya había una zona, denominada «santuario», donde la caza de ballenas estaba prohibida. La propia Comisión Ballenera Internacional (CBI) rompió el acuerdo en 1955. Igualmente se pide un santuario ballenero en el Mediterráneo que empieza a ser una realidad en el mar de Liguria.

Los avatares del CBI también han repercutido en España que, al fin y al cabo, tiene una importante tradición ballenera. En el verano de 1978, llega a las costas gallegas el *Rainbow Warrior* (*Guerrero del Arco Iris*) para impedir nuevas capturas de pesqueros españoles. El *Carrumeiro*, con matrícula de Vigo, es abordado por una zódiac de Greenpeace en el momento justo de lanzar el arpón: «Somos la organización ecologista Greenpeace, les rogamos que abandonen la matanza de mamíferos marinos porque están en vías de extinción». El *Rainbow Warrior* fue retenido durante dos meses y su capitán condenado a pagar una multa de diez millones de pesetas. En abril de 1980, Greenpeace niega su participación en el hundimiento de los balleneros vigueses *Ibsa I* e *Ibsa II*. El barco es retenido de nuevo en noviembre y su fuga provoca la destitución del capitán general del Cantábrico.

La Sociedad Gallega de Historia Natural (SGHN) participa con Greenpeace en esta campaña, apoyada también por la Comisión Interministerial de Medio Ambiente (CIMA). Industrias Balleneras S.A. (IBSA), última empresa ballenera en España, había saldado 1981 con una captura total de 146 rorcuales, por debajo de la cuota asignada. Carlos Durán, miembro de la SGHN, denuncia en el primer número de *Quercus* (1981) numerosas irregularidades realizadas el año anterior con más de cuatrocientas capturas, el doble de las permitidas (un 33 por ciento de bebés), e incluyendo especies para las que no tenían cuota como el cachalote y el rorcual boreal.

El Parlamento se hace eco de las propuestas ecologistas. A partir de 1985, ya no se cazan ballenas en España, terminando así una vieja tradición. Este cetáceo aparece en los escudos de Bermeo, Lekeitio, Ondárroa y Castro Urdiales, donde ya en el siglo XII cazaban cetáceos hasta su práctica desaparición cinco siglos después. La población de rorcuales del

Mediterráneo desapareció en los años cincuenta por las industrias del Estrecho de Gibraltar. La expectación ante los continuos varamientos que se producen en nuestras playas en los últimos años y el millón de visitas anuales a los observatorios próximos a Canarias indican el interés y la fascinación por el mundo de los cetáceos.

Con el apoyo de todas las organizaciones ecologistas, Greenpeace ha tenido especial protagonismo en el caso de las ballenas, de la Antártida y también en la protesta contra las explosiones nucleares en Mururoa. El atentado de los servicios secretos franceses contra el *Rainbow Warrior* en el puerto de Auckland, Nueva Zelanda, advierte a la opinión pública del peligro de estas explosiones. El 10 de julio de 1985, dos bombas hunden el barco provocando la muerte del portugués Fernando Pereira, miembro de la tripulación.

La energía nuclear con unos u otros fines suscita también en los noventa rechazos generalizados. El origen de Greenpeace parte precisamente de una expedición en 1971 a la zona de Amchitka (Alaska), donde Estados Unidos realizaba sus pruebas nucleares. Un año después, tiene lugar la primera protesta en Mururoa que pasa desapercibida al incipiente movimiento ecologista español. En 1990, Greenpeace revela que el cesio 134 (isótopo artificial liberado en las explosiones atómicas) encontrado por el oceanógrafo francés Jacques Cousteau procede de filtraciones del subsuelo. En 1992, Francia, Estados Unidos y Gran Bretaña aceptan una moratoria pero tres años después, cuando la Conferencia del Tratado de Proliferación No Nuclear prorroga la moratoria indefinidamente, Francia rompe el compromiso.

Ahora sí habrá en nuestro país una importante reacción popular. Ya en el mes de agosto, coincidiendo con el 50 aniversario del lanzamiento de la bomba atómica sobre Hiroshima, hubo actos de protesta en numerosas ciudades españolas. El 5 de septiembre, veinte miembros de la Mesa Contra las Pruebas Nucleares de Vigo permanecen toda la noche ante la puerta del consulado de Francia. Pero la gran movilización tuvo lugar el 14 de septiembre de 1995. A la totalidad del movimiento ecologista, colegios, organismos oficiales, etc., suman esfuerzos CCOO y UGT que hicieron convocatorias en los centros de trabajo.

Mururoa, en la lengua de los habitantes de Tahití significa un lugar muy secreto –explica la convocatoria sindical–. Hacia este lugar secreto se vuelven hoy las miradas horrorizadas del mundo entero; y una red cada vez más densa de solidaridad se teje en todo el planeta para que mañana sea posible deponer el horror. Los trabajadores y las trabajadoras estamos en esa red y decimos no a la barbarie nuclear.

Que el director de la expedición a Mururoa fuera el presidente de Greenpeace-España, Xavier Pastor, detenido por el Ejército francés, nos aproxima aún más al problema. Ese 14 de septiembre, medio millón de personas participan en un minuto de silencio seguido de manifestaciones en numerosas ciudades: «Chirac, cabrón, deja el atolón», «Energía nuclear, ni civil ni militar», «Chirac, deja al mundo en paz». La protesta mereció la pena. A partir de entonces, Francia sólo lleva a cabo explosiones virtuales.

A las puertas del nuevo siglo

Los ecologistas han sido acusados frecuentemente de oponerse al progreso y la polémica sobre la manipulación genética a partir de los noventa, tras inquietantes experiencias llevadas a cabo en seres humanos, animales y plantas, es buen ejemplo de ello. El movimiento ecologista en su conjunto ha centrado las críticas en los alimentos transgénicos introducidos ya en el mercado español. En 1997 queda constituida la Red contra las Patentes sobre la Vida con la participación de ecologistas, sindicatos agrarios, organizaciones de consumidores, etc. El 14 de marzo, Día del Consumidor, esta Plataforma denuncia por medio de un comunicado que en el desarrollo de la ingeniería genética y la modificación del derecho de patente, prevalecen los intereses de las grandes empresas agroquímicas y farmacéuticas sobre la salud y el bienestar de los consumidores, y de la protección de los seres vivos y el medio ambiente.

Éstos son los argumentos: 1) Las patentes genéticas suponen la concentración en manos privadas de recursos naturales, impidiendo el libre acceso a los mismos de comunidades y agricultores. Además de suponer una pérdida de biodiversidad. 2) Existe un alto riesgo ecológico y de salud ante la imposibilidad de controlar los efectos de organismos modificados genéticamente liberados al medio ambiente. 3) La información y material genético humano deben constituir un patrimonio inviolable. 4) Las patentes sobre seres vivos suponen una mayor dependencia de los agricultores frente a los titulares de las patentes que establecerán qué, cómo, cuándo y cuánto se debe producir.

Los ecologistas han criticado también la Directiva sobre Patentes aprobada por el Parlamento Europeo y exigen una moratoria internacional sobre la liberación de organismos modificados genéticamente, en tanto no exista un Protocolo Mundial sobre Bioseguridad. El 1 de junio de 1998, AEDE-NAT advierte en un comunicado que

por primera vez en la historia, en esta campaña de siembra de maíz los agricultores pueden encontrarse en el mercado con semillas etiquetadas con la leyenda: «variedad modificada genéticamente... para la protección de cultivos contra el taladro o barrenador del maíz...».

Este producto ha sido comercializado por la multinacional Novartis, uno de los gigantes de la industria biotecnológica, agroquímica y farmacéutica.

Para conseguir la producción de insecticida se le incorpora a la planta información genética de bacterias del suelo (Bacillus thuringiensis Bt) que producen una sustancia tóxica letal para muchas orugas y larvas de insecto. Aunque este insecticida se ha utilizado a pequeña escala en la agricultura biológica, su uso en grandes superficies puede acarrear situaciones incontrolables:

No hay garantía del comportamiento –dice AEDENAT– de las plantas manipuladas, dado que éstas pueden verse afectadas por cambios en las condiciones del entorno (olas de calor, sequía, etc.) respondiendo de forma completamente imprevisible.

Destaca, por último, posibles trastornos para la salud de agricultores y consumidores. Greenpeace resume en un folleto divulgativo: «El organismo humano rechaza los alimentos alterados genéticamente. El medio ambiente también. ¿A qué espera el Ministerio de Sanidad y Consumo para hacer lo mismo?».

En no menor medida rechazan los ecologistas la llamada «contaminación hormonal». En noviembre de 1996, un grupo de profesores y técnicos celebran un taller de trabajo en Granada sobre «compuestos químicos medio ambientales con actividad hormonal». De esa reunión sale un manifiesto inquietante:

Existe una exposición de los organismos vivos a sustancias con actividad hormonal –disruptores estrogénicos– capaces de alterar los sistemas biológicos. Si bien es posible definir poblaciones de mayor riesgo –exposición profesional, gestantes, infancia–, parece difícil encontrar poblaciones libres de exposición. Los datos disponibles sugieren fuertemente la existencia de acciones deletéreas sobre la salud y los ecosistemas. Se propone, por tanto, la investigación multidisciplinar que aúne el conocimiento existente del problema, sus implicaciones futuras y las necesidades sociales e industriales.

En abril de 1997, Vida Sana, Greenpeace, WWF-ADENA y CODA avalan la presentación en España del libro de Theo Colborn y otros autores titulado *Nuestro futuro robado*. En la portada, firmada por Greenpeace, esta advertencia: «El libro que la industria química no quiere que leas». Se trata, en realidad, de una vuelta a los orígenes, pues se publica el libro más de treinta años después de aquel título mítico, *La primavera silenciosa*, de Rachel Carson, que demostró el impacto de algunos productos químicos sobre poblaciones de aves y mamíferos en zonas supuestamente no contaminadas. El vicepresidente de EEUU, Al Gore, advierte en el prólogo a una de las últimas ediciones del libro de Carson:

Incluso los habitantes de zonas tan apartadas como la isla de Baffin, en el extremo norte de Canadá, presentan en sus cuerpos vestigios de sustancias sintéticas persistentes, entre ellas algunas tan conocidas como los PCBs, el DDT y las dioxinas. Y lo que es peor, durante el embarazo y la lactancia, las madres transmiten este legado químico a la siguiente generación.

El libro hace, por cierto, una referencia a la mortandad de delfines listados en el Mediterráneo español (1990). Los primeros ejemplares muertos llegan a las playas de Valencia en julio, luego a las de Cataluña, Mallorca y resto de las Baleares. La epidemia se reproduce en otras zonas del Mediterráneo en años sucesivos:

Una vez más, el asesino resultó ser un virus de la familia de los destemperados (moquillo), pero los investigadores encontraron indicios de que la contaminación desempeñaba también un papel en la matanza... pues las víctimas de la epidemia presentaban niveles de PCBs dos o tres veces mayores que los encontrados en delfines sanos [235].

Estudiar el impacto de los miles de productos químicos en el mercado es ahora el objetivo urgente de la Agencia Europea de Medio Ambiente y de Naciones Unidas, que en 1998 promovió dos reuniones internacionales para alcanzar un acuerdo sobre los más peligrosos como los citados PCBs y DDT. De *La primavera silenciosa* a *Nuestro futuro robado* han pasado más de treinta años y aún no han sido capaces de abordar el problema seriamente. Evitar que nos roben ese futuro es, en definitiva, la tarea de los ecologistas.

Notas

1. Urteaga, Luis: *La tierra esquilmada*, Serbal/CSIC, Madrid 1987.
2. Naredo, J. M. y Parra F. (comps.): *Hacia una ciencia de los recursos naturales*, Siglo XXI Editores S. A., Madrid 1993, pp. 2-4.
3. López Linaje J. y Arbex, J. C.: *Pesquerías tradicionales y conflictos ecológicos (1681-1794)*, Ministerio de Agricultura, Pesca y Alimentación 1991, p. 35.
4. Ibídem, p. 214.
5. Ibídem, p. 216.
6. Urteaga, op. cit. p. 48.
7. Linaje y Arbex, op. cit. p. 95.
8. Ibídem, p. 263.
9. Greenpeace, Boletín n.º 46, 1998.
10. Bauer, Erich: *Los montes de España en la historia*, Fundación del Valle de Salazar, Ministerio de Agricultura, Pesca y Alimentación, 1991, p. 49.
11. Ibídem, p. 210.
12. Urteaga, op. cit. p. 163.
13. Ibídem, p. 166.
14. Ibídem, p. 171.
15. Ibídem, p. 153.
16. Ibídem, p. 117.
17. Casals, Vicente: *Los ingenieros de montes en la España contemporánea (1848-1936)*, Ediciones del Serbal, Barcelona 1996, p. 31.
18. Bauer, Erich, op. cit.
19. Ibídem, p. 25.
20. Ibídem, p. 31.

21. Gómez Mendoza, J.: *Ciencia y política de los montes españoles (1848-1936)*, ICONA 1992, p. 19.
22. Casals Vicente, op. cit. p. 74.
23. Casado, Santos: *Los primeros pasos de la ecología en España*, Ministerio de Agricultura, Pesca y Alimentación–Residencia de Estudiantes, Madrid 1996, p. 97.
24. Ibídem, p. 454.
25. Ibídem, p. 387.
26. Varios autores: *Naturaleza, paisaje y aire de Madrid*, Comunidad de Madrid 1992, p. 225.
27. Ibídem, p. 224.
28. Ibídem, p. 229.
29. Ibídem, p. 89.
30. Marichal, Juan: *Boletín de Amigos de la Residencia de Estudiantes* n.º 5, Madrid 1998.
31. Martínez de Pisón, E.: *Imagen del paisaje*, Caja Madrid 1998, p. 21.
32. Ibídem, p. 33.
33. Ibídem, p. 204.
34. Varios Autores: *Sierra de Guadarrama*, Junta de Parques Nacionales, Madrid 1931, p. 9.
35. Fernández, Joaquín: *El hombre de Picos de Europa*, Caja Madrid 1998, p. 99.
36. Ibídem, p. 258.
37. Ibídem, p. 260.
38. Ibídem, p. 250.
39. Lemkov, Luis: *La protesta antinuclear*, Edit. Mezquita, Madrid 1985, p. 65.
40. Masjuán, Eduard: «Población y recursos naturales en el anarquismo ibérico», *Ecología Política* n.º 5, p. 41.
41. Ibídem, p. 45.
42. Ibídem, p. 48.
43. Sevilla, E. y González de Molina, M.: *Ecología, campesinado e historia*, Ediciones la Piqueta, Madrid 1983, p. 96.
44. Ibídem, p. 436.
45. Varios autores, *Extremadura saqueada*, Edic. Ruedo Ibérico, Barcelona 1979, p. 340.
46. Texto original mecanografiado, 1990.
47. Betancourt, Agustín de: *Memorias de las minas de Almadén 1783*, Plan Nacional de I+D, Madrid 1995, p. 58.
48. Alonso Millán, J.: *Una tierra abierta*, Compañía Literaria, Madrid 1995, p. 187.

49. Pérez López, J. M.: *Las calcinaciones al aire libre. Las teleras,* Fundación de Río Tinto, Huelva 1994, p. 18.

50. Ibídem, p. 27.

51. Ibídem, p. 11.

52. Varillas, B. y Da Cruz, H.: *Para una historia del movimiento ecologista,* Miraguano Ediciones, Madrid 1981, p. 8.

53. Costa Morata, P.: *Hacia la destrucción ecológica de España,* Edic. Grijalbo, Madrid 1985, p. 171.

54. Marqués, J.-V.: *Ecología y lucha de clases,* Edic. Zero, Madrid 1978, p. 10.

55. Bernis, Francisco: *Ardeola,* n.º especial, Madrid 1971, p. 17.

56. Ibídem, p. 21.

57. Ibídem, p. 24.

58. Fernández, Joaquín y Pradas, Rosa: *Los Parques Nacionales españoles, una aproximación histórica,* Organismo Autónomo de Parques Nacionales, Madrid 1995, p. 216.

59. Araújo, Joaquín: *Félix Rodríguez de la Fuente. La voz de la naturaleza,* Edit. Salvat, Barcelona 1990, p. 95.

60. Ibídem, p. 147.

61. Varillas y Da Cruz, op. cit. p. 53.

62. Costa Morata, P.: *Quercus* nº 20, Madrid 1985.

63. Sargatall, Jordi: *Medi ambient,* nº20.

64. Varillas y Da Cruz, op. cit. p. 67.

65. Varillas, B: *Quercus* n.º 20, 1985.

66. Varillas y Da Cruz, op. cit. p. 81.

67. Varillas y Da Cruz, op. cit. p. 87.

68. Varillas, B: *Quercus* n.º 20, 1985.

69. Costa Morata, P: *El movimiento ecologista español,* Fundación IESA, Madrid 1984.

70. Texto original mecanografiado, 1983.

71. Cabal, Esteban: *Historia de Los Verdes,* Mandala Ediciones, Madrid 1996, p. 22.

72. Ibídem, p. 26.

73. Ibídem, p. 139.

74. Texto original mecanografiado, 1981.

75. Bárcena, Iñaki: *Ecología Política,* n.º 7.

76. DEIBA, Colectivo: *El Bajo Aragón expoliado* (separata), Zaragoza 1976.

77. Ibídem.

78. Texto original mecanografiado, 1980.

79. Sacristán, Manuel: *Mientrastanto,* n.º 8, 1981.

80. *Extremadura saqueada,* op. cit. p. 11.

81. Serra, Enrique: *Cambio 16*, n.º 181, mayo 1975.
82. Luca de Tena, G.: *Cuadernos para el Diálogo*, n.º 179, septiembre 1979.
83. Sequieros, Xulio: *Triunfo* n.º 780, enero 1978.
84. Ediciones Galaxia, 1972.
85. Gómez, Carlos: *El País*, 18.3.1979.
86. Recio, Albert: *Ecología Política* n.º 3.
87. Comunicado de CAVE, Madrid 23.7.1998
88. Folch, Ramón: *Medi Ambient*, n.º 20, 1998.
89. Costa Morata, P.: *Hacia la destrucción...*, p. 179.
90. Suárez-Inclán, L. M.: *Revista de Arquitectura* (COAM), n.º 203, Madrid 1977.
91. Vilanova y otros: *El combat ecologista a Catalunya*, Edicions 62, Barcelona 1979, p. 74.
92. *ABC*, 2.3.1971.
93. Varios: *Costa Vasca No Nuclear*, Bilbao 1977, p. 88.
94. Navazo, José Luis: *Asturias negra*, Edit. Ecotopía, Gijón 1983, p. 343.
95. Gaviria, Mario: *El Ecologista* n.º 3, Enero 1980.
96. Castroviejo y otros: *Ecología y política en España*, H. Blume Ediciones, Madrid 1978, p. 26.
97. *Qué*, 26.12.1977.
98. Luca de Tena, G.: *Cuadernos para el Diálogo*, nº 179, octubre 1976.
99. Szulc, Tad: *Las bombas de Palomares*, Seix Barral Ediciones, Barcelona 1966, pp. 98-99.
100. Ibídem, p. 194.
101. *Cuadernos de Ecología* (suplemento especial), enero-febrero 1996.
102. Caro, Rafael y otros (edit.): *Historia nuclear de España*, Madrid 1995, p. 144.
103. *Informaciones*, 3.5.1971.
104. *Costa vasca...*, p. 21.
105. Caro, R. y otros, op. cit. pp. 363-368.
106. *Mundo*, nº 1903, diciembre 1976.
107. Ibídem.
108. Bravo, Carlos: *Los residuos radiactivos: la peligrosa herencia de la energía nuclear*, Greenpeace 1995.
109. *Cuadernos de Ecología* (suplemento especial), enero-febrero 1996.
110. Texto original mecanografiado, 1977.
111. Texto original mecanografiado, 1977.
112. Texto original mecanografiado, 1977.
113. Informe sobre la proyectada central nuclear de Deva, agosto 1974, p. 5.

114. Costa Morata, Pedro: *Nuclearizar España,* Libros De La Frontera, Madrid 1976, p. 145.

115. Informe Deva, p. 1.

116. Ibídem, p. 118.

117. *El Ecologista,* n.º 2, diciembre 1979.

118. *Nuclearizar España,* p. 183.

119. *El País,* 15.5.1983.

120. Texto original mecanografiado, 1977.

121. *Nuclearizar España,* p. 188.

122. Texto original mecanografiado, 1977.

123. Costa Morata, P.: *Triunfo* n.º 736, 5.3.1977.

124. *Las Provincias* 2.12.1979.

125. *El País* 2.11.1979.

126. *BIEN,* n.º 0, Barcelona 1978, pp. 3-4.

127. *Mundo Diario* 17.7.1979.

128. *Hacia una Costa vasca...,* p. 10.

129. Ibídem, p. 65.

130. Ibídem, p. 131.

131. Ibídem, p. 135.

132. Costa Morata, P.: *Hacia la destrucción...,* pp. 70-71.

133. Ibídem, p. 73.

134. ENRESA: *Diez años protegiendo el medio ambiente,* Madrid 1995, p. 63.

135. Varela, Ramón: *Os residuos radiactivos,* Ediciones Istra, Vigo 1983.

136. Vilanova, Santiago: *Chernobil: el fin del mito nuclear,* Anthropos, Barcelona 1988.

137. Ibídem, p. 59.

138. AEDENAT: *Vivir sin nucleares,* marzo 1991.

139. Comunicado de CODA, AEDENAT y Coordinadora Estatal Antinuclear, 23.4.1992.

140. Bravo, Carlos: *Los residuos radiactivos: la peligrosa herencia de la energía nuclear,* Greenpeace 1994.

141. *Historia Nuclear de España,* p. 229.

142. Lemkov, Luis. op. cit. p. 6.

143. Costa Morata, P.: *Hacia la destrucción...,* p. 219.

144. Actas del II Encuentro del Mvto. por la Paz del Estado español. Barcelona, 1985, p. 46.

145. Ibídem, p. 46.

146. Gala, Antonio: Notas de un referéndum, *Anuario* de El País, 1987.

147. *La Vanguardia,* 15.9.1979.

148. *El Independiente,* 28.1.1990.

149. Varios Autores: *España húmeda,* Incafo, Madrid 1981.
150. Fernández y Pradas: *Los Parques Nacionales...,* p. 440.
151. Ibídem, p. 227.
152. Ibídem, p. 251.
153. Ibídem, p. 252.
154. Ibídem, p. 276.
155. Ibídem, p. 276.
156. Ibídem, p. 276.
157. Texto original mecanografiado, 1972.
158. Gaviria, M. y Serna, J.: *La Quimera del agua,* Siglo XXI Editores, Daimiel 1995.
159. *La Crónica de León* 8.1.1992.
160. Fernández y Pradas: *Los Parques Nacionales...,* p. 131.
161. Ibídem, p. 146.
162. Revista *Cosmos,* León 1981.
163. Fernández y Pradas: *Los Parques Nacionales...,* p. 360.
164. Varios: *Cabañeros,* Junta de Castilla-La Mancha, 1997.
165. Ibídem.
166. *El Saler para el pueblo.* AEORMA, 1975, p. 7.
167. Ibídem, p. 8.
168. Ibídem, p. 28.
169. Pedrocchi, César: *Ecología de los Monegros,* Instituto de Estudios Altoaragoneses y Centro de Desarrollo Monegros, 1998, p. 17.
170. *Hiedra,* Boletín monográfico n.º 8, AEDENAT, 1994.
171. *El Ecologista* n.º 2, diciembre 1919.
172. *Boletín del FAPAS,* enero 1998.
173. Texto original, marzo de 1998.
174. Val, Alfonso del: *El libro del reciclaje,* Integral, Barcelona 1991.
175. González, Isabel y Baños, Pedro: *Problemática de Portmán,* Murcia 1987.
176. Cedex: *Recuperación de la bahía de Portmán,* MOPTMA 1995.
177. *La Cabaña* n.º especial, Llano del Beal 1998.
178. *Huelva Información,* 18.2.1987.
179. *Cambio 16* n.º 171, 24.2.1975.
180. Luca de Tena, G.: *Cuadernos para el Diálogo* n.º 179, 2.9.1979.
181. Navazo, J. L., op. cit. p. 171.
182. *Contaminación por productos tóxicos en las costas mediterráneas españolas,* Greenpeace 1992.
183. Ibídem.
184. Grupo de trabajo de Seveso: *Seveso está en todas partes,* Campo Abierto Ediciones, Madrid 1977.
185. Vilanova, S., op. cit. p. 87.

186. *Alternativa energética,* H. Blume Ediciones, UGT Madrid 1981, p. 73.

187. *Contaminación atmosférica en el Mediterráneo: las centrales térmicas,* Greenpeace, mayo 1992.

188. Fisas, Vicenç: *Ecología y seguridad en el Mediterráneo,* Icaria, Barcelona 1993, p. 53.

189. Varios. *Ecología y política en España,* H. Blume Ediciones, Madrid 1978, p. 239.

190. Sindicato Libre de la Marina Mercante: *La verdad de una catástrofe,* Editorial Avance S. A., Barcelona 1976.

191. Ibídem, p. 56.

192. *La negociación de nueve reglamentos,* CC OO, febrero 1997.

193. Varios: *El amianto mata,* CEDOS, Barcelona 1978.

194. Ibídem, p. 21.

195. Varillas y Da Cruz, op. cit. p. 129.

196. Costa Morata, P.: *Las autopistas españolas,* IESA, Madrid 1983.

197. *Quercus* n.º 44, octubre 1989.

198. *Gaia* n.º 1, junio 1993.

199. Ibídem.

200. Ibídem.

201. *El Ecologista* n.º 1, noviembre 1979.

202. Estevan, A. y Sanz, A.: *Hacia la reconversión ecológica del transporte en España,* CIP, Madrid 1993, p. 77.

203. Ibídem, p. 83.

204. Díaz Marta, M.: *El río Tajo, cauce para la solidaridad,* Aranjuez, abril 1995.

205. *Bajo Aragón...,* op. cit. p. 171.

206. Ibídem, p. 190.

207. *Triunfo,* 13.11.1976.

208. *El agua y la autonomía de Navarra,* p. 7.

209. Reixach, J. y García, X.: *El pantà de Rialp,* EP Libro de Bolsillo, Barcelona 1985.

210. *Triunfo* 11.3.1978.

211. Martínez Gil, F.: *Tres discursos sobre Itoiz,* Folleto, Noviembre 1995.

212. *Riaño vive,* Edición de Enrique Martínez, León 1987, p. 178.

213. Ibídem, p. 14.

214. *Boletín Omaña* n.º 11, mayo 1994.

215. Varios: *El embalse de Itoiz, la razón o el poder,* Bakeaz-Coagret, Bilbao 1997, p. 66.

216. Ibídem, p. 132.

217. Comunicado emitido el 16.4.1998.

218. *Gaia* n.º 2, verano 1993.
219. *Desaladoras: ¿solución o problema?,* Greenpeace, noviembre 1995.
220. Díaz Marta, op. cit.
221. *Andalán* n.º 65, mayo 1975.
222. Varios: *Alerta, la presa resiste,* Edit. Viveka, Valencia 1984, p. 154.
223. Varios: *Cuando la naturaleza se rebela,* Bilbao 1983.
224. *Consideraciones a la tragedia del cámping de Las Nieves,* CODA, agosto 1996.
225. *Incidencia ambiental de las relaciones Norte-Sur,* CODA 1994.
226. *Quercus* n.º 76, junio 1992.
227. *Quercus* n.º 78, agosto 1992.
228. Convocatoria Foro Alternativo, Octubre 1994.
229. *Boletín de Greenpeace* n.º 32, marzo 1994.
230. *España continúa destruyendo la capa de ozono,* Greenpeace 1989.
231. Comunicado de Greenpeace, 2.10.1997.
232. Comunicado de ADENA, 10.10.1996.
233. *La Crónica de León,* 11.2.1997.
234. *Quercus* n.º 77, julio 1993.
235. Theo Colborn y otros: *Nuestro futuro robado,* Ecoespaña, Madrid 1997, p. 11.

Índice